第·二·版

徐国庆 著

职业教育课程论

华东师范大学出版社

上海

图书在版编目(CIP)数据

职业教育课程论/徐国庆著. —2 版. —上海:华东师范
大学出版社,2014.9
ISBN 978 - 7 - 5675 - 2601 - 3

Ⅰ.①职… Ⅱ.①徐… Ⅲ.①职业教育—课程—教学
理论 Ⅳ.①G712.3

中国版本图书馆 CIP 数据核字(2014)第 228785 号

职业教育课程论(第二版)

著　者　徐国庆
责任编辑　蒋　将
责任校对　高士吟
封面设计　储　平

出版发行　华东师范大学出版社
社　　址　上海市中山北路 3663 号　邮编 200062
网　　址　www.ecnupress.com.cn
电　　话　021-60821666　行政传真 021-62572105
客服电话　021-62865537　门市(邮购)电话 021-62869887
地　　址　上海市中山北路 3663 号华东师范大学校内先锋路口
网　　店　http://hdsdcbs.tmall.com

印 刷 者　上海铁路印刷有限公司
开　　本　787 毫米×1092 毫米　1/16
印　　张　12.75
字　　数　263 千字
版　　次　2015 年 1 月第 2 版
印　　次　2024 年 2 月第 8 次
印　　数　9701-10800
书　　号　ISBN 978 - 7 - 5675 - 2601 - 3
定　　价　38.00 元

出版人　王　焰

(如发现本版图书有印订质量问题,请寄回本社客服中心调换或电话 021-62865537 联系)

目录

　　本书撰写的目的,是为了构建职业教育课程的基本理论体系。纵览职业教育课程研究的总体情况,不难发现多数研究所聚焦的是如何开发课程,很少有研究是在努力回答:职业教育为什么要这样开发课程? 按照这种方法开发课程,其应遵循的基本理论框架是什么? 我们更是基本找不到沿着这一思想路径所形成的职业教育课程理论体系。这种研究状况已落后于一般课程论研究 40 年,因为一般课程论早在 20 世纪70 年代初,在概念重建主义的推动下就已实现了学术方向的这一转换,而职业教育课程的这一研究意识似乎还没有完全觉醒。

　　这种研究状况对职业教育课程实践发展的影响是非常明显的。在我国近 20 多年来的职业教育课程改革中,一直没有形成一个稳定的理论取向,我们所见到的似乎一直是摇摆和混乱。一方面极端化的改革理论取向不断出现,如曾一度非常流行的片面强调技能的课程理念;另一方面各种课程话语杂乱不堪,有些课程话语甚至违反基本的教育原理。职业教育课程实践的科学化发展急需建构系统的理论体系。本书可看作是其中的一个尝试。本书主要基于职业教育课程的内在演进机制,围绕"如何构建合理的职业教育课程"这一核心问题展开职业教育课程理论的基本逻辑体系。

　　第一章首先回答什么是课程,我们该如何思考课程问题。对于研究者而言,"课程"是最为基本的学术词语,同时也是个较难以准确理解的词语。对一个概念下定义较为容易,但要全面地理解其涵义并不容易。理解清楚一个概念,便已界定清楚了围绕这一概念所要进行的学术研究的范围与基本思维路径。人们之所以常常感觉课程这个概念难以把握,是因为进行研究的课程与进行开发的课程这两个层面的课程存在概念区别:前者是在课程思维的要素层面理解课程,后者是在课程开发的实体层面理解课程。分别从这两个层面理解课程,对于全面把握课程内涵及其思维模式具有重要意义。本章要回答的另一重要问题是,职业教育课程的逻辑出发点是什么? 其内在演进机制是什么? 这里试图把"工作"与"历史"这两个维度确立为职业教育课程理论体系构建的切入点。

　　第二章力图展示已有职业教育课程理论的发展逻辑。这是"职业化"轨道对现代职业教育课程理论的探索。该章首先讨论了古代学徒制中的职业教育课程基因。现代职业教育体系来源于古代学徒制。古代学徒制虽然作为一种教育体系已经解体,然而其中蕴涵着许多非常重要的职业教育课程基因,值得我们认真研究和继承。然后,该章围绕"如何培养复杂职业能力"这一逻辑主线,系统梳理了从俄罗斯制到 MES课程、CBE 课程和学习领域课程这些基于职业能力的课程理论的发展脉络。把握这些理论的实质及其发展路径,对于理解现代职业教育课程理论具有重要意义。工作本位学习是 20 世纪 90 年代以来发展迅速、备受关注的职业教育课程理论,该章最后对其发展、内涵与特征进行了系统探讨。

　　接下来三章围绕学问化与反学问化这一过程展开论述。这三章的研究采用结构主义方法,把纷繁复杂的职业教育课程的理论、学说、观点,归纳成了三对理论,即学科论与职业论、普通论与专业论、基础论与实用论。结合这三对理论的阐述,这三章还整合了大量职业教育课程研究所需要的基础理论知识,涉及心理学、技术哲学、社会学等学科领域。这一整理有利于我们清楚地把握职业教育课程中的各种理论,理清我们所面临的问题的实质。这三组理论虽然有内在逻辑联系,如基础论强调增加学生的专业基础知识,奠定学生能力的深厚基础,目的便在于使学生具备普遍迁移的能力,但还是可以清楚地区别出这三对理论。学科论与职业论侧重的是职业教育课程内容该按照何种原则进行选择和组织,普通论和专业论侧重的是课程内容的范围,基础论与实用论侧重的则是课程内容的性质。

在此基础上,本书继续分别探讨了专业课程和普通文化课程的具体理论问题。

第六章讨论的是专业课程目标定位与内容开发的相关理论。目标与内容是课程的两大基本问题,也是两个密切相关的问题,同时也是目前职业教育课程开发未能很好地解决的问题。课程目标定位既涉及具体的目标描述方法,更涉及如何在宏观层面对目标进行整体性的思考和判断。课程开发的首要问题便是必须对课程目标定位做出准确判断,这是课程专家非常重要的能力。该章努力构建了一个课程目标定位的系统思考方法。职业教育课程内容的构成要素较为复杂,比如它要包含与工作相关的理论知识、职业素养,但是对我国职业教育专业课程的开发而言,目前最为重要的是如何系统地开发出工作知识,这是职业教育课程走出学问化,体现职业性的关键路径与基础。本章对工作知识的概念、结构与开发方法进行了阐述。课程开发的成果要固化,必须把确定的课程目标、开发的课程内容编制成课程标准。在国家层面构建课程标准体系,对我国职业教育课程发展具有战略性意义。本章最后围绕课程标准构建的相关理论问题进行了探讨。

第七章讨论的是职业教育中普通文化课程的定位、设置和内容。职业教育中除了要设置专业课程,实施面向职业的专门化教育外,还要不同程度地设置一些普通文化课程。普通文化课程目前正处于非常尴尬的境地,一方面职业教育专家、行政领导普遍不愿意完全放弃这些课程,甚至认为应当加强这些课程;另一方面学生普遍对这类课程不感兴趣,因为进入职业院校的学生绝大多数是普通文化课程学习的失败者,其教学质量令人堪忧。那么,职业教育中是否要开设普通文化课程?为什么要开设普通文化课程?应当开设哪些普通文化课程?其内容设计应遵循什么理念?本章首先系统整理了目前关于文化课程的不同改革思路,进而认为要改革好普通文化课程,必须回答清楚职业教育中为什么要设置普通文化课程。与专业课程不同,普通文化课程的设置是基于多元化需要的,因而其改革思路也是多元的,不能用一种思路去指导所有普通文化课程的改革。普通文化课程要走出困境,必须对其设置与内容进行根本性改革。内容改革在强调生活性、实用性的同时,必须坚持其教育的有效性。

第八章对职业教育项目课程的原理进行了探讨。随着情境学习理论、建构主义等新的学习理论的出现,人们对学习的性质有了更深认识,它促使我们有必要在西方现有课程模式的基础上,继续去探索能体现这些新学习理论的职业教育课程模式。西方现代职业教育课程理论只着重解决了职业教育课程内容的目的问题,即要围绕工作任务选择和组织内容,而在如何依据新学习理论设计课程,以彻底改变教与学的模式方面则探索得很不够。只有以学习理论为基础进一步进行深层的课程设计,才能从根本上改变职业教育学与教的现状。能体现这些新学习理论的最佳职业教育课程模式是项目课程。

第九章讨论的是职业教育课程评价的相关理论问题。该章所探讨的课程评价是狭义的课程评价,即只是对课程本身的评价,不涉及对学生的学业评价和对教师的教学评价。职业教育课程在评价上也有其特殊性,要准确评价职业教育课程,设计合理的评价指标,需要综合考虑许多因素。

本书尽管命名为《职业教育课程论》,拟主要在概念与原理层面探索职业教育课程问题,但整个框架仍然是围绕当前职业教育课程实践中非常受关注的热点问题而展开的,旨在追求逻辑与实践的统一,以增强本书内容的实用性。这也是课程思维的必然要求。

徐国庆

2014 年 6 月 22 日

　　课程是联结学校各要素的纽带,通常被认为是教育活动的核心环节,"晚近世界各国,都已把教育改革问题作为课程改革的问题来研究"①。当然,教育是个系统,不能因为课程重要而忽视其他教育环节的建设,且在某些时期制度建设、教育规模扩充可能比课程开发更重要。但由于课程直接影响到具有实质意义的课堂教学过程,且课程改革往往能牵动一系列教育要素的改革,因而通常把课程开发看作为学校内涵建设的重要抓手。那么什么是课程? 如何在职业院校的课程中体现职业要素? 这是职业教育课程理论首先关注的问题。

---

① 钟启泉.现代课程理论[M].上海:上海教育出版社,1989:1(前言).

第一节　什么是课程

什么是课程？看到这个词，我们首先联想到的是学校的科目。然而科目只是课程名称，课程更重要的内涵是这个名称下面所包含的具体内容。这些具体内容应当包含什么？可能包含什么？它是如何形成的？这就需要进一步理解什么是课程，它的内涵和外延是什么。对于已经习惯了教学论概念体系的职业教育研究者与实践者来说，深入理解课程的内涵更为重要，因为从教学论到课程论不仅意味着概念改变，更意味着深刻的思维模式转换。用教学论思维思考课程问题是阻碍我国现代职业教育课程体系成功构建的重要因素之一。

一、课程的涵义

（一）课程的内容方面

课程首先可以朴素地理解为教学内容，即要教给学生的知识、技能和态度，用经验主义教育理论的词来说就是"所有学习经验的总和"。这一理解有较强的合理性，因为"教什么"的确是课程最为核心且最为显性的问题。称其最为核心，是因为如果脱离了这一问题，课程的其他问题将毫无现实意义；称其最为显性，是因为教学内容是课程最为外在的表现形式，是师生最容易感知到的课程要素。当前有些课程改革成果过于注重课程形式，如机械地套用"工作过程"，只是框架性地设计课程，完全忽视精细的课程内容开发，这些做法其实都是有违课程本义的。当前我国职业教育课程改革最艰巨的环节正是如何构建以工作知识为核心的职业教育所特有的课程内容体系。

（二）课程的组织方面

然而对课程的理解仅仅停留于教学内容又是远远不够的，对职业教育课程来说尤其如此。认知心理学的一条基本原理是：人的大脑中的知识是有组织地存在的，而且知识组织方式是影响学习者使用知识、形成能力的重要变量。我们常常批评传统职业教育课程内容不实用，然而很多情况下并非这些知识不实用，而是因为这些知识是按照学科方式组织的，而不是按照职业方式组织的。这充分说明了课程组织在课程论研究中的重要地位。

另外，还要深刻看到的是，知识组织方式还构成了课程内容的生长机制，如图1-1，它表示的是基于学科的课程与基于职业的课程的不同内容组织方式。基于学科的课程中，知识是按照知识自身的逻辑组织的，而基于职业的课程中，知识是按照职业的逻辑组织的。更为重要的是，一门课程的内容不会是静态的，随着课程建设的深入，课程的内容也会增长，但在不同组织模式的课程中，其知识的增长方式是不一样的。学科组织模式的课程中，其知识是按照知识自身的逻辑方向进行增长的，而在职业组织模式的课程中，其知识是按照职业组织的逻辑方向增长的。这样，久而久之，前者的学科知识特色就会越来越强，而后者则会职业知识的特色越来越强。

因此如果希望课程内容朝着我们需要的方向发展，就必须高度重视对课程组织问

图 1-1

不同组织模式
下的课程内容
增长机制

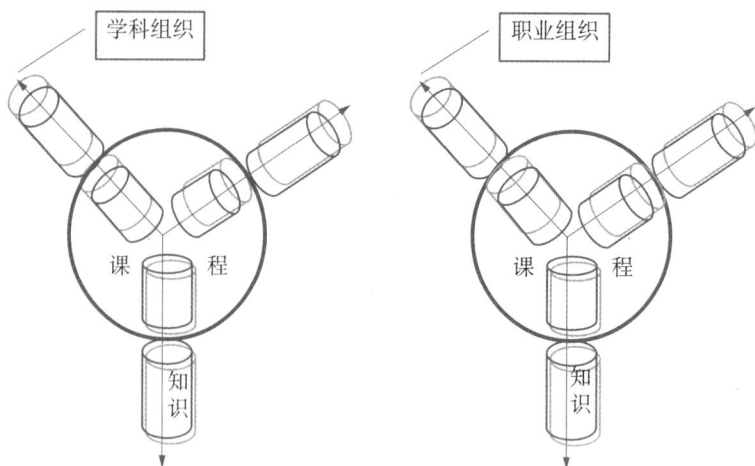

题的研究。在课程开发实践中,如果课程的组织方式没有得到有效控制,比如项目课程开发中,在教师的强烈坚持下未能对不合理的课程设置进行调整,那么即使当时对课程内容做了合理选择,久而久之课程内容将越来越远离课程开发者的最初理想。这就是学科课程牢固结构形成的机制。当然,为了使得学习能有序、高效地进行,我们也必须对课程进行合理组织。

(三)课程的目标与评价方面

那么我们为什么选择这些知识而不是那些知识作为课程内容?为什么选择这种模式来组织知识?依据只有一个,那就是我们希望达到什么样的课程目标。实践中,我们往往对目标不够重视,比如只有极少教师能写出合乎要求的教学日标。然而目标实为课程非常重要的要素,课程目标的研究水平很大程度上影响着课程的整体研究水平。分析美国中小学课程可以发现,除数学外,无论是学术课程还是职业课程,其课程目标定位都远高于我国,这意味着两个不同教育体系最终使国民达到的能力水平将存在巨大差距,由此可见课程目标定位是何等重要。随着人类知识体系与社会结构越来越复杂,课程内容的选择空间越来越宽广,对课程目标的研究也将越来越重要。

有了目标,我们就需要判断学习者通过学习后达到目标的程度,这就是评价。评价有时被视为课程的辅助方面,然而其重要性不言而喻:不仅学习结束后要从整体上判断学生达到课程目标的程度,而且在整个教学过程中教师都要实时判断学生对教学内容的掌握情况。我们往往使用一份试卷对学生进行评价,而事实上运用这一方法来准确判断学生学习的实际情况是很困难的。为了解决这一难题,已形成了非常发达的现代课程评价理论与技术。课程有了评价这个环节,就形成了一个前后衔接的合乎逻辑的过程,即目标、内容、组织和评价,这就是人们津津乐道的著名的泰勒(Tyler)原理。

(四)课程的制度方面

以上三个方面给我们描绘了课程的全貌吗?没有。课程研究中需注意到一个现象,即为什么教学内容存在了几千年,对教学法的研究也进行了几千年,然而对课程的专门研究是直至20世纪上半叶才出现?泰勒原理只是从具体科目的角度理解课程,而课程还有更重要的内涵,那就是它的制度方面、系统方面。课程的本质内涵决不仅仅在于它要解决教什么的问题,更重要的是它在现代教育体系中所扮演的角色。从教育系统角度理解课程,有助于更好地在理论层面把握课程的内涵,在实践层面充分发挥课程的功能。

事实上,课程在现代教育中的重要地位很大程度上源于系统化教育的需要。从近代开始,教育活动的形态进入了一个重大转变时期,即从个体活动转向系统活动,这就是现代学校教育体系。在新的教育活动形态下,人们不得不考虑一个重大问题,即如何实现学校与学校、教师与教师之间教学活动的衔接,以使学生能够在教育体系内自由地流动。终身教育体系的构建对这种流动的时间跨度和学校跨度进一步提高。解决这一问题的办法便是对教学内容从横向和纵向上进行合理分割,并使分割的结果标准化,这就使得课程成了现代学校教育体系中的重要联系纽带。因此,课程实为现代学校教育体系中特有的现象,而学校视角是理解课程内涵的重要维度。

课程的这一内涵能够在现代课程的两个重要现象中找到:(1)课程标准的构建。致力于课程建设的国家都高度重视课程标准的构建。如美国,至 2006 年底,其 50 个州和华盛顿哥伦比亚特区中,共有 31 个已建立州层面的中等职业教育标准体系,其他州则或者正在建立过程中,或者已经有了地方标准。中学后职业教育虽然建立统一标准的州相对要少,但各学校往往有着自己的标准。这些标准非常规范、细致,描述准确,在实践中发挥着巨大作用。(2)大型课程库的构建。如美国的大学和社区学院基本都建立了庞大的课程库。这些课程库的基本形态是:集中学校的所有课程,按照某种方式对之进行编码并置于网上,使用者可以极为方便地在课程库中对课程进行检索、获得并使用自己需要的课程。

二、课程与教学的关系

课程与教学的关系似乎是课程研究不可回避的问题。职业院校领导、教师经常被一个问题困惑,即课程概念大还是教学概念大？这也许是目前中国课程论所特有的问题,因为我们先后分别从苏联和美国引进教学论和课程论这两套几乎针对同一教育环节的不同概念体系,这就必然引起两套概念体系的冲突。分析课程与教学的关系,既有利于厘清这两套概念体系之间的关系,也有利于界定课程的外延。关于这一问题有三种典型观点:(1)教学包含课程;(2)课程包含教学;(3)并列关系。关于这三种观点,学者们往往坚持其一而排斥其他。其实无论哪种观点都是可以的,只要它能为所针对的教育活动建立完整的概念体系。但是,从我国目前这两套概念体系已经并存这一现实来看,采取图 1-2(相同底纹颜色部分为课程论与教学论的交叉互动领域)所示的处理策略可能更妥。

如图 1-2 所示,课程论中的课程规划与课程库等问题是教学论不会涉及的,而教学论中的课堂管理、学习过程与学业评价等问题是课程论不会涉及的。但课程中的课程目标与评价、课程内容与组织、课程实施方案等问题,与教学中的教学目标与内容、教学模式与艺术等问题,虽然在概念使用上有区别,但在研究与实践中是密不可分的,有时很难把它们明显地区分开来。比如教学目标肯定是依据课程目标制定的,而课程实施

图 1-2

课程与教学的
关系

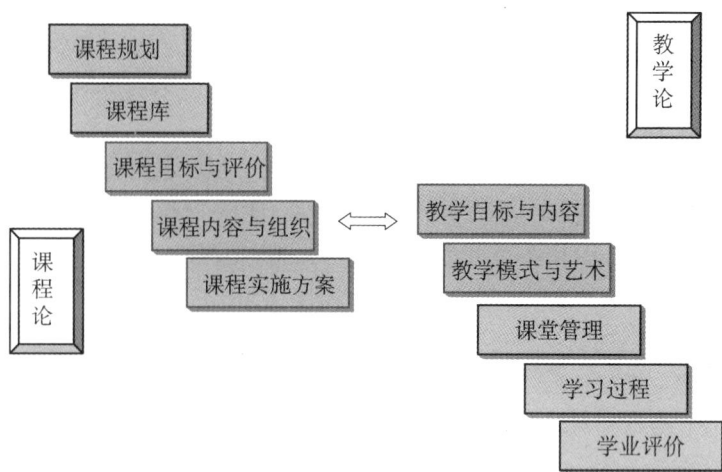

```
        课程规划
        课程库
      课程目标与评价                      教学论
     课程内容与组织  ⟷  教学目标与内容
  课程论    课程实施方案    教学模式与艺术
                        课堂管理
                        学习过程
                        学业评价
```

方案中必然会包含对教学法的要求。

课程与教学的关系可从下面三个方面进行理解:

(一) **课程与教学是两个不同领域**

职业院校以往通常使用的是教学论概念系统,它包含教学体系、教学计划、教学大纲、教材等概念,而把课程仅仅看作为教学内容。按照这一理解,教学概念应当比课程概念大,教学包含了课程。随着课程论概念系统的引入,研究课程的许多学者开始转向另一个极端,即把教学看作为课程实施,因而认为课程概念比教学概念大,课程包含了教学。

这两种观点的出现,最好的解释是专业情结对研究者观点的深刻影响。事实上可以把课程与教学看作为两个不同领域,它们各有自己的概念、理论体系和对象。教学论研究的是教学过程中的方法、组织与评价问题,比如教学模式、课堂管理、学习风格、教学艺术等,这些问题是课程论所不涉及的;课程论研究的是课程系统规划、课程目标与评价、课程内容选择与组织、课程实施方案等问题,这些问题自然也是教学论所不涉及的。

(二) **课程与教学是紧密互动的两个领域**

但是,课程与教学又是两个紧密相关的领域。教师不仅要学习教学方法和组织管理方法,同时也要学一些课程理论,至少对其所承担的课程的设计思想应有非常深入的了解,否则就只能是教教材,沦为教书匠。分析教师的教案可以发现一个现象,许多教师尽管对教案进行了精心设计,但其教学过程的形态并无实质性改变,这说明只在具体方法上努力而不深入理解课程是难以大幅度提高教学水平的。优秀的教师必然是对课程有着精深研究的教师。

同样,课程理论研究者与开发者也应当深入了解教学过程,最好拥有一线丰富的教学经验。因为课程是服务于教学需要的,许多课程改革正是源于实施新教学模式的需要。在很多情况中,是先有了教学模式创新的要求,然后才研究应当为新教学模式提供什么课程模式。缺乏实际教学经验的课程理论研究者与开发者往往难以提出切实可行的课程改革方案。

(三) 课程与教学存在交叉与衔接点

课程与教学不仅存在紧密互动关系,而且存在交叉与衔接点,比如教材与教案。教材属于课程要素,教案属于教学要素。教材是课程理念的物化体现,而教案是教师对教材处理后用于教学的方案。设计教材是为了满足教学需要,而设计教案是依据教材进行的。这就引出了一个问题,即教材应设计到什么程度? 教材设计如果过多地考虑教学过程,那么这种教材几乎可以替代教案,教师只需根据教学实际情况对教材作些简单调整;教材设计如果只考虑内容陈述,那么教师就需要根据教学过程对教材进行复杂加工。教材设计应把其呈现形式置于课程与教学之间的哪个位置,取决于相应的课程理念,即课程开发者希望教师只是机械地执行教材,还是要给教学提供较大的创造空间。

三、课程的基本构件

无论是泰勒原理的四要素,还是课程的制度方面,它们都只是课程的基本问题,或者说课程的基本方面,而不是独立存在的课程实物。在观察课程时,我们只能看见课程标准、教材、试卷、图片资料等实物,在这些实物中均可能存在课程目标、课程组织等要素,但不存在作为独立实物的课程目标或课程组织。然而课程论并非一门形而上学的学问,而是一门十分务实、期望有具体实物产生的学问,这就需要我们在实物层面进一步把握课程。

课程实物的划分可依据相关活动层面(包括课程开发活动和实施活动)来进行,见图1-3。该图描绘了四项基本活动,即课程领导、课程管理或指导、课程实施和学业评价,而每个活动层面分别拥有不同的课程实物,这些实物即课程的构件。实践中,课程构件往往是个边界模糊的概念。比如师资和实训设备是实施课程不可缺少的条件,那么它们是否属于课程构件? 虽然说这些条件非常重要,但通常不把它们列入课程范围,因此更准确地说,这里所描述的只是课程的基本构件。

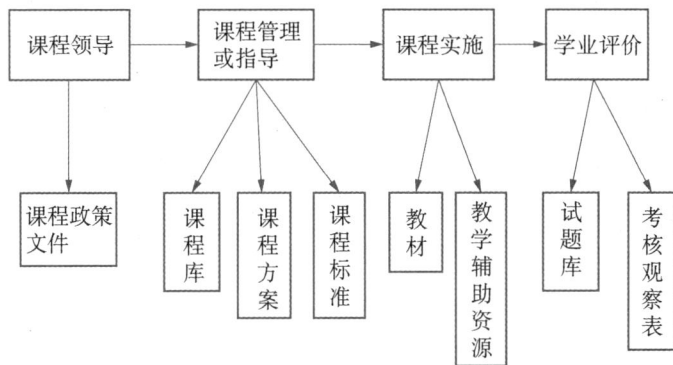

图1-3

课程基本构件

(一) 领导层面的课程

课程领导是对课程开发与实施中的重大变革问题进行决策,并运用权力或权威对课程实施人员进行引导或施加影响以实现课程实施目标的活动。课程领导包括课程改革中的领导和课程实施中的领导。课程改革中的领导活动主要表现为根据一个国家或地区或学校的课程实际情况确定正确的改革方向,并使所有课程相关人员理解改革目的与内容,接受新的课程发展方向。课程实施中的领导活动主要表现为设计有效的课程实施方案,并最大限度地组织人力、物力和财力合乎要求地执行这个方案。在这个层面,显性的课程构件是课程政策文件,即以规范、准确、肯定的语言来描述新的课程思想或实施要求的文本。

(二) 管理或指导层面的课程

课程管理或指导是指促使课程在课堂层面得到有效实施,并最大限度地发挥课程效益的活动。促使课程合乎要求并有组织地运行是课程管理或指导的首要任务,它包括纵向和横向两个方面:纵向方面是使课堂中实际实施的课程与所规划的课程尽可能地吻合;横向方面是使不同课程能合理地协调进行。但是,既然课程存在制度方面,那么就存在合理地组织课程以使效益最大化的问题,这是现代课程管理中不能忽视的重要方面。当教育规模大幅度增加,教育过程越来越复杂时,其重要性也将越来越凸显。这一层面的活动可称为管理,也可称为指导,其差别在于对课程实施要求的刚性程度。这一层面的显性课程构件主要包括课程库、课程方案和课程标准。

1. 课程库

课程库是一所学校所有课程按照某种编码方式集中到一起所形成的,可以有效执行检索课程、存储课程内容、支持教学过程等功能的资源库。为了使其高效地运行,课程库的建设需要采取网络技术。庞大课程库的建立,可以使课程运行更为有序,并大大节约课程运行成本,极大地方便学与教的过程,因此是现代课程管理或指导非常重要的手段。

2. 课程方案

课程方案即人才培养方案,它是对一个专业整体课程框架的纲要性描述,通常包括入学要求、学习年限、职业范围、人才规格、工作任务与职业能力标准、课程结构、课程安排、实施条件等要素。其中,职业范围指某专业人才培养所面向的工作岗位(群),确定专业面向的职业范围是课程开发工作的起点;人才规格指这些工作岗位对员工知识、技能和态度的整体要求;工作任务与职业能力标准指员工在这些工作岗位上要从事的工作内容,以及完成这些任务对员工知识、技能和态度的具体要求,它是课程结构设计与课程标准开发的依据;课程结构指某专业的课程类型、课程门类、课程设置及其之间的关系;课程安排指这些课程在时间上的展开顺序及课时分配;实施条件指课程方案实施时对师资、实训设备等条件的要求。

3. 课程标准

课程标准是对某门具体科目的纲要性描述,即具体阐述一门课程的设计思想,要达到的目标和要学习的核心内容,以及要按照什么方式学习这些内容,并需要提供哪些支持条件等问题。课程标准是非常重要的课程管理或指导手段,因为:(1)它为师生学与教的行为提供了重要支持,没有课程标准,学与教都将丧失方向;(2)它可以有效地规范和统一教材与教辅资源,为其开发提供课程研究的科学依据,从而提高其质量;(3)它可以整体规范教师的教学行为,使不同学校、不同教师教授的同一门课程的质量能最大限度地接近,从而促进学生在教育体系中的流动;(4)它是评价学与教的质量的重要依据。

（三）实施层面的课程

课程实施层面的显性课程构件是人们最为熟悉的,可以把它划分为两个类别,即教材和教学辅助资源。教材是按照课程标准要求对课程核心内容的精炼、规范表达。需要注意的是教材不同于著作:(1)著作所表达的是作者个人的思想与研究成果,而教材的内容应当与课程标准相吻合,表达方式应力求清新、简洁、准确、权威,易于学生阅读。(2)著作是按照知识本身的逻辑关系展开内容的,而教材应当依据学与教的原理来展开内容。对学与教的原理的体现程度,是判断一本教材优劣的重要指标。(3)著作发行所依据的是出版物的有关规定,而教材需经严格的质量检查和内容审定,如中小学教材必须经过教育行政部门的严格审定后方可正式流通。

教学辅助资源指除课程标准、教材外,支持教学过程更高质量地进行的教学材料,如延伸性阅读资料、教材解释资料、演示教材内容的软件、模拟实训软件、企业的工作资料、展示工作现场或工作程序的视频与图片、课件、试题库、课堂讨论或实训中使用的表格或清单等等。"辅助"一词只是表达了这些材料在教学过程中的功能,并非意味着它们不重要或是次要。恰恰相反,这些资源的开发与使用水平是课程现代化水平的重要标志。把这些资源与网络技术结合起来,能极大限度地扩充课程的空间与形态。我国与发达国家课程水平的差距很大程度上便体现在教学辅助资源开发与使用水平方面的差距。

（四）学业评价层面的课程

学业评价指对经过学与教的过程后,对学生所达到的知识、技能与态度水平进行的评价。课程在学业评价层面所体现的实物主要是试题库和技能考核观察表,这也是我们非常熟悉的课程构件,因为基本上每一位受过教育的人都经历过学业评价。学业评价具有检验学与教的效果和促进学与教的过程这双重功能,同时学业评价有不同目的,比如是对学生的最终职业能力水平做出判定,还是发现学习过程中的不足并予以改进?评价最主要的原理就是评价的内容和方法要与评价目的相一致。如何有效地评价学业成就水平是专业教师非常困惑的问题。

第二节　课程视域与课程思维

职业教育课程理论研究与实践开发水平的提升,不仅与我们对课程内涵与课程问题的理解深刻程度相关,而且与我们用什么样的视域和思维模式进行理论研究和实践开发密切相关。在视域与思维模式方面,课程论有着其他教育学科所共有的一些特点,比如同属于实践学科,研究目的直接指向对实践的改造;同属于应用学科,需要应用大量其他学科的研究成果来解决自己的问题,但在教育学科这个大家族中,课程又属于非常特殊的领域,它有着许多自己所特有的视域与思维模式,这也是进一步理解课程的非常关键的方面。

一、课程视域
（一）确立课程视域的现实意义

所谓课程视域,就是用何种态度与视野进行课程的理论研究和实践开发。对当前职业教育课程改革现状稍作观察就不难发现专门探讨这一问题的重要现实意义：

第一,虽然目前职业教育已赋予了课程建设极高地位,把它视为内涵建设的核心,但仍有不少职业院校领导和教师难以深刻理解课程建设在现代职业教育体系建设中的重要价值,他们认为课程是重要的,但并不是最重要的。

第二,许多职业院校领导和教师虽然承认课程的重要性,但认为课程无非就是列出一些科目,选择一些教材,组织一些教师去教学生,而课程开发无非就是把原来的教学大纲和教材进行一些更新或重组等等而已。这种视域导致了一个现象,即尽管职业教育一直致力于课程开发,但极少有高质量的产品出现,轰轰烈烈的课程改革最终往往以拼凑出一些课程标准和教材草草收场,其内涵建设的重要价值体现在哪里？

第三,更多教师所体验到的则是,他们赋予了课程改革极高的期望值,希望通过课程开发产生具有现代水平的、全新的职业教育课程体系,然而最终的课程开发成果却非常令人失望。

以上这些问题的产生均和我们的课程视域密切相关,即我们仍然停留在传统的、通过经验所形成的课程视域中。我们常说,教师通常按照自己教师教他的方法来教自己的学生,然而教师受传统课程模式影响的深刻程度可能远远超越了他们受传统教学模式影响的深刻程度。影响教师课程思想形成的主要途径是教材。我国职业教育课程理论研究起步于20世纪80年代末,理论研究虽然进行了近30年,但这些研究成果在实践中的应用其实非常有限,传统职业教育课程基本上是基于从普通教育中借鉴来的思想而编制的。这是一种经验水平的课程体系,不仅教学大纲中的教学内容缺乏严格的筛选和合乎要求的描述,而且教材设计几乎没有应用现代教育心理学与职业教育课程理论的研究成果,对现代信息技术发展可能带来的职业教育课程新形态更是缺乏足够的想象。深陷于这种课程视域中,上述问题的产生也就不可避免了。因此我们现代职业教育课程体系的形成很大程度上取决于我们是否能够确立现代课程视域。

(二) 现代课程视域的内涵

现代课程视域的内涵包括以下三个关键的方面：(1)科学的基础；(2)精致的设计；(3)严肃的表达。

1. 科学的基础

科学的基础指要依据科学原理思考课程问题,充分应用相关科学研究成果进行课程构件的开发。以科学研究成果为基础既是发达国家课程的主要特征,也是现代课程的主要特征。科学的价值在于能给我们提供想象未来可能性的巨大空间,只有当我们充分把握了现有的各种相关科学原理,并用它们来检验现有课程和想象未来课程,才能彻底拓展我们的课程视域,充分认识到课程在现代教育中的重要地位和课程领域的复杂性,寻找到未来课程的发展方向,有力地推动课程实践的发展,也才能使我国的职业教育课程改革真正产生实践效应。

对职业教育课程来说,最重要的科学基础为知识论、学习论和教学论：(1)知识论是指关于下列问题的大量研究成果,如什么是知识？什么是职业知识？职业知识的结构是什么？职业知识和职业能力的关系是什么？职业知识和其他知识的关系是什么？所有这些都是职业教育课程研究与开发的重要科学依据；(2)学习论涉及下列问题的大量研究成果,如感觉与知觉的规律、知识应用的心理过程、技能学习模型等,是职业教育课程研究与开发的重要科学依据;(3)教学论所开发的现代教学模式也是课程研究与开发不可缺少的科学依据,因为课程的功能便是支持所期望的教学模式的产生。

2. 精致的设计

粗略的态度是阻碍我们课程视域拓展的重要障碍,比如任意地表述课程目标,不仔细核查其具体含义准确与否;仅仅停留于对一些宏观概念(如职业素质)的"津津乐道",不去追求其真实含义与精确表达;教材编写只是拼凑一些内容,不依据科学原理进行精心设计等等。如果我们用这种视域审视课程,那么根本不可能真正认识到课程的价值,也不可能开发出高质量的课程。

如果对我国和西方国家的职业教育课程进行比较,可以发现我们课程理论的研究水平并不落后于西方国家,甚至在某些方面还可能超越了西方国家,然而西方国家所呈现的课程实物则足以让我们震惊。比如美国,他们不仅拥有编制得极为细致的职业岗位数据库、功能强大的课程库、精美方便的教材、极为丰富的课程配套资源,而且许多社区学院的所有课程均呈现到了网上,师生可以在任何能够获得网络的地方打开课程,所有这些能够立刻让我们强烈感受到现代职业教育课程形态。那么这些实物产生的动力之源是什么?是精致!只有当我们在特定课程理念指导下,精益求精地深入进行挖掘,才可能迎来现代职业教育课程体系。

3. 严肃的表达

随意的态度也是阻碍我们课程视域拓展的重要障碍。当我们随意地对待课程时,比如任意增加或删减一门课程,机械地拼凑课程标准,随意地给学生讲授一些自己感兴趣或擅长的知识,这样的做法已在意识深处把课程置于无足轻重的地位,其实已无课程视域可言了,自然也就不可能深刻认识到现有课程中的问题并殚精竭虑地追求新的课程。

然而当我们严肃地对待课程中的每一个环节时,课程中的大量问题就会涌现出来,我们的头脑就会因之而变得敏捷,我们的视域也将因之拓展得无限宽广。事实上,因为课程决定了师生将把大量学与教的时间用于何处,决定了大量教育经费将投向何处,决定了一个国家的民众将拥有怎样的知识和能力结构,因此课程开发是个非常严肃的过程,每一个细小的环节都要经过认真、仔细的研讨;课程设置的调整与内容增删必须经过严格的程序。

二、课程思维

(一)课程思维的逻辑路径

那么我们该如何思考课程问题?泰勒把课程开发划分为目标、内容、组织和评价四个阶段,这四个阶段同时也是个非常清晰的课程思维逻辑路径:首先确定要达到的课程目标,然后依据目标选择最有利于目标达成的课程内容,再按照某种原理对课程内容进行合理组织,最后判断学习结束后学习结果与课程目标的匹配程度。泰勒原理包含了非常核心的课程思维要素:(1)它不仅极为清晰地界定了课程理论要思考的核心问题,而且建立了这些核心问题之间的内在逻辑关系,且这些问题是课程论所特有的;(2)在泰勒原理中,课程目标是最为根本的问题,也就是说所有课程问题最终都必须回到目标上来,目标应成为课程开发中各种决策行为最根本的依据;(3)课程不仅要在目标问题的基础上研究评价技术,更要研究课程内容和课程组织,把应该选择哪些内容和如何组织这些内容作为专门问题来研究,如果不能在宽广的视野中非常精细地思考这些问题,那么就没有把握住课程思维的本质。

当然,这并非意味着现实中的课程问题都是从怀疑课程目标开始的。从目标到评价再回到目标,泰勒原理构成了一个循环,但这个循环只是基本的课程思维逻辑路径,而不是机械的逻辑步骤,实践中这四个环节的每一个环节都可以成为课程问题的开始端。比如,许多课程改革是从怀疑已有课程内容的合理性开始的,而有时候也会从怀疑课程的组织方式开始。我国自 20 世纪 80 年代末一直延续至今的职业教育课程改革,很大程度上便是出于按照新的方式组织课程内容的需要,其核心目标是要把按照知识本身的逻辑组织课程内容的传统学科课程模式,转变为以工作任务为中心组织课程内容。而且在现实中,往往是内容与组织成为课程问题的开始端,因为他们是显性的课程要素,人们容易观察到、体验到。

展开课程思维,需要怀疑课程内容的合理性,这就存在课程内容合理性是否需要怀疑,以及能否怀疑的问题。现代科学产生以前,人类的知识总量比较少,对课程内容的合理性进行怀疑的需要不突出,因而在相当长的历史时期内课程内容一直比较稳定。现代科学的形成使得人类的知识量激增,当人们对知识拥有更多选择时,"斯宾塞问题(什么知识最有价值?)"便应运而生。随着人类知识总量的继续增加,对知识价值的思考及知识选择原理的探索将成为课程论越来越重要的研究课题。另外,从中央集权的课程管理制度转向开放性课程管理制度,也使得这种怀疑成为可能。开放性课程管理制度的重大转变:(1)课程管理权力下放,形成了多级课程管理体系,允许学校开发校本课程;(2)实施"一纲多本",在同一课程标准下,允许出版相互竞争的多种版本教材,使人们开始意识到课程内容是可变的,从而形成了探索更加合理的课程内容的愿望。

展开课程思维,还需要怀疑课程组织的合理性,这里存在是否有能力怀疑的问题。对课程组织模式的怀疑是伴随着课程理论的发展而深入的。杜威经验课程论出现以前,课程内容主要是以符号形式表达的思想和学说,人们所理解的知识都是以符号为载体的知识,对这些课程的怀疑只能局限于内容选取是否合理,却无法对内容性质做出怀疑,因而也就无法怀疑课程组织模式。经验课程论的出现,彻底打破了人们对知识性质的看法,人们开始意识到知识不仅可以以符号形式而存在,而且可以以情境形式而存在,以与实践相联系的方式而存在,这就大大拓展了人们对课程组织的怀疑能力。经验课程论是首个提出并探索课程组织问题的课程理论,因而在现代课程理论的诞生中拥有非常重要的地位。

在能够怀疑也有能力怀疑的条件下,既然现实中课程思维往往是从怀疑现有课程内容和组织的合理性开始的,那么课程开发者就应当充分扩大视野,彻底摆脱现有课程体系的束缚,探索课程内容和组织形式的多种可能性。唯有如此,课程改革才能取得突破。然而这又是非常困难的,因为它意味着教师要挑战已经习惯的知识体系。事实上难于突破已有知识框架已成为制约职业教育课程体系实现根本变革的重要原因,当我们试图严格按照工作体系组织课程体系时,会发现即使是在"观念转变"了的教师那里也会遇到阻力,原因便在于他们难以在现有的抽象知识以外想象到还有什么可教的内容,以致认为若按任务或项目组织课程,那么课程内容将过于单薄。可见,当前的职业教育项目课程改革在致力于课程体系重组的同时,必须高度重视以工作知识为核心的新课程内容的开发,否则新的课程组织模式将因为缺乏内容基础而迅速垮塌。

(二) 课程思维的逻辑前提

对所有课程问题的思考都必须依据两个前提:(1)学习时间的有限性;(2)学习能力的有限性。若无这一前提,课程理论就丧失了存在的必要性。因为在时间与能力均可不受任何限制的条件下,学习者可以学习一切可供学习的知识,若是如此,课程内容就完全没有被怀疑的必要。而这两个要素中只要有一个不是无限的,课程内容的合理性就应当被怀疑。遗憾的是,现实中这两个要素不仅都是有限的,而且是非常有限的。学习者既没有足够的时间,也没有足够的能力学习人类所拥有的一切形式的知识,这就决定了在选择课程内容时必须对知识作出取舍,而要取舍就必须有原则,有原则就必须有理论。

然而实践中,我们往往容易忘记这一基本原理。比如不难观察到这些现象:领导认为创业教育非常重要,所有职业院校便开设了创业教育及市场营销、财会等相关课程;领导认为学生心理健康存在问题,所有职业院校便开设了心理健康教育课程;文化课老师从其自身知识结构出发,坚持文化课课时不能删减,专业基础课老师则强调夯实基础,严密地死守他的领地;在加强学生实践能力这一基本理念指导下,实践课课时更是不能少的。如此一来,课程体系往往极为庞杂,学生难以致力于学习一些真正对其有用的课程内容。因此在进行课程整体规划与设计时,必须遵从这两个前提,按照课程思维的逻辑路径,以课程目标为依据谨慎地筛选课程内容。

(三) 课程思维的特点

1. 定位与规划的宏观性

与教学论思维不同,对职业教育课程问题的探讨除了需要依赖学习论、知识论、技术论外,还必须依赖政治学、社会学、经济学,同时还必须对职业教育体系有完整、深刻的把握。课程的任何一个要素都是一个社会政治、经济、教育的综合缩影,任何一处表述的微小变化,都可能引起各方的激烈争论。比如,虽然职业教育课程目标通常是用几个非常精炼的句子进行表述的,但它背后所蕴涵的经济、技术、社会以及职业教育理念却可能十分丰富。从外部来看影响职业教育课程目标的因素就有技术发展水平、职业教育理念、职业教育模式、企业规模、生产组织方式等。比如在日本,企业家普遍认为工作能力是学校没法培养的,学校的主要任务应当是发展学生的"可培训能力"。在这种观念的支配下,其职业学校课程目标自然会以传授理论知识为主。

课程思维宏观性的另一个重要体现是,课程改革都是综合性的,课程的一个微小变革可能需要学校内部体系乃至教育行政管理体系做出重大调整。比如,普通文化课程课时比例降低,不仅会直接影响到任课教师的经济收入,而且会影响到他们的职业地位以及未来的职业生涯发展;而项目课程的实施,更是会带来职业学校师资结构、实训基地布局、教学评价体系等的一系列根本性变革,有些影响可能现在还无法预测到。因此,为了确保课程改革取得成功,决策时一定要充分预测各种可能的影响因素及需要采取的相应变革措施,并宏观地协调各方利益。

课程思维宏观性的第三个体现是课程开发中要渗透管理意识。课程文件的核心功能是规范课程实施中的各个要素,如教材编写、教学方法选择、实训基地设计、教师任职条件确定、评价方法选择、课程资源开发等。因此:(1)课程开发者只有站在管理者的角度,充分预测在课程实施中可能发生偏差的各个环节,然后分别在课程文件中予以规定,才可能进行真正的课程思维,也才可能进行真正的课程开发活动;(2)思考课程问题或编制课程文件时,课程开发者必须不断地自我强化作为课程管理者的意识;(3)要让教师真正对课程感兴趣,进而参与课程开发,首先必须赋予其课程管理的职责,转变其角色定位。

2. 表达与设计的微观性

课程研究者与开发者既要善于在宏观背景下思考课程问题,也要善于解决课程开发中的具体技术问题。因为无论多么诱人的课程思想,最终都要具体落实到课程方案、课程标准与教材中,并进一步落实到学与教的行动中。而课程方案、课程标准与教材的开发是非常微观、具体的活动,其每一个细节均必须仔细考虑,否则将给课程实施带来困难。微观性本质上就是现实性,它应当是课程研究与开发者的重要思维特点。一位优秀的课程研究者,不能仅仅停留于阐述一些宏观概念或是原理,而是要进一步思索如何通过课程设计来实现这些概念或原理,把概念或原理转化为产品;同时也要善于从"实施"的角度来思考概念或原理,以免于空泛的论述,甚至是错误的断想。缺乏产品意识以及课程开发实际能力的课程研究者是不合格的,然而这正是当前课程研究中的流弊。

比如许多人主张,职业院校要重点培养学生的基本素质、终身学习能力,促进学生的可持续发展,据此进而主张要让学生多学些普通文化课程,或是专业基础课程。然而这与提高学生就业能力的目标又是相违背的。于是或者争论不休,或者把两种课程简单地叠加起来,导致课程体系庞大、难学。造成这一现象的问题在于普通文化课程、专业基础课程多年来一直是重要的课程内容,通过对这些知识的学习学生的可持续发展能力是否得到了提升呢?事实上可持续发展能力是我们要达到的课程目标,而非具体的课程模式或内容,什么样的课程内容最有利于达到这一目标是需要谨慎研究的另一个问题。我们往往把目标与模式相混淆。如曾经一度非常流行的"宽基础、活模块"课程模式犯的就是这一错误。"宽基础"应当是课程体系的目标而非起点。既然仅仅是目标,就必须考虑如何在课程的各个具体环节体现这一目标?深入研究学生如何才能可持续发展?其影响的关键因素是什么?就业目标与发展目标之间有无联结点?可否在课程设计中实现其联结?研究已发现,基本素质、终身学习能力培养与普通文化课程、专业基础课程学习之间并无必然联系。可见,不细致地深入课程设计内部,只是凭借经验提些口号,很可能误导课程改革的方向。

再比如项目课程是目前被普遍接受的课程理论,许多人认为项目课程就是打破学术体系,按项目组织课程,并认为已经完全掌握了项目课程的精髓。其实不然。当我们真正着手开发项目课程时,立即会遇到许多技术问题,如项目如何选择?有无方法依据？知识如何在项目中均匀负载？理论知识与实践知识如何衔接等等？同时还会遇到许多理论问题，如项目课程能否培养学生综合职业素质？如何培养？岗位能力与综合职业素质之间是否存在连续关系？学校课程应当以理论知识还是实践知识为重心？项目课程的核心目标是什么？……这些问题如果不解决，那么项目课程既无理论根基，也无方法基础。可见，不细致地深入课程设计内部，也就不可能真正理解一种课程理论。

由此可见，课程思维是一种非常复杂的思维。课程研究与开发者既要有宏观视野，又要善于思索课程设计中的具体技术问题，并在宏观与微观的互动中完善和深化课程理论，提升课程设计的技术含量。而无论是宏观思维还是微观思维，都要以"追根溯源"为基本方法，寻找课程理论与设计的多种可能性，唯有如此，职业教育课程体系建设才可能取得突破性进展。

第三节　职业的课程意义

当前职业教育课程中最重要的问题便是技能学习与知识学习的矛盾问题，就业能力培养与可持续发展能力培养的矛盾问题。在探讨职业教育课程的具体设计原理之前，必须获得对这些问题的清晰答案。而这些问题的产生，和课程本身的历史形成过程密切相关。课程是学校特有的现象，早期的课程均以理论知识为内容，与职业几乎没有任何联系。在那个时代，工匠的培养是以学徒制形式进行的。学徒制依靠偶然的经验积累培养学徒，因而不具备课程形式。学徒制崩溃，近代学校职业教育产生，人们开始了用课程形式培养技术工人的尝试历程。最早进行这一尝试的是俄罗斯制。俄罗斯制奠定了用课程形式培养技能的基础，却带来了其内容与学校使命的根本冲突。这就是当代职业教育课程问题之源。对这一问题的探索，应以承认学术体系与工作体系的相互独立存在为前提。

一、工作体系与学术体系
（一）工作体系与学术体系的内涵
1. 工作体系的内涵

工作体系即人类直接进行物品与服务设计、生产、提供和交换的体系以及与之相关的管理体系。自从有了人类，就有了物品生产劳动，而当少数人的权力和财富积聚到一定程度时又逐步有了服务劳动。但我们把工作体系界定于行业和职业出现以后，因为工作并非一般意义上的劳动，而是人们为谋生并寻求发展而进行的制度性劳动。制度性劳动指这种劳动有稳定的岗位设置、明确的职责范围和从业要求，不同岗位之间需要相互协同，共同完成更加复杂的任务。做出这一界定，是因为只有在制度框架下，劳动才成体系。

这个庞大的工作体系是人类社会存在和发展的重要基础，也是社会结构的重要组成部分。随着经济与技术的发展，这一体系已越来越庞大和复杂，其内部组织也越来越严密。现代社会为了使得劳动者能够在某一职业范围内更好地流动并提高劳动者素质，还设计并建立了职业资格证书制度。人们为了更好地了解这一体系，已建立了相应的技术手段和学科,即工作分析技术和职业科学。

　　2. 学术体系的内涵

　　学术体系即人类进行学术知识的探索、表达和传播的体系。在中国,这一体系始于春秋时期,在西方则始于古希腊。当然,人类试图认识世界的探索远比这要早,但学术体系真正出现的标志是有了大量专门"制造思想"的学者、思想家,以及学术派别的产生。在这个时期,无论是中国还是西方的学术均达到了一次顶峰。从此,人类的学术体系源远流长,期间虽然也经过了一些比较大的兴衰起伏,但从总体上看,无论是知识数量还是学者数量均呈上升趋势。尤其是 19 世纪以后,这一体系获得了非常迅猛的发展,至今其内部组织已非常完善,在整个社会体系中居于核心位置。为了衡量一位学者的学术水平,学者们建立了学位制度。

(二) 工作体系与学术体系的相对独立

　　问题是,我们该如何看待工作体系与学术体系之间的关系呢? 它们是完全融为一体的,还是存在相互作用但仍然相互独立的两大领域? 多数学者会主张二者的一体化观点,因为理论与实践一体化的观点已是如此地深入人心。然而这恐怕只是一种愿望而非现实。学术研究与工作实践的关系的确越来越密切,然而如果简单地观察一下就不难发现,应用于工作实践中的科学知识只不过是科学知识总体的冰山一角。这个微小的部分并不能改变二者关系的总体性质。更何况这里所讨论的并非理论与实践的关系问题,而是物品、服务生产与知识生产这两大社会体系的关系问题。无论是从人的角度还是建制的角度看,二者的相互独立均是显而易见的,而二者之间的沟通也远没到使二者一体化的程度,毕竟无论多么熟练的技术工人,凭借他的技术在我们这个时代还是基本不可能成为大学教授的。

　　以往的历史学家对工作体系这个内容丰富、与人们生活休戚相关的领域不够重视,他们"倾向于把技术史搁置一边,放到历史的习惯领域以外"①,以致于我们对这两个体系的关系的认识一直很模糊。令人欣慰的是,近年来随着技术史学的发展,这一状况正在得到改变。如法国学者布鲁诺·雅科米(Bruno Jac)在他的著作《技术史》中,就以物品生产和技术革新为线索,给我们描绘了这个内容丰富而独特的图谱。而我国学者吴国盛在其著作《科学的历程》中,甚至大篇幅地增加了科学发展的工匠传统内容,努力从技术的角度解释科学发展的历史。对工作体系的研究越深入,我们将越能深刻认识到其自身的独特性。

　　当然,人类社会是非常复杂的,社会除了要培养直接从事具体工作的人才和直接从事科学研究的人才,还要培养大量的医生、律师、工程师等专业人才,以及政治家、军事家等领导人才。但是,从知识论的角度看,这些人才所需要的知识比他们所需要的技能要多得多。因此从教育学的角度看,虽然这些人才所从事的领域表面上处于工作体系与学术体系之间,但基本上可以把他们看作为学术体系的派生。事实上,这些领域的人才通常都是由学术型大学培养的,系统地掌握该领域的科学理论被作为其教育的核心内容。这里所强调的"教育学角度",即人才知能结构与培养的学问的角度,强调这一

---

① 布鲁诺·雅科米. 技术史[M]. 北京:北京大学出版社,2000:11.

点,是因为这些体系本身有很强的独立性,它们本身不太可能是学术体系的派生。

论证工作体系和学术体系在知识论和教育学角度作为人类两大基本体系的相对独立存在,为全面展开职业教育课程的理论逻辑提供了重要话语平台。

二、职业教育课程追求职业意义的历程

工作体系相对于学术体系的独立存在,意味着职业教育必须形成其所特有的课程模式,因此自职业学校教育诞生以来,人们便开始了追求职业的课程意义的历程,然而这一历程并非一帆风顺。当职业教育开始采用学校形式,以课程为载体来培养学生职业能力时,同时也带来了一个深刻矛盾,一方面是工作体系的特殊性要求职业教育追求其课程模式的特殊性,另一方面是学校教育全面发展人的潜能这一基本信念,必然对作为其构成部分的学校职业教育产生深刻的制约作用。矛盾双方的博弈过程便构成了追求职业的课程意义的复杂过程。可以用图1-4来描述这一复杂的过程。

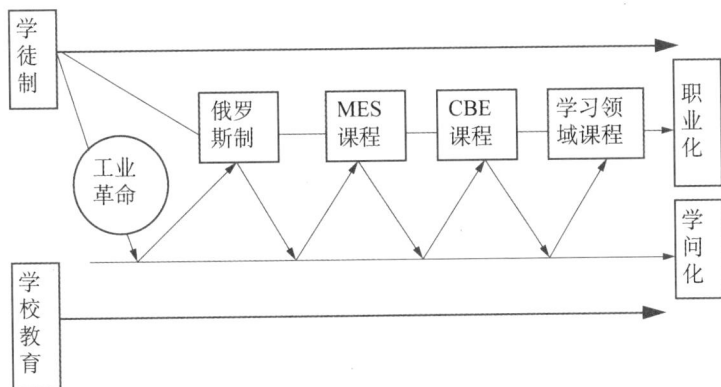

图 1-4

职业教育课程追求职业意义中的博弈

职业教育的早期形态是学徒制。狭义地说,学徒制并不是一种教育,因为在古代教育指的只是以语言、文字为媒介的学校教育。而课程在当时几乎可以说是学校教育的专利,因为学徒制度中的教育是以一种非常随意的、缺乏明确目标与内容计划的形式进行的。当然,这并不排除当时有一些旨在形成课程的探索。如中世纪后期,13和14世纪的德国出现了一种类似于行会的由技艺精湛的建筑师和石匠组成的协会,它们完全独立于行会系统。它们在职业教育课程内容方面进行了富有历史意义的改革,对教学内容进行了简化。当时,建造牢固大厦所需的理论知识已很复杂,建筑专业的理论基础知识已渗透了数学和自然科学,至少在某种程度上是如此。这些知识再不能仅仅在建造过程中获得,而是要把这些知识在传授给学徒以前简化成易于学习的单元。这样,文艺复兴时期,艺术家和工匠便开始了用心开发用于训练未来工作者的指导纲要,有时,这些指导纲要甚至采取了教材的形式进行流通①。然而从总体上看,在近代职业教育出现

---

① Lipsmeier, A., & Schroeder, H. (1994). Vocational Training, History of. In Husen, T., & Postlethwaite, T.N. (Eds.). (1994). *The International Encyclopedia of Education*. Great Britain: BPC Wheatons Ltd, Exeter, Vol. 11. p.6680.

以前,学徒制和学校教育是按照各自的轨道发展的,它们分别采取了不同的教育形式。

工业革命以后,理论技术的出现以及大幅度地扩大技术工人培养数量的需要,促使人们开始探索通过"教育"来培养这类人才,同时学徒制遭受了全面崩溃。1794 年多科技术学校在巴黎的建立是一个关键事件。用"教育"来培养人才必然需要课程。然而当时人们对职业教育的本质认识并不深入,因此当时的职业学校所开设的其实主要是普通文化课程加一些自然科学课程,和少量关于工艺的课程。比如英国 1823 年建立的伦敦职工讲习所就规定开设下列课程:自然和实验哲学、应用机械、天文学、化学、文学、工艺学等。[①] 在"机械之国"的德国,其职业教育课程也同样是这一特点。比如 1826 年王立学事委员会所制订的大规模学校教育计划就包括下列内容:(1)计算、比例、二次和三次方程式;(2)几何等的要点;(3)力学的要点、杠杆、滚轴、斜面、齿轮、螺丝、楔子;(4)有关自然和工艺生产的地理;(5)自然学的要点;(6)普通技术学;(7)建筑制图。[②] 这几乎使职业教育课程从学徒制轨道完全弹到了学校教育轨道。

然而这种情况很快便有了彻底改变,俄罗斯制的出现,把职业教育课程拉回了职业化轨道。这一轨道是从学徒制延伸而来的,但已不是完全意义上的学徒制,而是围绕着工艺过程开发课程的发展轨道,俄罗斯制是这条轨道的开端。而后沿着这条轨道出现了一系列重要的职业教育课程模式,如 MES 课程、CBE 课程、学习领域课程等。它们的共同理念是围绕着工作过程开发课程,使职业教育课程与工作过程更好地对接,旨在更为有效地培养学生的职业能力。由于这一轨道反对按照普通教育模式设计职业教育课程,突出强调对专门化职业能力的培养,主张围绕工作过程开发课程,给学生更多的职业知识,因而可以把它称作为"职业化"轨道。

在职业教育课程朝着如何更好地突显职业性的方向发展的同时,不断地受到另外一些理论观点的挑战,这些理论观点或者强调系统学习专业理论知识的重要性;或者主张职业教育课程应当发展学生的多方面素质;或者主张职业教育课程应加强学生适应能力的培养等。它们不断地使职业教育课程返回到学校教育轨道。当然,完全返回到学校教育轨道已是不可能,而是在"职业化"与"学校教育"之间形成了一条独特的轨道,这条轨道可以称为学问化轨道。这样,职业教育课程就不断地在学问化与职业化这两条轨道之间震荡。因此,现代职业教育课程的发展史,就是一个学问化与职业化的竞争史。正如汉夫(G. Hanf)所道:"在 18 和 19 世纪,我们发现了两种职业能力培养模式竞争的起源,即通过实践经验和对受行会控制的师傅的模仿进行学习,以及基于对工作能力进行书面描述的学校所组织的新模式。这两种模式的竞争,构成了职业能力培养的现代化进程,它蕴涵着不同国家在处理与旧模式的关系上采取了不同方式,即分化、融合或改造"[③]。

为了应对学问化轨道这些理论观点的挑战,职业化轨道的职业教育课程理论一直在不断地完善和发展自己。20 世纪 70 年代国际劳工组织开始着手开发的 MES 课程,

---

① 日本世界教育史研究会.六国技术教育史[M].北京:教育科学出版社,1984:97.
② 日本世界教育史研究会.六国技术教育史[M].北京:教育科学出版社,1984:238.
③ Hanf, G. (2004). Introduction. In Antonio, V. Towards a history of vocational education and training (VET) in Europe in a comparative perspective. Cedefop Panorama series. Luxnmbourg: Office for Official Publications of the European Communities.

80—90 年代于美国、英国、澳大利亚、加拿大等国家流行的 CBE 课程,90 年代后期以来德国一直努力开发的学习领域课程等,代表了俄罗斯制以后,20 世纪 70 年代以来世界职业教育课程发展的三个阶段。其发展的逻辑路径便是对职业能力理解的不同。MES 课程中的课程内容基本就是操作技能,它只关注完成工作任务所需要的操作技能的训练;CBE 课程虽然看到了知识的重要性,但由于对标准化、表现性的追求,使得其实质上所关注的仅仅是能够外显的知识与技能;学习领域课程则非常关注在复杂的工作情境中做出判断并采取行动的能力的培养,关注解决问题的能力的训练。然而如何实现这些能力的培养在实践中看来还是个问题。

　　总之,要理解课程的内涵并不容易,而要理解职业教育课程的内涵更不容易。职业教育是面向工作体系的教育,其课程应当呈现出不同于普通教育课程的形态。在职业化与学问化这两条轨道的竞争中,我国职业教育课程正越来越清晰地展现出其理论框架.

　　职业教育的早期形态是学徒制,这是"职业化"轨道的源头。尽管它随着工业革命已全面崩溃,但蕴含了许多重要的职业教育课程思想,而这些思想对于现代许多重要的职业教育课程问题的解决极富启发性,因而值得对其思想内核进行深入挖掘。学徒制崩溃后人们开始了探索用学校课程形式培养技术人员和技术工人的历程,经历的具体形式有俄罗斯制、MES 课程、CBE 课程和学习领域课程。本章拟在学徒制课程基因研究的基础上,系统梳理"职业化"轨道基于能力的职业教育课程理论的发展路径,这是本章要论述的主体内容。这些理论尽管在基本取向上是一致的,然而仍然各具特色,并呈现明显的发展逻辑。20 世纪 90 年代以来在国际范围内兴起的工作本位学习,在学习形式上进一步丰富了现代职业教育课程的内涵,本章也拟对之做些探讨。

第一节   古代学徒制中的课程论基因

职业教育在古代社会采取的是学徒制形式。学徒制中虽无现代意义上的课程,但其教育过程是存在的,有教育过程就必然有教育内容和方法。这种原始形态的职业教育虽早已成为历史,却包含了现代职业教育课程理论的重要基因。人们对工作本位学习的越来越重视,也折射出其不朽的生命力。分析其教育过程的特点,对于理解职业教育课程的本质与现代职业教育课程的弊端,以及推进现代职业教育课程理论的发展均具有重要意义。

一、学徒制的历史

学徒制始于中世纪,如英国大百科全书曾指出:"学徒制度起源于中世纪,它是手工业行会组织的一个重要组成部分"。而亚当·斯密(Adam Smith)也曾在《富国论》中说:"古代是没有学徒制度的,不论是拉丁语还是希腊语都没有相当于学徒制这个词"[①]。但若超越行会组织限制,只从教育形式理解学徒制,那么我们可以在古老得多的年代看到学徒制的踪迹。如汉谟拉比法典规定:"为使工匠得到发展,并且传授技艺,任何人都不得反对招收养子。如养父不向徒弟传授技艺,养父必须把孩子归还给亲生父母"。法典中所涉及的学徒制度,指的是从父子关系的学徒制度转向订立合同,而且规定了学习期限的真正学徒制度的过渡阶段。

在欧洲,学徒制起源于古希腊。在柏拉图(Plato)等人的著作中,可以看到有关当时学徒制活动的记载。罗马时代的雄辩家、法律家、医师等,也是和工匠一样通过学徒制培养的,后来逐渐转换为通过学校教育来培养。这个时期有的职业的人才培养,如建筑师和机械工人,建立起了课堂式的教学模式。在埃及,据文献资料记载,有组织的学徒培训可以追溯到公元前 2000 年。在公元前 18 年至 3 世纪之间,用纸张出版的资料中发现有 9 种有关学徒制度的合同,当时的学徒有作为债务抵押或缴纳利息的意义,同时师傅给学徒传授一些技艺。我国学徒制也有着悠久历史,如《周礼·冬官考工记》说:"知者创物,巧者述之、守之,世谓之工"(郑玄注:父子世以相教)[②]。即使在今天,我国民间还广泛地存在学徒制。

这一时期的学徒制具有私人性质。古代末期到中世纪,没有发现存在学徒制的证据。11 世纪学徒制的恢复同手工业行会的出现有密切关系。从 13 世纪中期到 15 世纪中期,学徒制逐渐从私人性质过渡到公共性质。行会组织有着自己独立的法规,对生产手段、劳动条件、产品质量等做了详细规定,同时也规定学徒招收数量、学习年限、培养过程等。行会中的劳动组织由学徒、工匠和师傅组成,学徒期满,学徒即可晋升为工匠,工匠交出一份自己制作的"杰作",获得师傅认可后才可晋升为师傅,成为独立的手工

---

① 细谷俊夫.技术教育概论[M].肇永和,王立精,译.北京:清华大学出版社,1984:17.
② 华东师大教科所技术教育教研室.技术教育概论[M].上海:华东师范大学出版社,1985:1.

业者。

二、学徒制的教育过程

成熟的学徒制中教育过程是这样进行的:首先是学徒雇佣。有志于从事手工业的少年,必须首先成为某位师傅的学徒。师傅在招收学徒时,要有一段试用期,通常为2—3周。考核合格后要通过正式仪式公布,并登入行会名册。其次是学徒培养。师傅对正式招收的学徒要进行全面培养。主要内容是学习技艺。学习方式为边看、边干、边学,学徒先观察师傅是怎么做的,然后进行模仿,在制作过程中用心领会诀窍。师傅一般不会给学徒系统讲解知识。学习先从制作一些技能要求低的产品开始,逐步过渡到制作技能要求高的产品。师傅不仅要传授学徒技艺,而且要进行读、写、算培养直至道德教育、宗教教育。这个过程可能比较长。我国民间学徒期通常是 3 年,但据资料记载,英国学徒期一般要 7 年,德国铁匠为 8 年,泥瓦匠为 6 年①。学徒期限长,使得学徒的技艺有可能真正提高到师傅水平。最后是学徒期满。学徒期满后,师傅要向行会提出申请,行会进行一些审查后,批准学徒结业。结业时也要举行仪式。

学徒制的教育过程有如下特点:(1)职业生涯发展目标明确。学徒只要在学徒期内能够勤勤恳恳工作与学习,获得工匠身份,进而获得师傅身份,就可允许独立经营自己所从事的职业。可见学徒的职业生涯发展目标非常明确,那就是要成为"他师傅那样的师傅"。这使得学徒通常能认真钻研职业相关的知识,学习非常刻苦。通过这种形式培养出来的工匠能在技艺上达到非常高的水平,从中世纪豪华的建筑物和精巧的工艺品可以看出这一点。(2)教育过程与工作过程同一。师傅和学徒都同时是手工业从业者,他们都同时兼有两种身份。学徒一边工作一边学习,很难把学徒的学习过程与工作过程区分开来。学徒通过和师傅一起劳动,向师傅学习技艺。这种教育过程有利于学徒明确学习目标,提高学习积极性;有利于培养学徒的职业精神,学习到大量经验知识,并在所学技艺与工作任务之间建立密切联系;当时的职业活动是不分工进行的,学徒还可以学到整个生产过程的技能。(3)所学内容非常实用。师傅除了对学徒进行一些基本的读、写、算教育及道德与宗教教育外,主要传授技艺、经验等与职业密切相关的实践知识,所学与所用紧密结合,没有今天职业教育所背负的沉重包袱,如全面发展学生的综合素质,培养学生可持续发展能力,训练学生可自由迁移的职业能力等。通过这种形式培养的工匠,虽然没有当时学者们所拥有的深厚学术知识,却有着制作器具、建造房屋的实实在在的本领。(4)按照任务的复杂程度展开教学。师傅往往让学徒从完成一些简单的任务开始,然后过渡到一些比较复杂的任务。任务的复杂程度不仅指技术上的,也指责任上的。这一过程用情境理论的术语来说就是从边缘性参与到完全参与。比如"在莱芙的研究中,裁缝学徒是从熨烫已制好的衣服开始学习的,然后逐步过渡到成衣制作(缝纫和钉钮扣)。学徒首先独立制作的是那些责任要求低的衣物,如儿童内衣,然后到成人内衣,在学习制作成人衬衫之前,先要学习制作儿童的一些衣物如裤子、衬

---

① 细谷俊夫.技术教育概论[M].肇永和,王立精,译.北京:清华大学出版社,1984:21—22.

衫"①。当学徒能够独立完成师傅认为最为复杂的任务时,便可以结束学业了。当然,对这些任务的学习都是围绕产品生产进行的。

三、学徒制中的职业教育课程基因

学徒制作为古代职业教育的基本形式,在缺乏交流、甚至完全相互隔绝的时代,普遍地存在于世界各国,而且其过程基本类似,且在当今又出现了复兴,都说明了学徒制存在某种永恒价值。尽管随着工业革命的到来,古代学徒制因行会的消失而崩溃,却有着职业教育课程的许多重要基因。

(一) 学徒制对现代职业教育课程的重要启示

首先,职业教育课程必须有很强的实用价值。学徒制中学徒的刻苦学习精神,来源于其对职业生涯的明确意识,以及对所学内容实用价值的深刻感知。这意味着,普通教育课程或许是基于个体的多方面需要,如获得身份、满足学习兴趣、开发智慧等,但职业教育课程必须有很强的经济意义上的实用价值,能增强个体的谋生能力,并能让个体深刻感知到这一价值。这一观点或许过于功利,却是职业教育课程的基本价值所在。

其次,职业教育课程必须与工作体系互动。学徒制中工作过程与学习过程是完全同一的,在其他形式的职业教育中,工作过程与学习过程联系的紧密程度会有所变化,但有一点是不能变的,即职业教育既然是面向工作体系的教育,那么其课程就必须与工作体系紧密互动,否则无法让个体获得工作体系所需要的完整知识,更难以培养个体的职业意识与职业精神。事实上,企业参与一直是职业教育的一条基本规律,各国职业教育模式的差异只在企业参与程度的差异上。

再次,学习的基本形式应当是模仿、实践与反思。古代学徒制中,师傅不会像今天的课堂教学那样,从概念到原理系统地给学徒讲解知识。当时,"知识讲解"完全属于学术教育的基本方式,学者们用语言形式或是系统地阐释自己的思想,或是解读先贤的思想,学生则用心记录和领会。而在学徒制中,师傅则完全采取让学徒边模仿、边实践的方式进行学习。学习主动的学徒,在实践之余还会对操作过程进行反思,寻找更佳的技艺形式,这种学徒有可能最终"青出于蓝而胜于蓝"。这种学习形式和当时以经验、格言为主要内容的职业知识的特征是完全吻合的。

(二) 学徒制在当代复制的可能性

尽管古代学徒制作为一种教育体系遭到了崩溃,但其学习形式是一直为人们所认可的,因此在学习形式上复兴学徒制的努力一直在进行着,20 世纪 90 年代以来尤盛,主要有英国的现代学徒制、澳大利亚的新学徒制,德国的双元制则可看作为一种有着更久历史的现代学徒制。现代学徒制结合了古代学徒制与现代教育中的合理要素,对于解决现代职业教育课程所面临的一些棘手问题具有重要价值。但现代学徒制毕竟是现代的,它在努力继承古代学徒制中许多重要课程基因的同时,却因现代社会、经济体系的深刻变革,难以完全复原古代学徒制。

---

① Billett, S. (2001). *Learning in the workplace*. Singapore: CMO Image Printing Enterprise, p.107.

1. 学徒的职业生涯发展空间难以复原

与古代学徒制相对应的经济形态是手工业。这是一种个体经济,尽管师傅也会招收几个学徒帮助其劳动,但师傅自己是需要劳动的,并且要承担劳动的主要责任。这种经济形态虽然比较落后,工匠劳动却有着独立性。工匠独立地劳动,并独立地享受劳动成果,把其职业看作为"自己的事业"而终身追求。尽管在当时的社会结构中,工匠的社会地位总体上并不很高,却能从"独立"中获得成就感。学徒在跟随师傅学习技能的过程中,能从师傅身上清晰地感受到其未来可能的职业生涯发展空间,因而能把师傅的今天作为自己的明天而努力追求,学习往往非常投入。

从工场手工业到现代大工业,工匠的独立地位遭到了彻底瓦解,工人仅成为有组织的生产过程的一个要素,甚至仅仅是马克思所描述的机器的附属品。工人们再难以体验到师傅的职业成就感,他们仅仅把职业看作为"谋生手段",更多体验到的是劳动与收入的交换感。现代科层制的劳动组织,把工人置于组织的最底层,进一步削弱了工人的职业成就动机。工人就业存在组织空间和资格空间两种就业模式,在强调自由竞争的国家,工人就业的资格空间的扩大大大提高了就业流动率,从而进一步降低了他们的职业归属感和成就感,而增强的是其职业交换感。

职业生涯发展空间的根本变化,给职业教育课程带来的最大影响是,难以在学生身上激发出学徒所具有的学习动力。学徒通常把其职业作为终身从事的事业来追求,能刻苦练习和钻研技艺。现代人凭借科学理性在技术的整体水平上远远超越了古代,而古代工匠们凭借技艺的直觉给我们留下了许多难解的技术之谜。而现代职业教育体系中的学生,仅仅把其即将从事的职业作为一种谋生手段而已,甚至是暂时的、低层次的谋生手段;对职业的这种认知,必然严重影响学生的学习动力,且这种缺陷是仅仅从学习形式上恢复的学徒制难以弥补的。

2. 学习过程与工作过程的同一性难以复原

古代学徒制中,学徒的学习过程与工作过程是完全同一的。这种同一性一方面给学徒提供了清晰了解其未来职业生涯空间的机会,以及通过亲密师徒关系全面、深入学习师傅的品格与默会知识的机会;另一方面在这种基于工作的学习模式中,学徒在特定工作压力下进行学习,不仅能增强学习动力,而且能更为真实地获得知识的职业意义。比如医药生产中的数学计算,在学校情境中,如果学生算错了一部分,他仍然能够获得另一部分的分数,而在工作情境中他只能得 0 分,因为药物成分是绝对不允许计算错误的。机械加工中也存在同样的情形,学校情境中的加工出现一点误差,教师仍可能会给学生 80 分,而在工作情境中只有 0 分和 100 分的区别。

对于职业知识学习而言,学徒制是最佳模式。然而现代社会、经济体系的发展却使得学习过程与工作过程的完全同一已是不可能:(1)技术越来越发达,职业知识越来越复杂,其中需要集中学习的理论知识越来越多,人们已不可能完全通过自然主义的学徒制获得从事职业所需要的知识,工业革命所导致的古代学徒崩溃早已说明了这一点。这使得经过精心设计的独立学习过程成为必需;(2)工作过程的高度组织化,学习目标与生产目标之间的冲突,也使得经济单位几乎不太可能接受没有任何职业准备的学徒。即使是著名的日本企业内培训、德国的双元制,其实也只是把学徒训练场所放在企业而已,初期的培训过程与工作过程还是相互割裂的,并没有达到古代学徒制的完全同一状态。所以现代职业教育课程的问题,并非是把学习场所放在学校情境还是工作情境的问题,而是哪个情境多一些,哪个情境少一些的问题。

这是制度化教育时代职业教育必然要遭遇的问题。制度化职业教育在瓦解学习过程与工作过程同一性的同时,也瓦解了学徒与师傅的亲密关系;在给学生提供大量标准化知识的同时,也使学生在远离工作情境的学校情境中难以建构知识完整的职业意义。

第二节　基于能力的职业教育课程理论

学徒制崩溃后,发达的西方工业国家开始出现了职业技术学校。这样,如何采取学校形式培养学生的职业能力,就成了职业教育课程理论关注的核心问题。沿着这个目标,出现了许多形式的职业教育课程理论,最早的是俄罗斯制,继而分别有 MES 课程理论、CBE 课程理论和学习领域课程理论。这些理论形式的核心观点比较一致,那就是以对职业岗位的工作任务分析为基础来设计课程,主张从工作体系而不是学术体系获取课程的形式和内容。然而除了核心观点比较一致外,这些理论形式也存在较大差异,这种差异既存在于所采取的概念体系不同,更存在于对职业能力内涵理解的不同,每一种新的职业教育课程理论的出现,都赋予了对职业能力内涵更为复杂的理解,而如何实现更为复杂的职业能力的培养,便构成了职业教育课程发展的基本动力。

一、俄罗斯制
虽然俄罗斯制留下的文献并不多,但从描述它的有限文献来看,俄罗斯制已具备了 MES 课程理论、CBE 课程理论和学习领域课程理论的基本思想。

(一)俄罗斯制产生的背景
工业革命大大加速了学徒制的崩溃,因为学徒制已经不能适应工业发展对大量廉价、非熟练劳动力的需求。许多新开办的工厂不需要旧的学徒制训练出来的熟练工人,这使得正规学徒制度在许多行业迅速衰败。但是科技的发展及其在工农业中的应用,导致对熟练劳动力的需求迅速扩大,这就要求建立系统的、有别于学徒训练的职业教育课程。1868 年莫斯科帝国技术学校校长德拉·奥斯(Della-Vos)创立俄罗斯制,采取对工艺过程进行分割的方法设计课程,并对学生集体授课,开创了如何在学校实施职业教育的模式。

(二)俄罗斯制的理论框架
俄罗斯制抛弃了古代学徒制中学徒通过模仿师傅来学习技艺的方法,它首先通过分析生产技术,把生产过程分解为几个要素,然后据此制定课程计划,指导学生通过工厂实习掌握这些技术。分解技术、班级授课是俄罗斯制最为突出的两个特征。"事实证明,把技术加以分解并且排列成教学程序是可能的;只要具备适当的设施,一个教师可以同时向很多学生传授技术"[①]。俄罗斯制的这两条基本原理,为在学校实施职业教

---

① 细谷俊夫.技术教育概论[M].肇永和,王立精,译.北京:清华大学出版社,1984:57.

育,大规模地培养技术人才提供了操作路径,在职业教育史上具有划时代意义。利用这些基本原则,德拉·奥斯分别在木工业、细木工业、铁匠和车工集聚区建立了实习工场,按照逻辑顺序和技术难度授课。

(三) 俄罗斯制的传播与影响

俄罗斯制首先通过 1870 年在彼得堡举办的博览会向全俄国推广,进而通过 1873 年在维也纳举办的国际博览会、1876 年在费城举办的国际博览会、1878 年在巴黎举办的国际博览会以及 1893 年在芝加哥举办的哥伦比亚博览会向欧美各国传播,对世界各国职业教育发展起了巨大推动作用。如在 1876 年费城举办的国际博览会上,德拉·奥斯介绍了传授机械技术的新方法。这种方法加速了美国职业教育的发展。俄罗斯制使许多美国人感到震惊,特别是对伍德华德(Calvin Woodward)和朗克利(John Runkle)震动很大。伍德华德仿照俄罗斯制在圣·路易斯创办了一所"手工学校"。马萨诸塞州技术学校校长朗克利也十分推崇俄罗斯建立实习工场培养学生的方法,在他的学校建立了"机械技术学校",这些先驱们开创了美国现代职业和技术教育的新局面。

二、MES 课程理论

MES 是英文"Modules of Employable Skill"的缩写,可译为"就业技能模块组合课程",简称 MES 课程。其开发过程的系统性、严密性,模块组合的灵活性,以及对技能描述的精确性,是 CBE 课程理论和学习领域课程理论所无法媲美的;在行为主义这个维度上,MES 课程理论可以说发挥到了极致。它在有效、规范地训练工作技能的同时,也给我们留下了许多理论上的困惑。

(一) MES 课程产生的背景

20 世纪 70 年代初,国际劳工组织经过调查,发现当时的职业教育课程存在以下五个方面的问题:(1)教学大纲不能灵活地适应科学技术和产业的迅猛发展;(2)教学大纲的内容已经不符合就业与雇佣的需求;(3)没有形成一个科学的职业教育系统;(4)没有体现个性教育、终身教育等现代教育思想;(5)教师缺乏合适的材料。为此,国际劳工组织根据大多数成员国的建议,先后召开了两次国际会议,研究世界职业技术教育同经济发展对人力资源需求之间不相适应的问题及其对策,决定开发一种既能适应经济发展需求,又能适用于不同经济环境的就业技能模块组合课程。国际劳工组织 70 多名专家经过 14 年努力,终于开发出了这套课程体系,并于 1983 年开始逐步推广。

(二) MES 课程的基本理念

MES 课程的理论基础是系统论、信息论、控制论。即其所追求的基本价值取向是:开发一套组织严密、结构系统的职业教育课程体系,这套课程体系既能够灵活地组合,又能够精确地控制课程实施的每一个细节,并能够与工作体系完全相匹配,从而达到严格、规范地培训技术工人的目的。

1. 以工作任务分析为基础开发课程

MES 课程继承了俄罗斯制的一个基本观点,即彻底破除学科课程模式,把课程建立在工作任务分析基础上,围绕着工作体系本身来开发课程。通过对工作体系逐级分解,最终获得工作体系的基本组成单位——模块,以及完成每个模块所需要的学习单元,然后据此开发学习包。每一个学习单元包括完成相应工作任务所需要的六类基本知识,从而打破了知识边界,实现了课程综合化。

2. 工作任务行为化以实施控制

工作任务分析的层级之多是 MES 课程的一大特色。通过多达五级的分解,最终获得的模块及其操作步骤非常具体、明确,如"划出安装轮廓线"、"在墙面和天花板上安装电器元件"。按照要求,模块是划分到不能再划分的工作体系的基本组成单位。而在学习单元中,对操作过程又做了进一步细分,如《用便携式电钻在砖石墙上钻孔》这个学习单元,就包括 17 个操作步骤和一个安全规范。这种划分最终使得工作任务行为化,学习内容非常明确,可以达到规范训练技能的目的。尽管体系复杂,但 MES 课程设计严密有序,一环扣一环,井井有条,充分体现了系统论思想。

3. 课程模块化以实现灵活组合

模块化作为一种技术开发、设计思想,最初出现在信息技术领域。计算机软件、硬件由于采用了模块化结构,不仅大大缩短了产品的开发周期,降低了生产成本,而且能灵活地实现多样化需求。此后,模块化思想被广泛应用于其他各个技术领域。如在机械制造技术领域,运用模块化设计思想后,新产品不再由新零件直接构成,而由通用模块(占多数)和专业模块(占少数)组合而成。新产品设计主要进行少量新(专用)模块设计。MES 课程充分吸收了模块化设计思想。课程要实现模块化,必须:(1)课程微型化;(2)课程标准化;(3)课程独立化。这三个思路贯穿了 MES 课程开发的整个过程,如依据基本组成单位"模块"设计学习包,实现了课程微型化;要求用十分精确的语言描述模块,实现了课程标准化;要求每个模块有清楚的起点和终点,实现了课程独立化。

(三) MES 课程的概念体系

MES 课程是一个严密而复杂的系统,要理解这个系统,必须把握其关键概念及这些概念之间的联系。图 2 - 1 是 MES 课程的概念图[①]。

(1)职业领域。生产、服务活动按性质和任务所划分的组成部分,每个部分即为一个职业领域,如机械工程、建筑工程、电子/电气工程、管道工程。

(2)工作范围。按性质和任务将职业领域进一步划分所得到的组成部分,每个部分即为一个工作范围,如电气工程中的室内电器安装,管道工程中的户内供水体系安装。

(3)工作。按性质和任务将工作范围进一步划分所得到的组成部分。

(4)工作规范。通过对某一工作的任务和技能进行分析所制订出的工作标准。

(5)模块组合。按照不同劳动组织方式所形成的模块之间的组合关系。如"电子产品安装"这个工作共包含七个模块,如果在规模小的工厂,这项工作由一个工人承担,那么他的"模块组合"由七个模块组成,如果在规模较大的工厂,这项工作由三个工人承担,那么他们的"模块组合"可能由其中的两个或三个模块组成。

(6)模块。按照实际工作的程序和规划,将一项工作进一步划分所得到的组成部分,每一部分即为一个模块。

---

① 刘登高.现代职业技术教育教学模式[M].北京:现代知识出版社,2000:40.

(7) 学习单元。既指组成模块的基本要素,也指各自独立而又内容相关的教学小册子(教材)。每个学习单元包括若干知识和技能。

(8) 技能。包括动作技能和心智技能。如数控车床操作工的动作技能有"正确安装刀具"、"正确使用量具"等,心智技能有"看懂图纸"、"合理选用加工设备"等。服务类专业心智技能占的比重比较高,如国际贸易专业的"价格洽谈",需要的技能就有"准确进行出口成本核算"、"说服对方接受对我方有利的价格条款"等。

(9) 学习包。完成一个模块教学所需要的全部教学材料,包括教学目标、设备、材料及辅助教具、教师指导材料、学员指导材料、学习单元、考核题目。

(10) 学习站。指一个组成体系的教学场所。

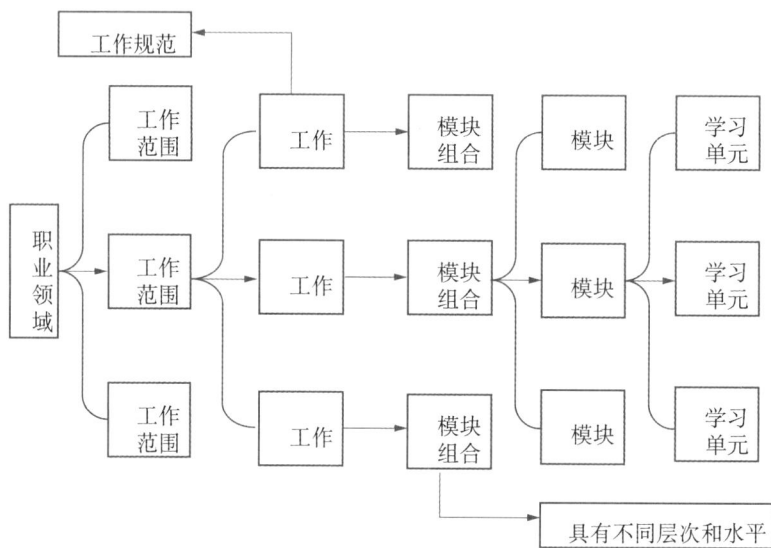

图 2-1

MES课程概念图

在这些概念中,最重要的概念是模块组合、模块和学习单元,尤其要注意把握"模块"这个概念。模块要求用十分精确的语言来描述;多数情况下,模块内的活动都要有清楚的起点和终点,并且通常不能再进一步划分了;每个模块必须有一项输出,可以是一种产品、一项服务或一个决定。

(四) MES课程的开发方法

1. MES教学大纲开发

MES教学大纲开发采用的方法是工作任务与技能分析,它由以下环节构成:准备工作规范、确定模块内的操作步骤、分析模块内的操作步骤以及确定模块所需的学习单元。这些工作要求由工程技术人员、教师、有实践经验的高级技术工人组成的开发小组来完成。

工作规范是MES教学大纲建立的基础,它由工作描述和工作内模块排列及描述构成,要求用表格形式表示。工作描述是对一个"模块组合"的工作进行简明扼要的陈述,内容包括:应当完成哪些工作,采取什么组织形式,工作条件和标准是什么,学习的前提条件是什么等。"模块排列和描述"是将工作任务进一步划分为若干部分(模块),并用语言简要描述,如"画出安装轮廓线"。工作规范的描述一定要准确、规范,符合管理、生产或服务的实际情况。

模块的操作是由一系列步骤构成的,确定模块操作步骤时要注意:(1)要用恰当的行为动词进行描述;(2)不能遗漏任何环节。确定操作步骤后,要继续分析完成每一个步骤需要的知识和技能,同时确定实施操作的标准。分析结果用"模块分析表"呈现。

在此基础上就可以确定学习单元。学习单元主要包括六个方面的内容:工作安全、活动、理论知识、图表资料、技术资料(材料/元件/方法)、技术情况(工具/设备/机器)。所有这些内容用"模块学习单元参照表"的形式来呈现。在不同技术条件下,所需学习单元的数量会有所变化,由此充分显示了 MES 课程的灵活性。不同模块之间的学习单元存在交叉重复情况,把它们整理出来,就可以获得"模块学习单元选择表"。

以上五张表格相互依存,层层递进,汇编到一起便是 MES 教学大纲。这个大纲简单明了、条理清晰、结构严密,非常实用。

2. MES 学习包开发

学习包是完成一个模块学习所需要的全部教学材料的集合体,包含的内容有:(1)教师指导材料;(2)学员指导材料;(3)设备、工具、材料及辅助物清单;(4)若干学习单元;(5)模块考核题库。学习单元不是随意排列的,而是按照实际工作程序排列的,因此学习单元的学习也要求按照程序进行。学习单元开发先编写学习目标和成绩考核题目,学习目标通常用以下格式陈述:"当你完成本单元的学习后,就能够……",它要由活动、条件和标准组成。学习内容包含操作技能和安全要求。技能编写通常采取图解形式,即一边是文字说明,一边是图示。

(五) MES 课程简评

MES 课程体系的严密性、技能描述的精确性,给人们留下了深刻印象,但也留下了许多值得探讨的问题。当职业院校教师了解 MES 课程以后,绝大多数人认为这种课程不适合我国。为何不适合? 认为条件不具备者有之,认为该体系过于复杂以致难以实施者有之,认为 MES 课程对技能的操作化追求使得它只适合职业培训而不适合职业教育者有之。如何看待这些问题?

条件论者的观点自然不必过多考虑,因为条件是会改变的,且这种改变有时是以惊人的速度进行的,常常超过人们的估计。事实上自 MES 课程传入至今,我国的职业教育办学条件已有了翻天覆地的变化,发达地区的职业院校已基本具备了实施这套课程模式的条件。而 MES 课程的严密性和精确性是值得我们继承的。严密性指其课程开发的整个过程组织严密,环环相扣,前后两步之间有着清晰的演绎关系,从而确保了最终结果的科学性;精确性指其对操作过程的描述非常细致和准确,用这种方法训练的工人的技能操作必然非常规范。这两个方面可能恰恰正是我们目前最缺少的。

问题在于,这种方法是否会使得理论知识太少? 能否训练学生的智慧技能? 能否让学生获得对工作体系的整体性理解? MES 课程的支持者可能会对这些问题断然提出否定答案,而事实上这些问题是 MES 课程难以回避的,至少它给人的第一感觉就是如此。当然感觉不能代替理性,从理论上看,把工作体系分解到不能再分解的模块为止,然后以模块为参照点开发学习包,在使得学习内容清晰的同时,必然会带来上述问题。因为对工作体系的过度分解,最终获得的必然是动作,而动作是不可能负载太多理论知识的;过分关注细微动作,也容易带来忽视整体的危险。这或许是 MES 课程已逐渐为人们所淡忘的重要原因。CBE 课程在某种程度上有助于克服这些问题。

三、CBE 课程理论

CBE 课程是"能力本位教育课程"的简称,其英文为"Competence-based Education"。与 MES 课程以技能获得为目标不同,CBE 课程明确提出了"能力"概念。那么,什么是 CBE 课程? 它能否彻底解决 MES 课程所面临的问题? 这是本部分要重点讨论的问题。

(一) CBE 课程产生的背景

CBE 课程产生于 20 世纪 60 年代的美国,源于对当时师范教育的批评。传统的美国师范教育是知识本位的,即认为只要把学校规定的理论知识学好了就是一位好教师。这种观点在 60 年代遭到了人们的怀疑,开始转向强调教育对行为的改变,而不仅仅是掌握知识。1967 年 CBE 课程被作为取代按学科模式培养教师的新方案正式提出,这种方案主张将对教师工作分析的结果具体化为教师必须具备的能力标准,然后按照能力标准设计课程。

该思想后来传到加拿大,并于 20 世纪 60 年代末形成了以 DACUM 为核心的 CBE 课程开发技术。DACUM 是"Developing A Curriculum"(课程开发)的缩写,它是一种以行业专家委员会的形式进行工作任务分析,并获得某项任务所应具备的知识、技能与态度的方法。它最初由加拿大和美国联合开发,一方是加拿大人力及移民署下属的试验项目部,另一方是纽约通用教育公司,该公司负责向爱荷华州克林顿县(Clinton County)的"妇女就业"培训计划提供技术咨询。克林顿县的初期工作是开发一个课程指导书,用以促进受训人员参与培训计划和达到培训目标,结果形成了一个类似时间安排表的图示课程表。继这些早期工作之后,加拿大为一个较典型的职业开发了试验性的 DACUM,并以此作为进一步应用的范本。DACUM 经过大量修正和改进之后,终于形成了开发职业教育课程的一整套完整方法。美国俄亥俄州立大学就业教育与培训中心在 DACUM 的开发与应用领域卓有成就。

CBE 课程在职业教育中的全面兴盛则是 20 世纪 80 年代中后期的事情,这与产业界强烈要求提高劳动者的职业能力密切相关。当时的企业界普遍反映,现行的职业教育课程只注重知识的获得,而非实际操作能力的形成,与就业需求不直接相关的现象十分严重。在这一背景下,CBE 课程于 80 年代逐渐推广到了欧亚及澳洲等许多国家和地区,从而对职业教育与培训产生了深远影响。尤其是 80 年代中后期及 90 年代初,主要的英联邦国家,如英国、澳大利亚、新西兰先后根据能力本位教育思想重新构建了职业教育与培训体系,把能力本位职业教育思潮推向了一个新的高度。1991 年 10 月,中国-加拿大高中后职业技术教育合作项目(CCCP)在成都举办了中国第一次 DACUM 讲习班,将 CBE 教育思想、课程模式正式介绍到了中国,引发了 90 年代全国范围内的 CBE 课程研究与实践热潮。

（二）CBE 课程的基本理念

CBE 课程是一种预先确定某个岗位或岗位群完整的职业能力标准，然后依据学生个人的学习进度，引导学生进行相关知识、技能学习并达到行业精通水准、获得具体行为表现的课程模式。其基本理念可概括为以下几个方面。

1. 课程开发以岗位职业能力为依据

CBE 课程完全打破了由学校教师根据知识系统性开发课程的思路，转向以岗位职业能力为依据开发课程，课程开发的主导权也交由企业专家掌握，主张由产业界而不是学者来决定课程内容，其依据是认为企业专家比学校教师更能准确地把握职业教育课程内容，因为某个岗位需要什么职业能力，只有长期从事该岗位工作，达到相当熟练程度的人才最清楚。问题在于什么是职业能力，它与工作任务是什么关系？CBE 课程是能力本位还是任务本位？这是 CBE 课程理论中非常复杂的问题，而理清这些问题是把握 CBE 课程理论的前提。

我们经常会见到一些相互矛盾的表述。DACUM 表的两个栏目，有时称能力领域和专项能力，有时称职责和任务，内容则是工作任务，如矿山测量专业的能力领域有"地面控制网加密测量"、"地面工程测量"等。再比如关于能力有这样一些定义："这种能力常常被称为专项能力（task），可视为完成一项与工作有关的可观察到并可度量的活动或行为"[①]，"能力本位教育把岗位工人的工作任务表作为课程的首要资源"[②]；而盖勒（L. Gale）和波尔（G. Pol）在《能力：定义与理论框架》一书中这样界定了能力："胜任一定工作角色所需的知识、技能、判断力、态度和价值观的整合就是能力"；[③]1984 年英国继续教育处在《走向能力本位体系》中对能力做了如下界定："能力是为胜任社会工作角色的要求所必须拥有的充分的技能、合适的态度和经验"[④]。

对于这两种完全不同的能力定义，曾有学者从"行为—素质"这一维度对之进行过分析，认为其差别在于从行为层面理解能力，还是从素质层面理解能力，并据此归纳出三种能力观，即行为导向能力观、素质导向能力观和整合能力观。整合能力观主张要将一般素质与应用这种素质的具体情境联系起来。实际情况似乎并非如此。素质是我国特有的概念，其内涵非常模糊，很难把握其内容，西方学者不太可能，事实上也没有使用这一概念来阐述能力的内涵；所谓素质导向能力观或是整合能力观，其实并没有否定行为层面的技能，只是强调能力应当包含多方面要素及其之间的关系。显然，能力观的差别应当是角度的差别，而不是纵向的层次差别、抽象与具体的差别。

英国学者曼斯菲尔德（B. Mansfield）深刻地意识到了两种能力观的差异，他称之为"输入的能力观与输出的能力观"[⑤]。输入的能力观强调个人具有的知识、技能和态度倾向这些个体的心理要素，往往把实际操作水平理解为一个个独立要素或实际操作的

① 中国 CBE 专家考察组.CBE 理论与实践[Z].中加高中后职业技术教育合作项目出版物,1993:19.
② 徐国庆.实践导向职业教育课程研究:技术学范式[M].上海:上海教育出版社,2005:7.
③ Ruth, N.(Ed.).(1981). *Competency-based education: beyond minimum competency testing*. New York: Teachers College Press, p.10.
④ Harris, R.(1995). *Competency-based education and training: between a rock and a whirlpool*. South Melbourne: Macmillan Education Australia PTY Ltd., p.20.
⑤ Burke, J.(Ed.).(1989). *Competency-based education and training*. London: The Falmer Press, p.27.

内容,强调通过有组织的输入来获得职业能力。输出的能力观又称基于结果的能力观,它注重工作角色,强调从输出的角度来界定能力,能力是整个工作角色或实际操作的整体结果,而不限于对个体应具有的知识和技能的描述。当这两种能力观混合使用时,就会出现以上那些细微但深刻的矛盾。曼斯菲尔德倾向于输出的能力观,因为他认为这种能力观更具开放性,更有利于能力发展;输入的能力观通过罗列心理要素来界定能力,恰恰限制能力内容的可能性,因而是狭隘的。但是,这两种能力观应当是可以整合的,输出的能力观可看作为能力本身,输入的能力观可看作为能力形成的条件。罗列心理要素可能限制能力内容,但对教育而言,没有内容是无法培养能力的。

无论哪种能力观,都强调能力的表现性、可见性,用"会做什么"定义能力是 CBE 课程的重要思想。这种能力观把能力与任务融为一体,抛开了把能力理解为抽象的心理要素的传统观念,使我们从在抽象层面理解能力转向了在内容层面理解能力,从而有利于更为准确地把握职业教育课程的内容,增强内容的实用性和针对性,达到更为有效地培养学生职业能力的目的。比如,"地面工程测量能力"肯定比笼统的"实践能力"对职业教育课程开发有更为现实的意义。这一理念要求 DACUM 表开发时,要从"做什么"入手,而不要从"具备什么能力"入手,这是能否开发好 CACUM 表非常重要的技术要领。

以岗位职业能力为基础开发课程,不仅会带来职业教育课程内容的重大变化,而且会带来整个课程体系的重组,对以学科本位课程为主体的三段式课程带来重大挑战。首先,CBE 课程必然打破理论与实践的二分格局,因为围绕职业能力组织课程时,每一条职业能力是同时包含了知识、技能和态度要素的。其次,CBE 课程必然打破从理论到实践的应用式课程展开顺序。CBE 课程把 DACUM 表中的能力领域作为学习科目,按照专项能力从易到难的顺序安排教学和学习计划,采取的是模块化课程编排模式,必然彻底解构三段式课程框架。

2. 学习目标关注学生的具体行为表现

以上已论及,CBE 课程用工作任务定义能力。这种"关注实际内容"的思维模式,使得在学习目标上,CBE 课程强调要以学生在岗位上所表现出来的实际操作能力来表达,即强调能力的外显性、操作性和结果性。英国教育评价专家沃尔夫(A. Wolf)就给 CBE 课程评价下了这样一个定义:能力本位评价是以对学习结果进行明确界定为基础而建立的一种评价形式[①]。这个定义概括了能力本位评价的三个基本特征:(1)强调学习结果,而不是学习过程;(2)强调对学习结果的明确界定,这是通过对学习结果的分解、细化来实现的;(3)评价方式为标准参照。

因此,CBE 有时又称 OBE(Outcome-based Education)或 PBE(Performance-based Education)等。最初,国际上采取的都是 CBE,后来为体现能力的可测量性,其名称就逐渐采取 PBE。现在很多美国人常常将二者相通用为 CBE/PBE,两个名称之间加一条分隔线以表示两者并无实质区别。

3. 教学过程根据学生具体情况确定学习进度

在 CBE 教学体系中,入学没有年龄、时间限制,随时可以入学。入学后通过测验对

---

① Wolf, A. (1995). *Competence-based assessment*. London: Open University Press, p. 1.

学生能力进行摸底,看看具备了哪些能力,还不具备哪些能力,以确定还需要学习哪些模块,并根据个人情况设计学习进度。CBE 教学体系实施个别化教学,每个学生的学习计划是不一样的;模块学习以掌握为标准,没有掌握要重复学习,直至掌握为止,从而最大限度地体现了个性化教学理念。其理念是,自定学习进度的个别化学习方式会有利于自信的发展和独立习惯的养成,而这些品质在个人择业和就业中都是非常有益的。

(三) CBE 课程的开发方法

CBE 课程开发是一个复杂的体系,其基本步骤如下:(1)对当前经济形势和教育形势的分析;(2)人才市场的调查与分析;(3)职业能力分析(DACUM 课程开发过程);(4)教学分析;(5)教学设计与开发;(6)教学实践;(7)教学评价。下面介绍其最为核心的两个环节,即职业能力分析和教学设计与开发。

1. 职业能力分析

CBE 课程采用 DACUM 方法进行职业能力分析。DACUM 方法是把每一个具体职业或岗位的全部工作,分解成相对独立的工作职责,每项工作职责又可看作为从事该职业应具备的一项能力领域;然后,再把每项工作职责分解成若干工作任务,每项工作任务又可看作为从事该职业应具备的一项专项能力。

其具体做法是:先按照确定 DACUM 研讨委员会的标准,针对所分析的职业,从工作现场精心选聘 10—12 位优秀工作人员,作为 DACUM 研讨委员会成员,组成DACUM 委员会。待 DACUM 研讨委员会成员了解 DACUM 之后,用 1—2 天时间在DACUM 主持人的协调下,邀请研讨委员会成员集中开会,运用"头脑风暴法"(在研讨时主持人不能对任何意见加以评论)和 DACUM 表,分析相应工作岗位所需要的能力领域和专项能力,同时对每项能力的操作频率和任务完成要求做出评定。通常一个职业可分解为 8—12 个能力领域,每一个能力领域包含 6—30 个专项能力。其最终成果是一张 DACUM 表(罗列出能力领域与专项能力)及说明。格式见图 2‑2。

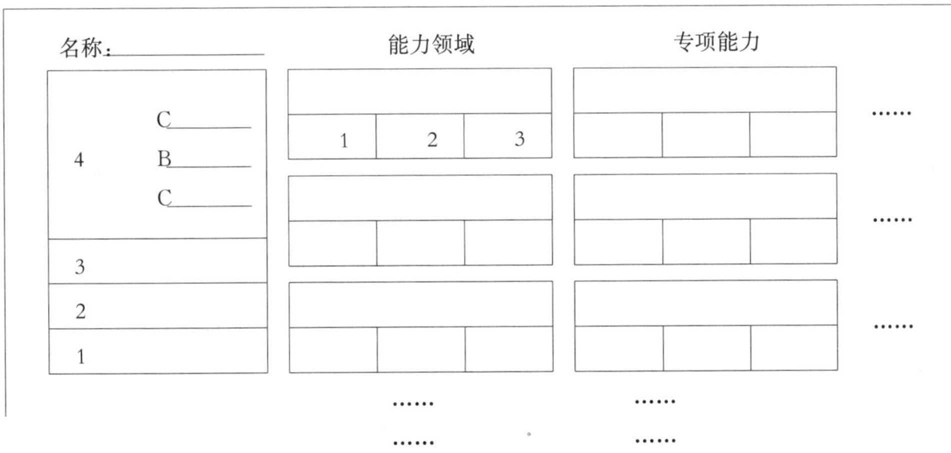

图 2‑2

DACUM 表的格式

注:1 表示顺序,2 表示操作频率,3 任务完成要求

工作任务完成要求的评定标准见表 2-1。

表 2-1	等级		评定标准
任务完成评定标准	4	C B A	能高质量、高效率地完成此项任务的全部内容,并能指导他人完成任务; 能高质量、高效率地完成此项任务的全部内容,并能解决遇到的问题; 能高质量、高效率地完成此项任务的全部内容。
	3		能圆满地完成此项任务的全部内容,不需要任何指导。
	2		能圆满地完成此项任务的全部内容,偶尔需要帮助和指导。
	1		能圆满地完成此项任务的全部内容,但需要在现场指导下,才能圆满地完成此项任务的全部内容。

2. 教学设计与开发

教学设计与开发的目标是获得学习包。学习包是指导和帮助学生掌握某项能力的学习材料。学习包的内容一般包括学习指导书、教材、讲稿、实习实验指导书、期刊摘录的文章、设备操作手册、音像及计算机辅助教学软件资料,以及其他学习参考资料。这些材料都需由教师和企业专家共同开发,以把学习过程与工作过程更好地衔接起来。学习包开发好以后,放到专门的资料室。资料室有许多大格子,每个大格子里又有许多小格子,小格子与DACUM表中的能力相对应。学习某一技能时,就到相应格子里取学习包。

(四) CBE 课程简评

与 MES 课程一样,CBE 课程把课程体系建立在工作任务分析基础上,这对于提高课程体系与工作体系的相关性,更为有效地培养学生能力无疑是有重要价值的。CBE课程明确提出了"能力"概念,并对它进行了非常深入的解读。它一方面强调能力的操作性、表现性,另一方面又强调能力形成要综合知识、技能、价值观等多种心理要素,这一观点对有效地培养学生复杂职业能力是有价值的。CBE课程的开发技术也有利于实现这一功能,这就是它没有像 MES 课程那样对工作体系做过度分解,而是只进行了能力领域和专项能力两级分解。这种分解看似粗糙,却有利于包含更多形成能力所需要的学习要素。像MES课程那样,通过对工作体系的终结性分解来获得课程内容的方法,至少对于培养复杂职业能力是不适合的。事实上,工作任务更多地是为职业教育课程设计提供框架和目标,课程内容的获得应当通过依据这一目标所进行的职业能力分析来获得。

CBE课程最初引入到中国时,其接受程度可能因为使用了"能力"这一概念,要比MES课程高得多,但也并不顺利。持怀疑态度的学者认为这种课程只适合职业培训,或是技工教育,对中专及以上教育则是不合适的,理由是它过分强调技能,忽视了理论知识的学习。怀疑论者的态度是如此强烈,以致其支持者不得不采取策略,把CBE课程与DACUM法区别开来,认为DACUM只是CBE课程开发方法中的一种,确实有缺陷,但CBE课程强调对学生能力培养是应当坚持的。国外学者也有类似怀疑。如曼斯菲尔德就认为:"随着职业角色复杂性和责任性'水平'的增加,任务分析法的缺点会变得更加清晰,对于一些关键的能力方面(如对系统的管理和协调,对不定和变化的处理,或更大环境中的相互作用),常规的任务分析几乎是无法胜任的"[1]。扬(M. Young)也观察到了类似情况,他写道"早期的标准本位模式曾采取了最为极端的形式,那就是假定所有的知识在工作表现中都是不明确的,因此根本没有必要单独考虑知识。如果某人任务完成得很出色,那么就假定他必定有了足够的知识。这一观点后来得到了修正,因为研究者们通过许多案例认识到,雇员所需的知识并非都能通过对表现的观察和分析得到。这就需要在职业标准的基础上,进一步确立对知识进行评估的标准,以确定基础知识与理解"[2]。在此基础上,英国致力于开发功能分析法,即把分析对象由任务转向工作角色期望和职业用途。但是在具体操作中,功能分析法与任务分析法的区别不是很明显,要知道工作角色也是要通过任务来定义的。

但是,不依据工作任务分析,那么我们该如何设计职业教育课程呢? CBE课程过分追求对目标的清晰表述,的确容易排除一些非常重要但又无法清晰表述的目标,这是在课程设计中应当避免,而且是可以避免的。但是如果完全放弃CBE课程,那么难道仅依据主观判断给学生大量玄而又玄的所谓理论知识就合理了吗? 事实上,怀疑论者在质疑CBE过分注重技能训练、忽视理论的同时,往往对CBE课程也有不少肯定;既然如此,那么是否选择CBE课程就只是一种价值倾向了。当然,希望通过工作任务分析获得所有课程内容是不可能的,因为现实中的职业教育课程往往需要考虑多重目标,而就业只是其目标之一。可见,问题的关键并不在于是否要CBE课程,而在于是否只要CBE课程。

其实,CBE课程的关键问题并不在于上述那些批评,而在于:(1)DACUM法能否获得课程开发所需要的所有信息? 该方法通过成立工作任务分析委员会,采取集体头脑风暴,用动宾结构的短语形式来描述工作任务,所获得的关于职业的信息其实是非常有限的,这种方法本身决定了不太可能深入挖掘出像"工作思维"这些深刻的职业内涵,更深的内涵可能要通过"职业研究"才能获得;(2)如何通过科学的教学设计,使学生获得对工作情境的整体理解。CBE课程尽管对工作任务的分析不像MES课程那样琐碎,但它也是围绕依据工作任务分析所获得的知识、技能为内容展开教学的,教学过程是"任务单列"的。通过这种教学方式学生获得的往往只是一些零碎的知识、技能,难以获得对工作情境的整体理解,更难以培养其角色意识,锻炼其心智模式。学习领域课程在一定程度上探索了这两个重要问题的解决方案。

四、学习领域课程理论

学习领域课程探索始于20世纪90年代的德国。该课程理论一经传入我国便得到了广泛接受。什么是学习领域课程? 它和前两种课程有无实质区别? 本部分仍拟

---

[1] Burke, J. (Ed.). (1989). *Competency-based education and training*. London: The Falmer Press, p. 34.

[2] Young, M. (2002). *Bring knowledge back in: from social constructivism to social realism in the sociology of education*. Tayler & Francis, p. 22.

从背景、理念、方法几个维度对学习领域课程做一简要描述,并在此基础上对之做简要评论。

(一) 学习领域课程产生的背景

学习领域课程方案的出台,源于 20 世纪 90 年代德国进行的一场大辩论。面对知识社会的挑战、企业职业教育现代化进程的加快、学习与工作一体化趋势的增强、企业继续教育日益扩展等情况,职业学校教育该如何跟进成了许多德国人思考的问题。德国职业教育界许多人士认识到,德国职业学校 20 世纪 70 年代的课程大多数是以科学性和基础性的学习为出发点的,这一模式使得行业和企业意见纷纷,认为职业学校培养的学生脱离企业的实际需要,学非所用。通过激烈的辩论,具有思辨传统的德国社会各界,包括教育、经济、科技领域以及工会、雇主协会最终获得共识:德国职业教育面临着自 1969 年颁布联邦"职业教育法"以来的"第二次教育改革"压力,要使双元制职业教育在新世纪仍然具有强大生命力,职业学校教育必须改革。

1996 年 5 月 9 日德国各州文教部长联席会议颁布了新的《职业学校职业专业教育框架教学计划编制指南》(以下简称《编制指南》),提出用学习领域课程方案取代沿用多年的以分科课程为基础的综合课程方案。1996 年 11 月,才开始按照新的《编制指南》制定《框架教学计划》。至 1998 年 3 月,完成了 32 个基于学习领域的教学计划。1999 年 2 月 5 日,各州文教部长联席会议通过并颁布了新《编制指南》的最终文本。自 1996 年以来对《编制指南》共做过三次重大修订,目前这项改革仍然处于进行之中。

(二) 学习领域课程的基本理念

根据德国各州文教部长联席会议的定义,学习领域指一个由学习目标描述的主题学习单元,它由能力描述的学习目标、任务陈述的学习内容和总量给定的学习时间(基准学时)三部分构成。其核心理念包括以下三个方面。

1. 职业教育应培养学生复杂的职业能力

"用能力描述的学习目标",即学习领域课程把能力培养看作为职业教育的核心目标。这一理念与以上几个理论并无区别,区别在于德国学者基于其理性主义哲学、格式塔"完型"心理学,形成了对职业能力的独特理解,从而形成了有别于 MES 课程、CBE 课程的理论框架。

(1) 职业能力的涵义

职业能力的内涵是职业教育研究的基本问题,在德国有时也称之为职业行动能力。首先,与英美等国热衷于职业资格证书,力图用职业资格证书来表征职业能力不同,德国学者认为,职业资格证书是一种功利取向的劳动力管理手段,它所能表征的仅仅是能够显性化、行为化的静态知识与技能;然而能力是内隐的、深层的、过程性的,哪怕是最简单的一个行动,也是以理性为基础的。因此,职业能力是由多个层面组成的一个复杂结构,外显的行为结构只不过是内在心理结构的体现,仅仅关注职业能力的外显行为结构是浅薄的,按照这种理念培养的技术工人无法面对多变的工作世界。

其次,职业能力是无法从生活背景中割裂出来的,职业能力概念的外延远比职业资格概念广泛。能力发展涉及到工作和生活世界两方面,而不仅仅包括工作和职业这个领域。能力发展也是一个由个体自行规划的主动过程,这个概念包含了建构主义的理论。学习和能力发展必然是个体对自身经验进行背景确定并根据其自身特点进行发展的积极活动。尽管能力是可学的,然而按常规的形式它并不是可教的。推进能力发展必须考虑到其背景框架,这不可忽视。

再次,职业能力是个历史性概念。职业能力的内涵正随着技术的快速变化而处于巨大的变动之中。现代技术工人既要有能力完成定义明确的、预先规定的和可预见的任务,同时他们还应当考虑到自己"作为在更大的系统性的关系中"所产生的影响,这就要求具有灵活性和以启发性的方法解决问题。职业能力决不可能自动地产生于已获得的知识,而是在批判地探索、解决和转化问题的过程中产生的。

这就是德国学者对职业能力的深刻表述。他们认为,如果说职业教育必须使人们有足够的准备,能在变得更复杂、更动态,正常情况下更易引起矛盾状态的经济、技术和社会的系统关系中判别方向,有能力负责任地做出判断和处理,那么所开发的课程应让学生能在与各种相当复杂的职业情境的交往中,特别是从自己的行为在各种复杂关系中产生的影响中取得经验。

(2)职业能力的结构

从能力内容的角度,德国学者把职业能力划分成了专业能力、方法能力和社会能力。专业能力是在专业知识和技能的基础上,有目的的、符合专业要求的、按照一定方法独立完成任务、解决问题和评价结果的热情和能力。如计算能力、编程能力、实际的技能和知识。它是和职业直接相关的能力,具有职业特殊性,是通过我们平常所说的专业教育获得的。方法能力"是个人对在家庭、职业和公共生活中的发展机遇、要求和限制做出解释、思考和评判并开发自己的智力、设计发展道路的能力和愿望。它特别指独立学习、获取新知识的能力。"[1]如决策能力、自学能力。它有点类似于我们所说的职业生涯规划能力和学习能力。社会能力是处理社会关系、理解奉献与矛盾、与他人负责任地最佳相处和相互理解的能力。它包括人际交流能力、公共关系处理能力、劳动组织能力、群体意识和社会责任心等。方法能力和社会能力具有职业普遍性,不是某种职业所特有的能力,它们能在不同职业之间广泛迁移,因此德国学者也把它们称为"人格"或"人性"能力。

从能力性质的角度,德国学者把职业能力划分成了基本职业能力和关键能力。基本职业能力是劳动者从事某一职业所必须具备的能力,是劳动者胜任职业工作、赖以生存的核心本领,包括单项的技能与知识和综合的技能与知识。如车、铣、刨、钻、焊,可编程控制器的使用、商业促销等技能;设备维修安装工艺、调节技术、商品经营等知识。基本职业能力的要求是合理的知能结构,强调专业的应用性、针对性,注重专业技能的掌握。

关键能力是从事任何职业都需要的、适应不断变换和飞速发展的科学技术所需要的一种综合职业能力,是专业能力以外的能力,它与纯粹的、专门的职业技能和知识无直接关系,或者说是超越某一具体职业技能和知识范畴的能力。它是方法能力和社会

① 赵志群. 职业教育与培训学习新概念[M]. 北京:科学出版社,2003:21.

能力的进一步发展,也是具体的专业能力的进一步抽象。当职业或劳动组织发生变化时,劳动者所具备的这一能力依然存在。由于这一能力已成为劳动者的基本素质,因此劳动者不会因为原有的专门知识和技能对新的职业不再适用而茫然不知所措,而是能够在变化了的环境中重新获得职业技能和知识。由于这种能力对劳动者未来的发展起着关键性作用,所以称为关键能力。

2. 课程设计要基于工作过程

"任务陈述的学习内容",即学习领域课程设计是基于工作过程的,它把工作过程中的任务作为课程内容选择和课程设置的依据。根据不来梅大学技术与教育研究所以劳耐尔(Rauner)教授为首的职业教育学专家的研究,所谓工作过程是"在企业里为完成一件工作任务并获得工作成果而进行的一个完整的工作程序","是一个综合的、时刻处于运动状态但结构相对固定的系统"①。这里的工作过程应理解为以科学为基础的工作过程。这样设计课程的目的在于克服学术体系结构化内容的学习,以利于与工作过程相关内容的学习。结果是,学习领域的名称和内容不是指向科学学科的子领域,而是来自职业行动领域里的工作过程。当然,学习领域课程强调,并不完全排斥基于学术体系的知识领域的存在。

在获得学习领域的基础上,还要完成从学习领域向学习情境的转换,这是学习领域课程方案最终成功与否的关键。所谓学习情境指学习领域框架内的小型主题学习单元,它是在职业的工作任务和行动过程背景下,按照学习领域中的目标表述和学习内容,对学习领域进行教学论和方法论转换的结果②。如"设备和仪表的分析与测试"这个学习领域包含的学习情境有"电器设备的状态检查"、"客户合同的实施"、"电气设备向客户的移交"。其实质是对学习领域的进一步分解。

按照这一思路设计职业教育课程,是否会导致学生获得的知识很零散呢?是否会影响到学生的职业生涯发展呢?克劳瑟教授对这一问题给出了很好的答案,他写道:"对知识获取的应用研究表明,传统的关于概念、原理、方法和策略等知识的学习,恰恰阻塞了迁移的通道,因为概念或原理的定义以及方法的描述越普适,学习者要在现实中寻求例证,或者在专门的情境和状态下应用原理与方法,就越困难。"这段论述是十分深刻的。这就是说并非学习的知识越抽象,越有利于能力的迁移;抽象知识只有当它与具体情境或是实例获得联系时,才对能力迁移具有意义;知识的迁移效应并非取决于其抽象水平,而是取决于其被建构的方式。

3. 教学要以行动为导向

学习领域课程方案中,一般来说每一教育职业的课程由 10 至 20 个学习领域组成,组成课程的各学习领域之间在内容上和形式上无直接联系,但在课程实施时要采取跨学习领域的组合方式,根据职业定向的案例性工作任务,采取行动导向和项目导向方法实施教学。

行动导向教学理论强调学生是学习的行动主体,教学过程要以职业情境中的行动

---

① 赵志群.职业教育与培训学习新概念[M].北京:科学出版社,2003:97.
② 姜大源,吴全全.当代德国职业教育主流教学思想研究[M].北京:清华大学出版社,2007:191.

能力为目标,以基于职业情境的学习情境中的行动过程为途径,以独立地计划、实施与评估的行动为方法,以师生及学生之间互动的合作行动为方式,以强调学习中学生自我构建的行动过程为学习过程,以专业能力、方法能力、社会能力整合后形成的行动能力为评价标准[①]。可见,"行动"在这里构建了一个框架,在这样一个框架内,"知识系统"不是从外部"输入"的,而是个体自我建构的,在具体的行动情境中,知识将能很快地从内部"输出",迅速转换为实用而有效的行动。教师在整个教学行动过程中,扮演着组织者、协调者的角色,而不是一个运动场上的裁判。一个好的教师,还应该是一个学习情境的设计者、塑造者,一个学习舞台的好导演。

(三) 学习领域课程的开发方法

1. 学习领域课程开发思路

学习领域课程开发把与职业紧密相关的职业情境作为确定课程内容的决定性参照系,其基本思路是:从与该教育职业相关的全部职业"行动领域"导出相关的"学习领域",再通过开发适合教学的"学习情境"使之具体化,见图 2 - 3[②]。尽管职业行动体系是学习领域的主参照系,但所涉及的内容既包括基础知识也包括系统知识,因此并不完全拒绝传统的学术体系的内容,允许知识领域的存在。

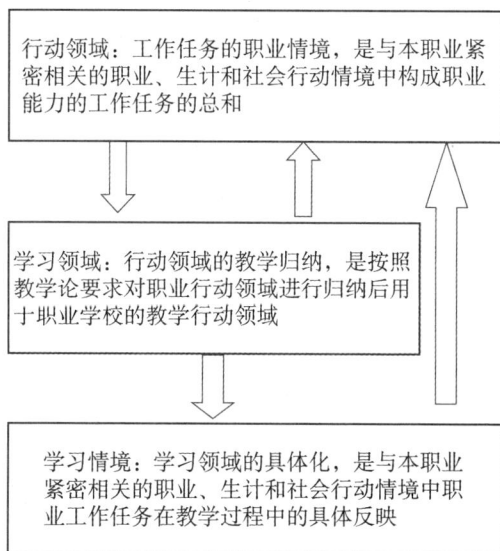

图 2 - 3

学习领域课程
开发思路

2. 学习领域课程开发步骤

按照以上思路,巴德教授与北威州"教育学校与继续教育研究所"合作,制定了学习领域课程开发的八个基本步骤,见图 2 - 4[③]。

---

① 姜大源,吴全全.当代德国职业教育主流教学思想研究[M].北京:清华大学出版社,2007:355
② 姜大源,吴全全.当代德国职业教育主流教学思想研究[M].北京:清华大学出版社,2007:159.
③ 姜大源,吴全全.当代德国职业教育主流教学思想研究[M].北京:清华大学出版社,2007:168.

图 2-4

学习领域课程
开发步骤

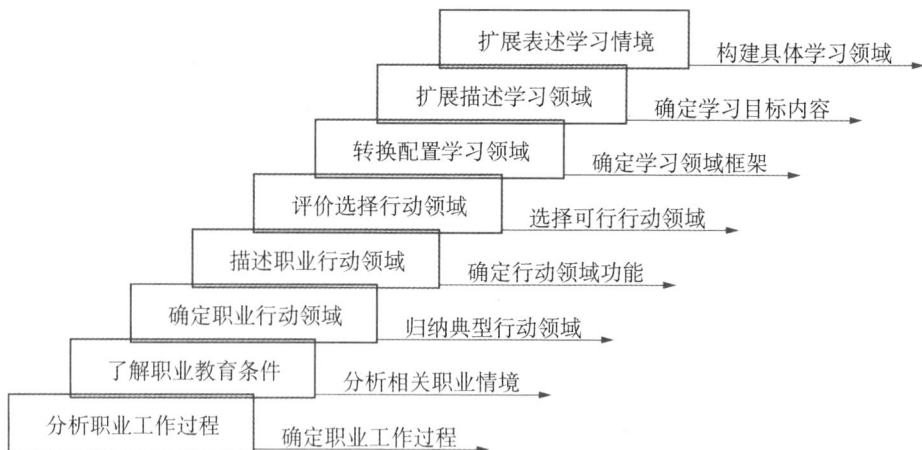

扩展表述学习情境	构建具体学习领域
扩展描述学习领域	确定学习目标内容
转换配置学习领域	确定学习领域框架
评价选择行动领域	选择可行行动领域
描述职业行动领域	确定行动领域功能
确定职业行动领域	归纳典型行动领域
了解职业教育条件	分析相关职业情境
分析职业工作过程	确定职业工作过程

第一步分析职业工作过程,主要是了解和分析该教育职业对应的职业与工作过程之间的关系;第二步了解职业教育条件,主要是调查和获得该教育职业在开展职业教育时所需要的条件;第三步确定职业行动领域,主要是确定和统计该教育职业所涵盖的职业行动领域的数量和范围;第四步描述职业行动领域,主要是描述和界定所确定的各个职业行动领域的功能、所需的资格或能力;第五步评价选择行动领域,主要是评价所确定的行动领域,以此作为学习领域的初选标准及相应行动领域选择的基础;第六步转换配置学习领域,主要是将所选择的行动领域转换为学习领域配置;第七步扩展描述学习领域,主要是根据各州文教部长联席会议颁布的《编制指南》,对各个学习领域进行扩展和描述;第八步扩展表述学习情境,主要是通过对学习领域的具体化来扩展和表述学习情境。

(四) 学习领域课程简评

学习领域课程在我国的传播,并没有遇到 MES 课程、CBE 课程那样的阻力。这当然一方面和长期以来的职业教育理念传播及对突显职业性的渴望密切相关,另一方面和学习领域课程理论的内容本身也不无相关,这些内容集中反映在"系统化"、"领域"、"情境"等概念上。这些概念所折射出的对职业能力的整体化、深层化理解,与我国的学术传统非常吻合,也符合信息化时代、学习型社会对劳动者能力的要求,因此一经传入我国便获得了职教界的普遍肯定。在具体的学习领域课程方案中,这些思想在一定程度上得到了反映。比如学习领域课程开发没有采用 DACUM 那样相对表层的任务分析方法,而是采取 BAG 分析法,成立专家小组进入企业,采用观察、访谈等方法深入研究工作过程,这有利于挖掘出工作过程中更加深层的知识、技能要求。而在其方案中,也确实可以看到对智慧技能、理论知识的更多要求。但是,更能体现这一思想的,应当是跨学习领域的行动导向和项目导向教学方法。

德国人"不仅把自然科学,而且把语言学和教育学都作为科学领域,还把一切有着系统的知识,其中包括技术、工艺和操作技能及其训练等作为科学问题进行研究和实践"①。崇尚理性与务实的民族性格结合在一起,使得德国在教育学的研究上独具风格,即围绕着教学技术展开深刻的理论研究与细致的教学方法探索。这就使得在课程理论研究上,学习领域课程没有像 MES 课程和 CBE 课程那样仅仅局限于课程设置与课程内容选择,而是把范围拓展到了如何教学,从而提出了跨学习领域的行动导向和项目导向的教学理论。这种教学理论打破了学习领域界限,主张在完整的行动过程中,以整体化的项目为载体进行教学,这有利于形成任务之间的联系,培养学生的综合职业能力。尤其可贵的是,学习领域课程理论的探索已触及了职业教育课程中许多深层理论问题,并且提供了很好的回答。这些探索在 MES 课程和 CBE 课程中是难以找到的。

现在看来,对学习领域课程理论的准确把握取决于对"工作过程"这一重要概念的准确把握。实践中人们依据"工作过程"这一概念进行课程开发时,往往是在刻意寻找工作步骤或工作程序。结果至少导致两个问题:(1)许多职业岗位的工作任务似乎并非流程关系,而可能是并列关系,或是网状关系;(2)即使有些职业岗位的工作任务存在流程关系,但从步骤角度进行任务分析并非最佳方案。事实上这里混淆了工作过程和工作步骤这两个概念。工作过程和工作步骤所对应的英文分别为"work process"和"work procedure",前者指由许多职业岗位构成并由许多人共同完成的系统过程,这个系统过程可能是直线型的也可能是网络型的,后者指个体独立完成某个任务的步骤,这个步骤是直线型的。因此,任务分析时一定要明确是在系统层面进行还是在个体层面进行。斯旺森(R. A. Swanson)是对系统任务分析技术首次进行精细阐述的学者②。

然而,行动导向、项目导向这些复杂的教学方法要得以普遍实施,必须有完整的教学材料做支持,这就需要在学习领域课程方案与教学实施之间建立一个复杂的项目课程设计过程。事实上,学习领域课程方案仍然只是一个框架,其要得以有效实施,必须开发以项目为导向的实施方案,而在这方面我们所获得的德国有关研究资料非常匮乏,这不能不说是个遗憾。而当我们试图开发能更好地实施项目教学的项目课程时,也就把"项目"从教学意义上升到了课程意义,这意味着我们将面临大量新的复杂理论问题,而这些问题是学习领域课程鲜有涉及的。

总之,基于能力的职业教育课程理论的思想渊源可追溯到俄罗斯制,而无论是 MES 课程、CBE 课程还是学习领域课程,其本身都是一个非常严密的体系。这些体系在最大限度地突显职业教育特色的同时,也给我们留下了许多思考空间:(1)如何发挥学校的智慧。这几种课程理论尽管在概念使用及一些具体问题的观点上存在差异,然而其基本取向是一致的,那就是以企业专家完成的单向工作任务分析为基础设计课程。

① 朱晓斌.文化形态与职业教育—德国"双元制"职业教育模式的文化分析[J].比较教育研究,1996(6).
② Swanson, R. A. (2007). *Analysis for improving performance：tools for diagnosing organizations and documenting workplace expertise*. San Francisco：Berrett-Koehler Publishers, INC, pp. 187 – 215.

除学习领域课程强调了对工作任务的教学处理外,学校教师是排除在这一课程之外的,他们的作用只是如何实施课程。然而,既然是探索学校情境的职业教育课程,就离不开如何发挥学校智慧的问题。事实上在职业教育课程开发中,企业有企业的长处,学校也有学校的智慧。如何发挥学校的智慧,具体地说就是如何对企业专家所完成的工作任务分析表进行课程化处理,是有待我们继续探索的重要课题。(2)如何才能最大限度地培养职业能力。这几种理论均强调以工作任务为参照点设计课程,但这样是否就能够达到最大限度地培养职业能力的目的? 这一问题的实质是任务是否是工作过程的基本构成单位? 因为只有以工作过程的基本构成单位为参照点设计课程,才能使得课程体系与工作过程获得最为严密的匹配。以上对学徒制的论述谈到,师傅是从制作物品开始培训学徒的,这暗示着真正的职业活动是以物品制作为载体进行的,工作任务只是形式化的过程。这样,职业教育课程设计应当以什么为参照基点就成了有待我们继续探索的重要问题。

第三节 工作本位学习的理论

学徒制崩溃以后,世界范围内普遍采用了学校形式来训练技术人员和技术工人。这一重大转变发生以后,虽然实践在职业教育中仍然被重视,在某些国家的职业教育体系中,如德国的双元制,甚至工作现场的实践被视为职业教育课程的核心,但对实践的普遍忽视是不可避免发生的现象。20 世纪 90 年代以来,现实的挑战和理论研究的进展,促使人们开始重新思索并加强职业教育的实践部分。一个新的概念——工作本位学习(work-based learning)在世界范围内广为传播[①]。

一、工作本位学习兴起的背景

在今天的教育理念中,真实情境中学习的重要价值是无可否认的,然而传统上并非如此。无论是中国还是西方的古代教育,在内容上都是追求具有普遍意义的学科知识,在形式上则追求专门化的学校教育。工作本位学习被视为"经验教育"、非正规学习而完全不受重视,甚至遭到排斥。在许多教育家看来,这种学习是不可靠的、非正规的和局部化的,值得自豪的应该是人类所创造的正规教育体系。杜威教育理论的矛头所指便是这种教育理念。它以"经验"一词为核心,深刻阐述了情境在理解知识意义中的重要价值,从而把人们的理念从对形式化教育的崇信中解放出来,坚信现实情境中学习的价值。

当然,教育实践的发展往往是落后于理论的,某些时候还会出现波动和回归。自杜威以后,尽管实际情境中学习的重要意义已不容忽视,但世界范围内的职业教育还是存在学校与企业、课程与工作严重脱离的现象。学校本位学习在传统职业教育课程中明

---

① 英文文献中表达这一概念的词有两个,即 work-based learning 和 workplace learning。严格地说,这两个词的涵义是有区别的,前者应译为工作本位学习,而后者应译为工作现场学习,但在实际使用中这两个词的涵义其实非常接近,都指在工作现场进行的以提升学生实际工作能力为目标的学习。

显居于核心地位。这种状况不仅导致学生实际工作能力的缺乏,而且在与实际工作过程缺乏联系的情况下,学生往往对学校本位学习不感兴趣。在这一背景下,越来越多的研究开始严肃地考虑这两种学习情境的价值,人们重新发现了工作本位学习的优势。

人们发现,工作本位学习不仅是教育与实际工作能力之间的重要桥梁,而且对于克服传统学校本位学习的僵化、无趣、与现实相脱离等弊端,提高学生的学习兴趣,整合理论知识与实践知识均具有重要价值。当在工作本位学习中学生有机会立即应用知识时,他们的学习兴趣会显著提高。比如在昂温(L. Unwin)和魏林顿(J. Wellington)对参与英国现代学徒制实验年的青年人进行的一项研究中,一个汽车制造厂的学徒解释道:她从来没有真正理解数学,直到她成为这个厂的学徒,在这里,数学是按照和汽车相关的方式教授的。这个学徒想知道,为什么学校不能用相似的方式来教授数学。据此奥哈罗兰提出,真实情境中的工作任务具备整合理论与实践的功能[1]。

现实的挑战和理论研究的进展所汇聚的力量,在 20 世纪 90 年代的特殊经济和就业环境下迸发出来,使工作本位学习成为世界范围内职业教育课程领域的重要概念。

二、工作本位学习的内涵

什么是工作本位学习? 它是否是对古代学徒制的简单回归? 不是。工作本位学习延续了学徒制突出工作现场学习的方面,但其内容、结构与过程比传统学徒制复杂得多。在当代教育改革中,我们经常能够见到现代学徒制、新学徒制等概念,严格地讲,这些学徒制只是工作本位学习的一种形式。根据课程目标的不同人们已开发了多种形式的工作本位学习,从而使工作本位学习在内容与结构方面呈现出非常多样的特征。更要看到的是,工作本位学习是发生在现代职业教育框架体系下的,其管理与组织过程要比传统学徒制复杂得多。可以从下列几个方面对工作本位学习的内涵进行描述。

1. 工作本位学习是在工作现场进行的学习

在实际工作现场学习,增加工作现场的教育功能,是工作本位学习的首要特征。由于学习者对工作过程参与深度不同,工作本位学习的具体内容与形式也会不同,但无论如何,工作本位学习是必须发生在实际工作现场的,职业院校或各种实训中心进行的学习不能称为工作本位学习。这不仅决定了工作本位学习的内容在很大程度上要受工作内容的影响,而且决定了职业院校与公司企业的合作、沟通是工作本位学习能否顺利进行的关键条件。学习者参与的程度越深,这种合作的程度也要求越深。因此,工作本位学习的基础是校企合作,许多学者都"把教育合作伙伴关系的观念看作为工作本位学习的核心"[2]。

2. 工作本位学习是正规教育的一部分

但是,工作本位学习既不同于传统学徒制,也不同于纯自然的工作情境中的学习。

---

① O'halloran, D. (2001). Task-based learning: a way of promoting transferable skills in the curriculum. *Journal of Vocational Education and Training*, Vol. 53, No. 1.

② Smith, R., & Betts, M. (2000). Learning as partners: realizing the potential of work-based learning. *Journal of Vocational Education and Training*, Vol. 52, No. 4.

传统学徒制也是在工作现场进行的一种学习方式,但它是与正规教育完全脱离的,其学习结果不被正规教育所认可,因而并非现代意义上的工作本位学习。工作本位学习则是学校与工作部门联合开发的一种学习方式,学校的参与使得其学习结果能够得到正规教育体系的认可,成为正规教育的重要组成部分。另外,从最广泛的意义看,工作情境中的学习是普遍存在的,学习和工作总是会在同一地点同时发生,因为许多工作任务要求雇员在有效地完成它之前先学习相关知识,但这种学习是工作本身的一个方面,而不是工作本位学习。工作本位学习是一种在工作情境下进行的有目的的学习,有时这种学习要求超越当前特定的工作任务。

3. 工作本位学习是通过接近工作过程进行的学习

工作本位学习是在工作现场进行的,然而工作现场有许多要素,如机器设备、工具原料、工作人员、成品半成品、灯光装饰、工厂建筑、文件资料、声音等等,但并非所有要素均有学习意义。在工作现场的所有要素中,从职业教育课程目标的角度看,工作本位学习所要真正依托的载体是工作过程,学习发生的深度取决于对工作过程接近的深度。图2-5是组织的工作过程示意图①。要有效地组织工作本位学习,必须仔细地鉴别出工作过程,并让学生在工作情境中有指导地接触工作过程,而不是盲目地置身于工作情境中。

图 2-5

组织的工作过程示意图

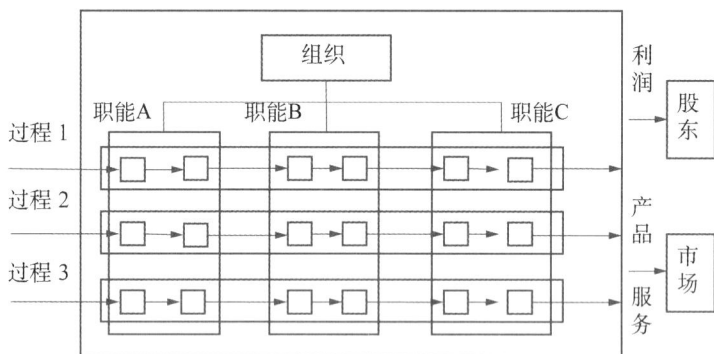

三、工作本位学习的结构

工作本位学习的结构指工作本位学习的种类及其关系。工作本位学习中,我们能鉴别出的最重要的维度是:(1)学习者参与工作过程的深度,如学习者只是大范围地参观工作过程,还是仔细地观察特定的工作过程;是在工作现场练习一些技能,还是作为岗位上的员工直接参与工作。(2)企业责任。指企业在对学生的管理、指导和学习支持(如付劳动报酬)过程中所承担责任的程度。依据这两个维度可以对工作本位学习的结构进行分析。图2-6是品伽克博士所绘制的美国工作本位学习结构图。

---

① 拉勒姆,布拉奇.绩效改进——消除管理组织图中的空白地带[M].北京:机械工业出版社,2005:16.

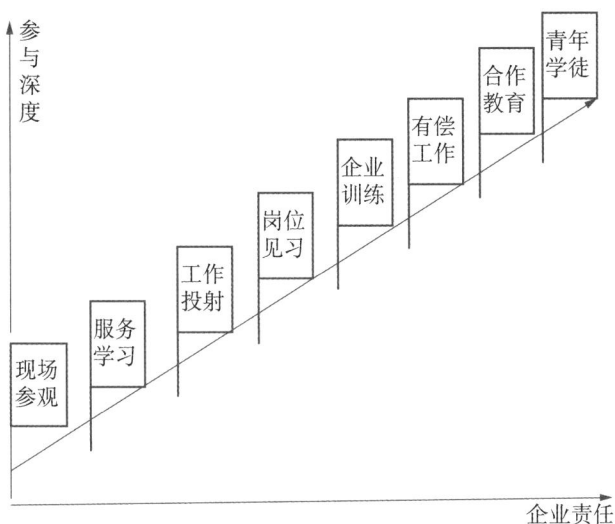

资料来源：品伽克(G. J. Pinchak)博士的授课资料，有修改。

以下对工作投射、岗位见习、合作教育和青年学徒这四种工作本位学习形式做些解释。

工作投射是组织学生到工作场所，观察（或投射）一位雇员一天或几天，以学习他所感兴趣的工作。它是继生涯意识和探索教学后进行的一种体验教学，主要应用于中学（middle school），但一些高中也面向 9 和 10 年级学生提供这类课程，以帮助他们探索生涯，并选择一个领域以学习生涯技术课程。

岗位见习是在一个特定的时间段把学生安置在一个工作情境中，让学生观察处于不同角色的工作人员，并实际参与日常工作。学生在观察熟练工人的同时可以询问他们某个生涯并操作一些任务，看看他们是否喜欢某种工作并决定是否进一步发展这方面的技能。学校的协调者需要定期探访并观察学生，同时和现场指导者讨论，以确保学习质量。岗位见习的目的不是发展技术技能，而是体验职业、岗位和工作的方方面面。在这个阶段要继续进行生涯意识和探索的教学。

合作教育在美国是最古老，也是最常用的一种实施工作本位学习的方法。它是把课堂学习与有计划的、有偿的、与学习相关的工作联系起来的工作本位学习实施形式。培训计划由合作教育协调者和企业师傅共同开发，他们要确定岗位需要的能力和所有课程内容。学生通常上午上学，下午到培训站，一般要求每周至少工作 15 小时。合作教育协调者要阶段性地观察学生，以确保培训计划在按计划实施。合作教育可以帮助学生通过工作获得收入，并丰富他们的教育经验，提高他们的工作能力，这比学生仅仅从事和学校学习无关的部分时间制工作有益得多。

青年学徒是以雇主和学校合作为基础的工作本位学习形式，它整合了学术课程、结构化职业培训及有偿的现场工作经验。在学校方面学徒能学习学术和职业科目，在企业方面学徒要接受在岗培训，包括技术知识和技能、就业技能、说写技能、推理和问题解决技能等，并养成好的工作态度和习惯。每一个学徒在学期中进行部分时间工作，暑假则要全日制工作。学徒的工作由雇主管理和评价,有时学校的工作本位课程协调者也会对之提供管理。青年学徒的协调者要协调学校教学和工作岗位教学以使之相联系。

四、工作本位学习实施中的问题
(一) 客观看待工作本位学习的价值

尽管工作本位学习在职业教育中有很高的教育价值,甚至可以说是职业教育课程不可缺少的部分,"但是,有证据表明,有些工作本位学习情境实际上可能阻碍了学生的学习,甚至可能产生了负面效应。许多学生被置于这样的工作本位学习情境中,在这里他们从事着重复的、不具有挑战性的任务,与成年工人几乎没有什么接触。他们也可能被要求多工作几个小时,这意味着他们花在家庭作业和其他学校相关活动方面的时间就少了"[1]。因此不能把工作本位学习的价值无限夸大,以致完全否定学校本位学习的价值。

虽然学校情境不够真实,但它也是非常有教育价值的。它提供了理论知识学习的机会,这弥补了工作本位学习的不足;它通过在相对轻松的情境中,采取更为正式的教学方法,为理论知识和实践知识的整合提供了机会;并且它也提供了更为广泛的学习机会,而这些机会在工作本位学习中往往是难以获得的。如布特勒(J. Butler)和布如克(R. Brooker)在一项研究中发现,根据二年级学徒的报告,学徒认为他们在 TAFE 学到了更多的知识,因为他们在工作现场中所从事的仅仅是一些有限的和重复的工作。这些学徒显然对把工作现场作为学习情境的观念进行了质疑,认为生产任务干扰了他们的学习[2]。同样的结论还可见于其他类似研究。

(二) 真正发挥工作本位学习的学习功能

现代生产与服务体系中的工作本位学习存在一个先天不足,即工作目标与生产目标的矛盾。工作现场在本质上是一个生产场所,和生产相比,学习是处于第二位的。生产的压力导致往往根据工作的要求而不是学徒的学习需要来教学。虽然工作与学习可能是一致的,但毕竟它们不是同一的;它们可能相互促进,但是它们有不同的目的。工作的目的是生产出产品,提供服务;而学习的目的是获得知识,发展进一步学习的能力,需要学习的那些知识可能与组织的生产密切相关,但也可能无关。因此生产压力会对工作本位学习中个体获得知识与技能的机会产生影响。如果工作本位学习缺乏严格的课程标准和严密的实施过程管理,就更容易流于形式。为了克服这些问题,一方面要努力寻找真正愿意支持学校教育的企业作为工作本位学习的合作对象,另一方面要开发细致的工作本位学习课程标准,明确要达到的学习目标和学习内容,并通过校企关系的协调加强对工作本位学习实施过程的管理。

[1] Evanciew, C.E.P., & Rojewski, J.W. (1998). Skill and knowledge acquisition in the workplace: a case study of mentor-apprentice relationships in youth apprenticeship programs. *Journal of Industrial Teacher Education*, Vol.36, No.2.

[2] Butler, J., & Brooker, R. (1998). The learning context within technical and further education colleges as perspective by apprentices and their workplace supervisors. *Journal of Volational Education and Training*, Vol. 50, No. 1.

（三）整合工作本位学习与学校本位学习

不应当把工作本位学习作为独立于学校本位学习的另一个职业教育课程体系而发展,作为统一的教育的两个方面,无论在内容层面还是过程层面,工作本位学习与学校本位学习都应当是一体的。只有把工作本位学习和学校本位学习有机结合起来,才能最大限度地发挥工作本位学习的教育价值。正如细谷俊夫所说:"不论是按着哪一种方式进行,没有学校教育和工作岗位训练两者的合作,所谓技术教育是不能成立的。这种观点,在本世纪30年代就已经一般化了"[①]。当代对职业教育课程的一个主要批评是,学校培训与工作现场培训之间的裂痕越来越深,进而导致了理论与实践的割裂,而我们所要追求的应当是职业发展的一体化模式,这是当前各国学者的共识。尽管一体化概念得到了广泛认同,但对其理论框架和实施方案的研究均非常粗浅,因此如何实现工作本位学习与学校本位学习的有效整合应当是未来职业教育课程发展的重要方向之一。

总之,经过100多年,尤其是最近30多年的努力,职业教育课程理论已有了很大发展。然而无论是俄罗斯制、学习领域课程还是工作本位学习,都主要是从"是什么"的角度建构职业教育课程理论,而对这些理论在当代可能面临的困境几乎没有涉及,也就是说,这些理论很少追问"为什么"以及"是否可能"这些问题。事实上,当倡导者在努力宣传这些理论的同时,其反对声音一直不绝于耳。而随着技术水平、社会结构、教育理念的发展,这些理论的适合性进一步受到了挑战。各种观点相互交织、相互论争,构成了当前职业教育课程理论的复杂谱系。如何在这个复杂的谱系中梳理出当前职业教育课程理论的基本取向,建构新的课程理论,是我们所面临的重要使命。这个复杂谱系可归纳为三个基本理论维度,即学科论与职业论、普通论与专业论、基础论和实用论,以下三章将分别围绕这三个维度展开论述。

---

① 细谷俊夫.技术教育概论[M].肇永和,王立精,译.北京:清华大学出版社,1984:81.

可能没有哪种类型的教育,其课程理论像职业教育这样充满矛盾与论争了。对职业性的追求是职业教育课程发展的基本方向,其主导理念可称为职业论。受到这一理念的强烈批判,学科课程的名声可能从来没有像今天这样坏过。在学术领域,到处是打破学科课程体系的呼声,它构成了近 20 年来我国职业教育课程发展的主旋律。在此之外,坚持学科课程的学科论的声音也从来就没有停止过。当然,它已处于相对边缘的地位,然而在实践领域,学科课程仍然占据着主体地位,对其改革的艰难也说明学科课程仍然有着深厚的思想根基。本章首先梳理学科论与职业论论争的形态,探索其演进的路径,然后在此基础上对学科论的理论基础进行彻底解构,并确立起职业论的理论基础。

第一节　学科论与职业论的论争形态

根据焦点问题的不同,可把学科论与职业论的争论划分为两个阶段,即基于数量的论争阶段和基于逻辑的论争阶段。前一阶段的焦点问题是把实践课程所占课时比例扩大到何种程度;进入21世纪后,两种论争的焦点问题逐步转向了按照知识逻辑还是工作逻辑设计课程体系,这意味着对职业教育课程理论的探索向前迈进了一大步。当然,从时间上把两种论争状态严格区分是不可能的,只是不同时期焦点问题有所侧重而已。事实上,逻辑层面的论争早已有之,而数量层面的论争至今也没有结束。

一、基于数量的早期论争形态

直到20世纪90年代中期,我国职业教育的主要办学机构是技工学校、中专学校和职业高中这三类职业学校。其中,除了技工学校突出技能训练、课程的职业特色比较鲜明外,中专学校则对专业基础课程"情有独钟",甚至到了和大学"攀比"的程度,而职业高中由于是由普通高中改办而来的,所强调的还是普通文化课程。课程的这种状况,既有普通教育课程的影响,同时也与等级化的教育制度有很大关系。中专学校突出专业基础课程,旨在抬高自己的身份;职业高中突出普通文化课程,意在让更多学生能够升学。当然,更为重要的原因还是人们对职业教育课程的本质缺乏深入认识。

20世纪80年代后期开始,MES课程、CBE课程、双元制等西方典型的职业教育课程模式、教育制度逐步传入我国,对我国职业教育课程观产生了巨大震动和深远影响。如CBE课程,其核心思想是把职业岗位的工作任务表作为课程的首要资源,强调根据学生"会做什么"而不是"知道什么"来陈述课程目标,并应用标准参照测验来测量任务完成情况,这与学科化的职业教育课程思想是完全不同的。这一新鲜思想激起了职教界的广泛兴趣,因而掀起了介绍、研究和实践它的热潮。

受这些课程模式和教育制度的影响,许多研究者开始意识到我国传统职业教育课程模式的弊端,并对之进行了批判。有研究者通过对职业中学课程体系的调查后发现,"片面注重文化课的倾向在一部分学校还比较突出"[1]。而就是在专业理论方面也存在不少问题,"有些学校过于强调专业知识的系统性,不适当地加大专业理论课深度;从课时安排看,较大幅度地增加了专业课的课时;从教材选用看,职业中学的统编教材不用,仍然借用中专、大专教材乃至本科教材;从教师心态看,许多教师片面强调增加学生后劲,授课中偏重纯理论公式的推导、过深的理论阐述、过细的结构分析"[2]。再有研究者认为,"许多职业技术学校在课程设置上都不同程度地存在着重知识轻能力、重理论轻实践的现象,没有体现出职业教育的特色。如有些中等职业技术学校开设了十几门至二十几门理论课,而且内容偏难偏深,有许多科目与本专业或工种的生产实际联系并不

---

① 尚元明.职业中学课程体系研究[M].苏州:苏州大学出版社,1995:7.
② 尚元明.职业中学课程体系研究[M].苏州:苏州大学出版社,1995:9.

紧密,有的在生产线上根本用不上,相反实践课程却显得分量不足,这一问题直接导致了技工少技能、技术员少技术的后果"①。这只是其中的两个研究案例,事实上,当时对课程学科化的批评一时成为流行话语,主张彻底扭转职业教育课程重理论轻实践的倾向,削减理论课程课时比例、增加实践课程课时比例。这些观点可称为职业论。

尽管职业论居于主流,但学科论的声音同样存在。有学者在肯定传统职业教育课程这一弊端的同时,仍然坚持在职业教育中保持学科课程的必要性,认为这一课程模式,"充分吸收了传统教育学科课程的长处,课程体系严密有序,便于教学,能取得较高效益";"重视基本文化素养和理论素养的提高,为增强学生今后有较广泛的适应性打下了基础"②。也有的研究者认为,"文化课及公共课宜采用学科中心模式;专业课程的岗位针对性强,着重培养学生的上岗就业能力,应采用能力本位模式……至于专业基础课,还是采用学科中心模式较好"③。这是一种折衷的观点,比较有代表性。这些观点均可归属于学科论。

无论是学科论还是职业论,由于其思维框架是基于三段式课程的,基于理论与实践二元分离的,因而其在实践中的体现便是理论课程与实践课程的课时比例问题。因此,这一时期学科论与职业论论争的特征可用"数量"来概括,即关注的焦点主要是理论课程与实践课程课时比例的多与少。其分歧是应当让学生多学些理论课程,还是多些机会进行实际操作,并且更多情况下是把职业教育课程对实践的突出强调简单地理解为增加技能训练课时。这种理解一直延续到现在,并且在"就业导向"、"技能人才"等概念的影响下被进一步强化。

在数量这一维度上,尽管不能完全否定学科论的价值,在实际操作中显然是职业论占了主流。在这种实力相差悬殊的论争中,职业学校实践课程的课时比例得到了明显增加,而其动力可能更多地是源于利益,理论只是借口罢了。进入21世纪,看似同样的主题,其内涵却悄然发生了变化。

二、基于逻辑的当前论争形态

在早期论争中,其实已有研究者开始意识到,传统职业教育课程的问题不仅仅是普通文化课程或专业理论课程太多,更重要的是理论课程与实践课程的"两张皮现象",以及过分强调理论知识的系统性,忽视了知识与工作任务的联系。这无疑和人们对CBE课程的深入研究密切相关,因为CBE课程并不仅仅是要求增加实践课时,其理论实质是围绕工作任务来开发课程。其与学科化职业教育课程分歧的关键问题是,围绕知识的系统性组织课程还是围绕职业岗位的工作任务组织课程。这意味着CBE课程对我国职业教育课程的影响从表面走向了实质。

受之影响,研究者们对学科化职业教育课程进行了更为深入的批评。如有研究者认为,"学科中心模式以专业所涉及的相关学科为中心设置课程,以单科分段为特征,强

① 郭扬.关于职业技术学校课程设置的思考[J].职教论坛,1998(7).
② 黄克孝.论职业和技术教育的课程改革[J].职教论坛,1993(2).
③ 朱新业.关于职教课程改革的几点思考[J].职业技能培训教学,1999(10).

调理论知识的完整性、系统性和严密性,以利于学生获得比较系统的知识。但此种模式重理论轻实际应用,往往造成理论和实践的脱节……"①。在此基础上,有学者提出了按照工作逻辑来组织职业知识的主张,如有研究者认为,"高水平实践能力的课程目标和以应用技术为重的课程内容,决定了高职课程的组织方式必须在'实践'上下功夫。课程的组织方式有多种多样,如以学科逻辑为中心、以学生的兴趣或活动为中心等,但只有以实践为中心的组织方式才适合高职教育"②。

在主流的职业论外,当时支持学科课程的话语从未停止过,甚至有些学者至今没有完全接受过 CBE 的观点。他们认为主张能力本位就是否定知识的重要性,提倡能力本位就是只重职业岗位技能的培养,放弃系统学科知识的传授;CBE 过分强调技能训练,只适合于开发职业培训课程,对职业学校教育来说则不适合。有些学者虽然能够接受在中职教育应用这一思想的观点,但坚决反对把它应用到高职教育,因为学科课程"体系严密有序,便于教学,能取得较高效益……重视基本文化素养和理论素养的提高,为增强学生今后有较广泛的适应性打下了基础。尽管这些课程的效果并不明显,但它们强调的是'后劲',具有远效性"③。当然,由于当时职业学校课程确实过于强调理论知识,学生实际动手机会很少,因而这些观点并没有得到学术界的重视,尽管在实践中仍然是学科课程占主体。

其实,否定职业教育课程按照学科逻辑来组织知识,并非意味着否定知识在职业教育课程中的重要性,而是在另一种意义上重视知识。针对这些反对意见,有研究者认为,"在这个问题上要从职业技术教育区别于其他类教育的特性上,全面、正确地理解能力本位问题。'能力本位'作为一种教育思想,它是针对'学科本位'的思想弊端提出来的,它力图一改以前重学术体系,片面强调学科的完整、系统性,重理论、轻实践的倾向。能力本位并不排斥知识的重要性,而且强调知识在能力培养中有着重要作用,它强调的是知识要针对实际能力的培养而选择,突出了职业岗位的动手能力培养的重要性,以使职业技术教育课程教材具有较强的实用性、针对性"④。

再次在逻辑层面引发学科论与职业论的论争,并把问题引向更深层面的,是世纪之交德国工作过程导向课程理论、学习领域课程模式和行动导向教学思想在我国的介绍。工作过程导向课程理论主张:"工作过程导向的课程的实质,在于课程的内容和结构追求的不是学科架构的系统化,而是工作过程的系统化"⑤。学习领域是"经过系统化准备的行为活动领域",它来源于对行为活动领域的系统分析,是一个跨学科的教学大纲,要求教学不再按照学科逻辑结构而是按照活动过程进行,旨在促进行为活动能力的发展。这些概念为我国职业教育课程理论注入了大量新内容。

与此同时,我国学者也意识到,对职业教育课程实践性的解读应当是全面的,学科论与职业论的论争不应仅仅体现在实践课程学时的多与少,职业教育课程的关键问题

① 朱新业.关于职教课程改革的几点思考[J].职业技能培训教学,1999(10).
② 刘德恩.论高职课程特色[J].职业技术教育,2001(16).
③ 黄克孝.论职业和技术教育的课程改革[J].职教论坛,1993(2).
④ 戴小芙.职教课程改革与教材建设中若干问题刍议[A].石伟平.中外职教课程改革课题与展望[Z],2000.
⑤ 姜大源.关于工作过程系统化课程结构的理论基础[J].职教通讯,2006(1).

也不在于理论知识的多与少,而在于是以工作的相关性还是知识的相关性为课程架构的逻辑基础①;在于把工作体系的结构还是知识体系的结构作为新课程构造的基本依据②,即是按照为实践先储备知识的准备观来构建课程,还是按照围绕工作过程组织知识的过程观来构建课程。新一轮职业教育课程改革已基本采纳了这一思想,而新课程模式也被冠以项目课程或是任务引领型课程。这种课程要求按照工作任务的相关性进行课程设置,并以工作任务为中心选择课程内容,以典型产品或服务为载体组织课程并实施教学,从而实现理论知识与实践知识的整合。

当然,在这一轮新的论争中学科论也从来没有停止过。对项目课程的疑虑以及对学科课程价值的认可仍然广泛存在,认为"行动体系试图把当代职业教育课程带入一个新的境界,但它本身似乎却先陷入了某种窘境之中"③。这些研究对于那些强调"学生只要会做就行"的观点来说不失为有价值的提醒,但它们似乎并没有完全清楚工作过程导向或实践导向思想的内涵。并且是否陷入窘境,还是应当依据实践来判断。

尽管在学术领域职业论占据了主流,在实践领域却是学科论占据着主流。课程模式转换仍然非常困难,其原因比较复杂,如实践导向课程体系开发和实施的难度较大,教师已习惯了传统课程模式等。除了这些条件性原因外,其所依据的当代思想基础也是不可忽视的因素,并且课程研究者需要关注的恰恰正是这些因素。事实上,职业院校的办学条件已较十年前有了很大改善,而许多教师尽管在认识上接受了新课程理念,也非常希望能够实现课程模式的转变,但在课程实践中,如教材编写、课堂教学,所延续的仍然是学科论体系。其理念与行动处于明显的矛盾中,这是个非常令人困惑的现象。它说明学科论在当代有着非常深厚的思想基础,形式训练说正以另一种面目出现。因此,职业论要彻底解构学科论,必须进一步探讨学科论所依赖的当代思想基础。

第二节　学科论的当代思想基础及解构

学科论并不完全否定实践的重要性,而是强调系统学习理论知识的必要性,认为应当先让学生学习足够的理论知识,然后通过实践把它转换为能力;如果按照工作过程来组织理论知识,学生获得的理论知识将零散且浅薄。职业教育课程当然不可能完全排斥学科课程,问题是这种观点的最终结果往往是导致"学科课程体系"的出现。它实际上暗含着一种理论至上观,这种观念是我们这个时代精神的折射。20世纪80年代以来,随着经济模式的转型与GDP的迅速增长,我国社会形态已发生了深刻变化。而在思想领域,对知识与行动、理论与实践关系的认识也悄然发生了变化。对知识或理论的重视可能超越了以往所有时代,以知识或理论为取向的话语体系逐步占据了意识的主流,且正在主导着我们的教育发展政策,"实践应用"则被排挤到了"被遗忘的角落"。考试制度在确立知识或理论的绝对统治地位的过程中自然功不可没,而许多为人们津津

① 徐国庆.实践导向职业教育课程研究[M].上海:上海教育出版社,2005.
② 徐国庆.工作结构与职业教育课程结构[J].教育发展研究,2005(8).
③ 李尚群.当代职业教育课程话语中的学科课程[J].职教论坛,2005(11下).

乐道的主流理论,在实践应用过程中被曲解,从而对当代知识观、能力观与教育观产生的误导也不可忽视。揭示这些思想基础,对于彻底解构学科论,还职业论以应有的地位具有重要意义。下面从职业教育课程的角度,重点分析三种理论,即技术是科学的应用理论、终身教育理论和认知理论,以一窥见全斑。

一、技术是科学的应用理论与学科论

如上所述,学科论与职业论在当代的论争已不是是否需要理论知识的问题,也不是理论知识的多与少问题,而是已上升到逻辑阶段,即是先采取学科形式让学生储备足够的理论知识,然后应用到实践中去,还是按照工作实践的过程组织课程,让学生在实践中去建构理论知识。要建立彻底的职业教育课程体系,必须打破储备观,转向过程观。而在这一转换过程中,首先遇到的是学科论在当代的一个重要理论基础,即"技术是科学的应用"这一司空见惯的理论。与这一理论非常接近的另一理论是"实践是理论的应用",鉴于二者非常接近,限于篇幅,这里重点探讨前者与当前学科论形成的内在联系。

"技术是科学的应用"这一理论所涉及的是在理论技术条件下,技术与科学的关系问题,能否正确理解这对关系对正确处理职业教育课程中各要素之间的关系,突出职业性有重要影响。比如在职业教育各类专业中,课程的职业特色最浓的是工艺美术类专业,而且其专业教师也很乐于接受实践导向的课程理念。其中的原因可能就在于这个行业一直是沿着实践的路线发展的,其教师能充分认识到实践知识的价值,而其他许多专业由于其技术对理论知识的依赖越来越强,因而对这对关系的理解往往会产生偏差。从技术的角度看,要真正确立职业教育课程的职业论,必须回答两个问题:(1)技术知识是科学理论的附庸,还是一个独立的体系?(2)它是一个有教育价值的体系还是无足轻重的体系? 如果技术知识只是科学理论的附庸,或者说技术知识并无教育价值,那么学科论就有坚实的理论基础,甚至会有学者"主张彻底取消职业教育,因为职业教育传授的技能很容易在就业过程中自然习得"[①]。而这就涉及技术与科学关系的正确定位。

19世纪中叶以前,科学与技术可以说是两个几乎完全相互割裂的领域,科学属于知识领域,为少数处于社会上层的学者所掌握;而技术属于经验、技能领域,为广大劳动者所掌握,彼此之间几乎没有什么关系。技术主要凭借经验来获得,无需科学的指导。甚至工业革命的成功也没有得到太多科学的帮助。"除了莫尔斯电报外,1851年的伦敦博览会没有出现以此前五十年的科学进步为基础的重要工业设备或产品"[②]。对19世纪中叶以前科学与技术关系的这一认识,基本上没有什么争议,问题发生在19世纪中叶以后。

19世纪中叶以后,科学与技术之间的关系发生了根本变化,科学理论开始对技术发明产生越来越大的实质性影响。正是有机化学的发展才使得大规模的整染工艺成为可能,对电与磁的研究则为电力和电灯奠定了科学理论基础。此后,技术发明的主要源泉由经验转移到了科学。并且随着科学的迅猛发展,科学在技术进步中的作用日益增

① 哈里楠.教育社会学手册[M].上海:华东师范大学出版社,2004:576.
② 迈克尔·波兰尼.个人知识[M].贵阳:贵州人民出版社,2000:279.

强。到了今天,几乎可以说,没有科学理论的指导,技术发明,特别是原创性的技术发明已几乎不可能。

在这一背景下,人们对科学与技术关系的观点发生了分歧。一种比较流行的观点认为,"尽管科学对技术的作用有程度上的不同,但所有技术活动都是科学的延续,技术必定是科学的应用,甚至认为技术就是应用科学"①。这就使得我们落入了一个陷阱,即仅仅把技术看作为科学的附庸,完全否定技术知识存在自身的独特内容与结构。许多人认为,我们正在享受的是科学的成就,而不是技术的成就。这种"有科无技"的观点,这种贫瘠的技术文化,必然在职业教育课程中排斥职业论,从而确立起学科论的绝对统治地位。

但是,是不是有了科学就可以很轻松地获得技术呢? 其实并非如此。美国技术史学专家巴萨拉(G. Basalla)在对人类技术史做了大量研究后写下了这句话:"若将技术错误地断定为是科学理论应用于解决实际问题"②。要注意,他在这里明确地用了"错误"一词,也就是说,他否定技术是科学的简单应用的观点。他认为,"尽管有新科学理论和资料的涌入,现代技术并不是简单地、按部就班地把科学的发现用于实践中。在现代工业生产中,科学和技术是平等的伙伴关系,各自对与它们相关的产业的成功作出自己独特的贡献"③。

可见,"技术是科学的应用"这一命题本身没有错,关键在于对"应用"的理解,即应用是一个简单的演绎过程,还是一个复杂的再创造过程。现在已有越来越多的技术哲学家认识到了"技术是科学的应用"这一范式的局限,从而主张一种双轨道范式,以突显技术知识的独特性。正如教育家布劳迪所指出的:"科学的概括与把它们用于影响实际存在的变化之间有一条鸿沟。工艺革新必须介于其中。用波义耳定律描述气体变化的原理与把这些原理运用于蒸汽机,这两者之间存在着一种十分复杂的工艺。它不仅考虑到气体变化的原理,而且考虑到人的目的。这要求熟知这些原理以及那些构成实际情境的现象"④。

的确,尽管在当代,技术发明对科学理论突破的依赖越来越大,然而,更重要的是,我们应当深刻地认识到,科学是科学,技术是技术,它们仍然是两个相互独立的领域。技术并不是科学的轻易应用,从科学理论到技术的实现,其中包含了大量的开拓与创新、直觉与灵感,并且还要涉及到大量的社会、政治、经济和实践方面的知识,且需要技术发明家付出大量艰辛努力,并承担失败的风险。正因为如此,世界上绝大多数国家都建立了专利制度,并且专利的直接受益者是该项技术的发明者,而不是相关科学理论的创立者。迈克尔·波兰尼(Michael Polanyi)也深刻地看到了这一点,他明确地写道,"科学知识与技术的操作原则之间的不同被专利法认识到了。专利法对发现和发明做了鲜明的区分"⑤。由此可足见技术相对于科学的独立性。

---

① 杨沛霆,等.科学技术论[M].杭州:浙江教育出版社,1985:97—98.
② 巴萨拉.技术发展简史[M].上海:复旦大学出版社,2000:29.
③ 巴萨拉.技术发展简史[M].上海:复旦大学出版社,2000:30.
④ 布劳迪.知识的类型与教育目的[A].瞿葆奎.智育[C].北京:人民教育出版社,1993:15.
⑤ 迈克尔·波兰尼.个人知识[M].贵阳:贵州人民出版社,2000:271.

在对大量技术发明过程进行仔细研究后，我国一位科技工作者写下了这么一段话："科学在技术中的应用，并不是轻而易举的，也不是一蹴而就的。技术与科学的区别，在于它必须引入人为的条件，必须建造人工的系统，必须建立起自然界本来没有的某种人工联系。因而，技术作为科学的应用，它本身也是一个复杂的创造过程。科学，只能为技术提供基本原理。要依据这些原理去构筑技术的设想和方案，要把这些设想和方案物化为技术成果和技术实践，要使这些技术成果具有最佳的结构和功能，使这些技术实践发挥最佳的效用，都需要继续发挥人的能动性和创造性"[①]。

在当代，的确绝大多数的技术发明都要依赖一定的科学理论，但它又不是科学理论的简单应用。我们在看到技术对科学理论的依赖的同时，更要看到技术本身的独立性。热力学原理毕竟不等于蒸汽机，电磁理论毕竟不等于发电机，技术并非是科学的简单派生。在现代，一项重大的技术革新，除了需要相应的科学原理外，还需要大量的技术知识，甚至经验知识和技能。"科学与技术之间的联系是很复杂的，从来就不是孰轻孰重的等级关系。"[②]技术是一个有着自己的结构的特殊体系。"科学决定了一件人造物的物理可能性的极限，但它并不能设定一件人造物的最终形态。欧姆定律并没能决定爱迪生照明系统的形态和细节，麦克斯韦的公式也无法决定现代无线电接收机里电路系统的具体形式"[③]。

把科学理论转化为技术绝非易事，是因为要把理论进展最终转化为技术突破，还必须经过两个十分重要的环节。这就是：(1)把新的科学原理转变为新的技术规范，从而为创造新技术提供新的思路，建立新的准则；(2)把新的技术规范再具体化为新的技术方案，以便为把它物化为一个实际的技术系统提供具体工艺和设计。而在这一过程中，理论只是为我们指出了方向，许多具体问题的解决，技术细节的确立，都需要我们继续创造。

把科学转变为技术的曲折与艰辛充分说明，技术是有着自己独特知识体系的一个系统，而这些知识也决不是说只要有了科学知识就可以轻易获得的。技术的获得是个非常复杂的过程，而这也说明它具有相对独立的教育价值。把技术作为科学的附庸，用科学知识来取代技术知识的观念是绝对错误的；认为在理论教育的基础上简单地加上技能训练就是技术教育的观点也有很大局限性。但是，在近代，由于科学理论在技术发明中的作用日益巨大，以致人们几乎忘记了这一基本事实。要使职业教育课程回归自身，首先必须解构这一范式。

二、终身教育理论与学科论

职业教育课程学科论的支持者援引最多的另一个重要理论是终身教育。他们认为面临多变的职业世界，当代职业教育的主要目标应当不是满足目前就业的需要，而是要使个体学会学习，以适应不断变化的就业环境。甚至有学者明确提出"学习什么是不重

---

① 吴士续.技术发明集[M].长沙:湖南科学技术出版社,1998:3.
② 巴萨拉.技术发展简史[M].上海:复旦大学出版社,2000:100.
③ 巴萨拉.技术发展简史[M].上海:复旦大学出版社,2000:100.

要的,关键要学会学习"。这一观点当然是缺乏慎重考虑的,一个没有知识的人,怎么可能学会学习呢? 奥苏贝尔(David P. Ausubel)认为已有认知结构的质量对后续学习有重要影响,便是对这一观点的有力驳斥。但是,从以上极端观点中,可以深刻看到终身教育理论在当代的威力。谁不重视终身教育,必将受到鄙视和批评。顺应终身教育理论,"以学生生涯发展为目标"成了当前最为冠冕堂皇的课程目标。

那么,如何在课程设计中体现终身教育理论? 如何为学生生涯发展做好准备? 面对这些非常复杂的问题,许多人的答案是加强普通文化课程与专业基础课程的学习,且认为越基础的知识越好。因为越基础的知识就越稳定,从而越有利于培养人的适应能力。这就是终身教育理论对学科论的支持。它强调加强普通文化课程,以及系统地学习专业基础理论的重要性。在目前生源质量严重下滑的情况下,这种观点要付诸实践是不可能的,然而其存在是实实在在的。许多地区仍然坚持普通文化课程统考,便是这一思想的具体反映。在近两年所流行的读经热中也可以找到同样的思想痕迹,因为其鼓吹者认为经书是一切学问之上的学问,读好了它一切学问将变得非常容易。看来这些人对中国近代史无知到了惊人的程度。

学好了普通文化课程和专业基础课程,个体是否必然具备终身学习能力? 其实不然。人们往往简单地把终身教育理解为"活到老学到老",仅仅从时间维度理解终身教育思想,这是对终身教育思想极其肤浅的理解。事实上,"'终身教育'的构想从急剧变化的社会和当代民主价值观念出发,提出同'制度化教育'迥然有别的假设"[①],即人们在一生中都必须不断地学习,而为了满足人们的这种学习需要,必须打破制度化教育的框架,建立起开放的教育制度。可见,终身教育首先是个制度概念,它更多地是要求我们建立一种能满足个体不断受教育需要的制度。当然,有了这个制度,个体还必须具备强烈的继续学习的愿望,以及接受新知识、新技能的开放心态和能力,规划、设计自己的学习并寻找到适合自己的学习机会的能力。这些愿望与能力形成的影响因素是十分复杂的,和普通文化课程与专业基础课程的学习不存在必然联系。

当然,在终身教育时代,提升学生的知识水平的确十分必要,但是:(1)专业基础理论有利于促进学生对工作过程的理解,从而增强学生适应变化的能力,因而需要加强,这是无疑的,问题是它的加强应当通过系统的学科课程学习来实现,还是可以在实践过程中逐步实现? "深厚的专业基础理论"是课程设计的目标还是起点? 这一问题应当通过对学习理论的研究来解决,而传统职业教育课程的设计很少依据有关职校生学习心理的研究成果,却往往依据终身教育等宏观理论。(2)为什么可以在增强学生的适应能力与加强普通文化课程之间划等号? 为什么普通文化课程就是语文、数学、外语这些工具课程,适应能力是来自专业知识还是文化知识? 恐怕除了应试需要外,上述理论很难对这些问题做出解释。

其实,学科论反映了以"变化"为基本特征的时代人们对确定性的渴求。面对变化日益频繁的时代,从传统社会走过来的人们,习惯了稳定生活的人们感到无所适从,从而希望在教育中追求一种稳定的结构,希望通过使人们获得这一稳定结构来适应这个

① 陈桂生.学校教育原理[M].长沙:湖南教育出版社,2000:70.

多变的时代。他们往往从机械论的基础观中寻找理论支持。即把人的能力发展比喻成楼房的建造,楼房的牢固程度取决于地基的牢固程度,越高的楼房需要越牢固的地基,且楼房的建造要从地基建造开始,否则就是空中楼阁。

　　然而,这种理论取向与终身教育精神恰恰是相违背的。因为终身教育理论的取向是用变化来适应变化,即通过打破僵化的制度化教育体系,给个体提供丰富的学习机会,来适应不断变化的知识社会的要求。这也就要求我们用生物学的基础观来取代机械论的基础观。人的能力发展的本质是生长,而不是砖头式的累积。按照生物学观点,能力的生长可比喻成一棵树的生长,对树来说,其基础乃是树根,而树根与树是同时生长的。事实上,在开放的教育制度中,无论是文化基础知识,还是专业基础理论知识,个体随时随地都有继续学习它们的机会,对个体来说,最重要的是愿意去学习这些知识。继续学习的愿望与理解力应当是基于学生生涯发展的教育首先考虑的内容。如果因为对知识系统性的追求而破坏了这些心理要素的形成,那么结果将适得其反。

　　终身教育理论的目标并没有错,错误在于我们往往把目标当成了过程,在于把"终身发展"与"终身考试"简单地等同起来。最终,终身教育理论成了当代知识取向教育观的重要依据,成了职业教育课程学科论的重要支持。

三、认知理论与学科论

　　认知理论是二战以来的主流心理学理论。它克服了行为主义只关注人的行为的弊端,把人的内部认知心理结构放到了研究的核心地位,不仅揭开了这一黑箱的许多秘密,而且改变了行为主义对人的基本假设,承认了人是有着复杂内部心理结构的高级动物。应当说,认知理论作为一个心理学流派,在其范式下进行的这些研究是非常有价值的,但学术流派对研究角度的偏爱与实践领域对完整性的期待的矛盾,使得认知理论仍然扭曲了人们关于知识与行动、理论与实践关系的认识,即把"认知"放到了前所未有的重要地位,忽视了认知与情境的联系的重要性,从而把人简化成了"内部认知结构"。

　　认知理论的这一不足已为心理学界认识到,而许多流派,如情境学习理论、建构主义正是针对这一不足而产生的。在知识观上,情境学习理论持一种个体与情境相互作用的、动态的观点,强调知识对个体与情境的双向依赖。它认为,"人类的知识和相互作用不能从世界中剥离。否则的话,所研究的智力是无实体的、人工的、不真实的,缺乏实际行为特征"[①]。斯腾伯格对智力的情境维度的强调,用意也莫过于此。

　　情境学习理论有两个流派:即心理学传统的情境学习理论和人类学传统的情境学习理论。

(一) 心理学传统的情境学习理论

　　心理学传统的情境学习理论是对信息加工学习理论的替代。其分歧首先发生在对

---

① Wilson,B.G. & Myers, K. M. (2000). Situated cognition in theoretical and practical context. In Jonassen, D. H. & Land S. M. (2000). *Theoretical foundations of learning environments*. Lawrence Erlbaum Associates, Mahwah, New Jersey, p.59.

知识的不同看法。

自从 20 世纪 60 年代的认知革命以来,"表征"成了信息加工理论的核心概念,心理表征理论在认知科学中获得了一致认同。其基本主张是,知识是由符号心理表征构成的,它能够脱离具体情境而独立存在。因而认知活动可被看作为符号操作。这种观点使得传统的信息加工理论在理论上陷入了一个致命的弱点,那就是只关注神经中枢机制以及心理的符号表征,只关注有意识的推理和思考,而忽视了认知的文化和物理情境,以及认知与情境之间的相互作用。

按照信息加工理论的观点,学习就是"获得"这些符号,而教学的任务便是要寻找最为有效的策略,促进学生对这些符号的掌握。20 世纪 80 年代后期以来,心理学家们开始对这种曾一度占主导地位的学习的"获得观点"不满意,从而转向了学习的"参与观点"。而实现学习方式这一转变的关键是知识观的转变,即由认知理论的知识观转向情境理论的知识观。情境理论关于知识或者说"知道"(knowing about)这些问题的核心观点是:"知道"指一种活动——而不是一件事情;"知道"始终是情境化的——而不是抽象的;"知道"是在个体与情境相互作用的过程中被建构的——而不是被客观定义或主观创造的;"知道"是相互作用的功能——而不是'真理'"。在很大程度上,知识观的这一转变是由于人们对学校教育越来越不满意,认为学校所获得的知识是惰性的知识,这些知识仅仅被学生所知道,但是不能应用到学校以外的情境。

因此,在知识观上,心理学传统的情境学习理论持一种个体与情境相互作用的、动态的观点,强调知识对个体与情境的双向依赖。它认为人类的知识和相互作用不能从世界中剥离。问题的关键是情境以及人们在其中所扮演的角色。我们不能仅仅看到情境,也不能仅仅看到个体。毕竟,人与环境之间是相互适应的。仅仅关注人会破坏相互作用,排除情境在认知与行动中的角色。对情境认知的研究表明,学习不能跨越情境边界,学习在本质上是情境的,并深深地由它所发生的情境所构成;情境决定了学习的内容与性质。这就是心理学传统的情境理论关于学习的基本观点。按照这种学习观,建构知识与理解的关键是参与实践。

(二) 人类学传统的情境学习理论

在心理学家们沿着心理学传统对情境学习理论进行深入研究的同时,莱芙(Lave)等人却从人类学的角度对情境学习理论进行了研究,他们把焦点放在了实践共同体(communities of practice)中完整个体的建构,而不仅仅是心理学传统所研究的"知道"。

什么是实践共同体? 莱芙和温格尔(Wenger)给实践共同体下了如下定义:它意味着参与一种活动体系,参与者共同分享对于他们所做事情的理解,以及这对于他们的生活和共同体意味着什么[1]。可从两个方面来把握这一定义。首先,实践共同体是由个体参与所组成的完整的整体,它不仅包括了知识方面,而且包括了社会的、文化的方面;其次,这一共同体是真实的工作世界,而不是学校人工设计的情境。从莱芙的人类学观

---

[1] Barab, S. A., & Duffy, T. M. (2000). From practice fields to communities of practice. In Jonassen, D. H., & Land, S. M. (2000). *Theoretical foundations of learning environments*. Lawrence Erlbaum Associates, Mahwah, New Jersey, p.36.

点来看,当个体参与这种实践共同体时,学习便成为一个自然发生的过程;而按照实践共同体的真实性特点,应当把学习的地点放到工作现场。

巴拉伯(S. A. Barab)和达尔菲(T. M. Duffy)对这两种传统的情境学习理论做了比较,其结果见表3-1①。从表3-1的比较中可以看出,按照心理学传统的情境学习理论,学习者所从事的实践仍然是学校的抽象任务,它与实践共同体中的任务有本质区别;并且它是在学校情境中进行的,而不是在实践共同体中进行的。由此可见,虽然两种情境学习理论都非常强调情境在学习中的价值,但它们在一些具体观点上仍然存在很大分歧。但这并非意味着心理学传统的情境学习理论对实践性学习的建构不能提供任何支持,事实上,学校实践情境中的学习对于职业教育来说也是十分重要的。

	心理学传统	人类学传统
关注焦点	认知	个体与共同体的关系
学习者	学生	实践共同体的成员
分析单元	情境活动	共同中的个体
相互作用所	意义	意义、身份以及共同体
产生的结果		
学习场所	学校	日常世界
学习目标	为未来的任务做准备	满足当前社区或社会的需要
教育涵义	实践领域	实践共同体

表3-1

情境学习理论的心理学传统和人类学传统的比较

无论哪个派别的情境学习理论,都强调知识的情境性,从而也就强调了人的能力的情境性,其差别只是所认可的情境不同。或许未必所有的知识都是情境性的,但职业知识必然是情境性的;并且不仅职业知识具有情境性,职业技能也具有情境性。在短期内强化技能训练,很容易达到非常娴熟的程度,但要培养一个具备完整职业能力,能准确地认知特定职业情境并做出合适行动的个体,就远没有那么容易了。情境理论的重要启示在于,采取学科课程形式,在脱离职业情境的条件下孤立地学习知识,是难以培养学生职业能力的,更不可能使学生在学习学科课程后立即就具备职业能力。学科课程体系中培养的学生,往往需要很长的工作适应期,便充分说明了这一点。

可见,尽管知识经济时代突出地强调了知识的价值,但它其实更强调的是知识的转型。知识,尤其是理论形态的知识对当代社会而言无疑是十分重要的,但如果不能真正地处理好知识与行动、理论与实践的关系,那么不仅不能顺利地实现知识转型,而且会影响到许多重大决策。对职业教育课程而言,其后果是必然导致把理论知识置于整个课程体系的"基础"地位,从而造成职业教育课程的学科化倾向。从以上分析看,当代许

---

① Barab, S. A., & Duffy, T. M. (2000). From practice fields to communities of practice. In Jonassen, D. H., & Land, S. M. (2000). *Theoretical foundations of learning environments*. Lawrence Erlbaum Associates, Mahwah, New Jersey, p.29.

多理论对学科论的支持其实是无意识的,只是人们对这些理论的理解存在偏差所致。因而学科论的主宰地位其实并无坚实的理论根基。这就为在职业教育课程中重构职业论奠定了基础。

第三节　职业论的理论基础

职业论既不否认理论知识学习的重要性,也不完全排斥学科课程,而是主张职业教育主体课程应当依据工作任务进行设计。那么其理论基础又是什么?职业教育课程为什么要摆脱从理论到实践的演绎框架,遵循实践逻辑?这是解构学科论后,建构职业论首先必须回答的问题。传统职业教育课程理论往往从理论与实践、终身教育理论等宏观理论中去寻找其理论基础,然而以内容和方法为研究对象的课程,其真正的理论基础应当是职业知识的性质、职业能力的本质和职业能力形成与学习机制这些微观理论。只有这些理论才能够具体地告诉我们:到底什么是职业是知识?什么是职业能力?这种职业能力是如何形成的?它需要什么样的学习方式?为了激发这种学习方式需要什么样的课程模式?以下分别从职业知识的性质、职业能力的本质、职业能力的形成机制和所需要的学习过程分别阐述职业论的理论基础。

一、职业知识的性质与职业论

如第一章所述,职业教育存在的基础是学术体系与工作体系的二元分离状态。学术体系指知识按照其内在逻辑关系进行分类和组织所形成的符号体系,工作体系指工作任务按照其内在逻辑关系进行分类和组织所形成的实践体系,它是人类为了有效地进行生产和服务活动所设计的劳动过程。尽管现代知识已不再仅仅是学者形而上学式争论的工具,它已在工作过程中得到了广泛应用,理论与实践的鸿沟正在得到弥合,但是学术体系与工作体系的二元分离状态仍然很明显。那么确立职业教育课程内容组织原理的首要依据应当是工作知识的性质。

工作过程所需要的知识可统称为工作知识,其形成主要有两个来源,一种是在工作实践中"生产"出来的;另一类知识是学科知识在工作过程中应用的结果。应用过程可能会产生新的知识,也可能会继续保留原来的内容。但无论是哪种类型的工作知识,其存在形式都与以学科为载体的学科知识完全不同,它是依附于工作过程的。工作知识的明显特征是它与活动的关系。尽管工作知识也有它自己抽象的概念、理论和规则,同时也有它自己的结构和革新的动力,但在本质上这些要素都是和情境相联系的。工作知识只有通过活动才能得到明确界定,正是这些活动建立了工作知识得以产生和使用的框架。

正如赫尔巴屈(D. R. Herschbach)所说,在性质上,技术知识(接近工作知识)和物理学、化学等学科知识有本质区别。他明确地指出,"在技术知识中,我们并不能找到物理学、生物学和经济学中的那种普遍化结构。技术知识在特定的人类活动中获得形式和目的;它的特征是根据它的应用来定义的;它的目标是效率而不是理解。尽管技术中包含了知识,但它是应用于具体技术活动的特定形式的知识,这与形式化知识的普遍抽象性特征形成鲜明对比"①。这就是说,尽管就知识的内容而言,工作知识与学科知识存在交叉点,而且随着学科知识的实践应用越来越广泛,这一交叉点也在日益扩大,但它们的存在形式,或者说依附的载体完全不同。工作知识以工作过程为载体的特征即是知识的职业性。

工作过程自然需要应用大量理论知识,但知识的应用过程也是知识性质发生改变的过程。这正如用钢铁来制造汽车。钢铁厂生产出来的钢材相当于理论知识,这种钢材是非常纯粹的,它被定义为钢完全是由于其物质结构方式,而和它的形状、重量没有任何关系,它也基本上不具备定向功能。当它被用到汽车生产厂制造成汽车后,尽管所制成的汽车零件在物质结构上还是钢,但其功能与性质已发生了根本变化,已是特定汽车上在特定部位具有特定功能和形状的一个零件。人们也不再称之为钢,而是直接称之为某某零件。这个零件就相当于被应用于特定工作任务和情境中的理论知识。那么应当直接给汽车装配工钢还是零件呢?显然是零件;要有效地培养职业能力,也应当给学生像制成的零件那样的理论知识,而不是直接给他们像钢一样的理论知识。

此外我们还要认识到,任何零件都不会是纯粹的零件,而是在特定部位有着特定规格,发挥着特定功能的零件。这个零件能否发挥特定功能,取决于它能否被安装到正确的位置。因此,理论知识要真正在职业能力形成中发挥功能,还必须找到它在工作体系中的安装位置,即理论知识的具体应用点。可见知识不仅有内容维度,更有结构维度。根据不同能力不仅来自不同知识,而且来自不同知识结构这一基本原理,要有效地培养学术能力,最理想的方式是把学术教育课程结构与学科结构对应起来,从学科结构中获得学术教育课程结构;而要有效地培养职业能力,最理想的方式是把职业教育课程结构与工作结构对应起来,从工作结构中获得职业教育课程结构。因为既然在工作体系中,工作知识不存在其自身独立的存在形态,而是附着于工作过程而存在的,那么以工作知识为内容的职业教育课程的结构只能来自工作结构,见图3-1。

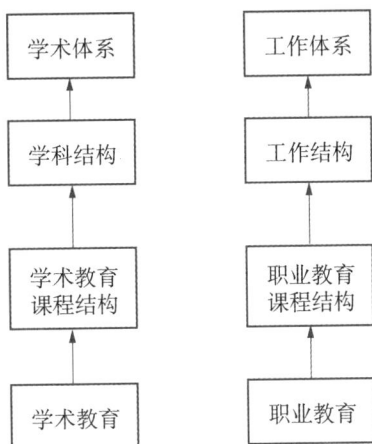

图 3-1

学术体系、工作体系及其课程结构

---

① Herschbach, D. R. (1995). Technology as knowledge: implications for instruction. *Journal of Technology Education*, Vol. 7, No. 1, Fall.

工作体系与学术体系知识性质的差别,便形成了学术教育课程结构与职业教育课程结构之间的本质差别,从而也决定了职业教育课程必须确立工作逻辑在其中的主线地位。可见,只有深刻理解了工作知识的性质,才可能真正把握职业教育课程的本质。而仅仅以"实践是理论的应用"这一命题为基础所建构的以学科课程为主体的三段式课程,看似强调了实践,而事实上对实践的理解是非常肤浅的。

作为职业教育课程内容的知识是否必须是与任务相关的? 以任务为中心选择知识是否会影响到学生未来的可持续发展? 这是任务取向的课程开发遭遇疑虑最多的问题。形成这种疑虑的原因是那种司空见惯、为多数人所信奉而事实上完全错误的一般与特殊二元论,即人们总认为依据工作任务所选取的知识就是特殊的,只适合特定任务,不具备可迁移性,要提高学生的适应能力,就应当跳出工作任务的局限,学习那些普通知识。而事实上,一般只是人们概括的结果,特殊则是所有事物存在的真实状态。特定工作任务中包含了只适合该工作任务的知识,比如向 A 公司出售一台设备,有关 A 公司情况的知识和这台设备的知识只适合该任务;同时它也包含了同类工作任务的共同知识,比如销售的一般原理。因此,基于任务的职业教育课程并不会必然影响学生的可持续发展,而那种所谓有利于学生可持续发展的、无依据的普通知识,实则因为内容空洞而于学生职业能力发展并无太多裨益。

二、职业能力的本质与职业论

要确立职业论,还必须重新思考教育学中一个古老而又基本的问题,即能力是如何形成的? 有了知识是否就一定有能力? 什么样的知识才能形成能力? 适应能力来自哪里? 课程理论应当建立在对这些问题的清楚回答基础上,而不能仅仅凭借"经验"或是"感觉"。随着知识论与学习论的发展,人们对职业能力本质及形成机制的认识也越来越深入。如德国学者对学习领域课程的论证,便主要是从知识论角度出发的,其基本观点是"忽略程序性知识或策略性知识而只重视陈述性知识将导致能力获取的缺失"[①]。并且强调无论是陈述性知识还是程序性知识,只有在与个体经验相结合的过程中被具体化,才能有利于行动能力的获取。这些研究无疑为我们理解职业能力的形成机制提供了重要理论框架。但是,既然能力是体现在行动中的,那么从行动结构出发或许是理解能力本质的更为有效的途径,这是下面拟采取的分析路径。

在英文中,职业能力对应的词是"competence",准确地应当译为"任务胜任力"。这里有两个关键词,即"任务"和"胜任"。"任务"说明任何职业能力都是具体的,是和一件件任务相联系的。言外之意,脱离具体任务的职业能力是不存在的。这一道理看似简单,也能为多数人接受,但我们在分析教育问题时往往会忘记它,以致试图培养学生脱离具体任务的职业能力,以为这样便可以增强学生的普遍适应能力。这其实就是历史上曾流行了 200 多年,20 世纪以来遭到了心理学家、教育学家猛烈批评的形式训练说,因为学者们并没有找到有力地支持这一理论的证据,它似乎更多地只是人们的一种愿

---

① Reetz, L. (2000). Handlung, Wissen und Kompetenz als strukturbildende Merkmal von Lernfeldern. In Bader, R. Sloane, P. F. E. (Hrsg): Lernen in Lernfeld, Eusl-Verlag, Markt Schwaben, pp. 141 – 150.

望。如"桑代克不相信这个学说,因为他曾证明,这些抽象的学科对于选择性思维和关系思维的测验成绩的影响,并未明显地大于工艺和簿记"①。

按照以上分析,既然"任务"是能力的构成要素之一,那么任务本身就应当作为课程内容的一部分,要让学生通过对课程的学习,清晰地知道某一职业领域的工作任务有哪些。有人或许会问:"这还需要学吗,不是很容易就能知道吗?"其实不然,对工作任务内容的熟悉有粗细之分,笼统地了解是比较容易的,但要细致、规范地熟知其各个环节并不容易,有些人工作了一辈子也难以准确地说清其工作岗位的具体任务。而有职业能力的人的重要表现之一,便是对工作任务内容的娴熟把握。

当然,学生仅仅知道有哪些工作任务,还不能表明他们就具备了相应的职业能力。他们还要熟练掌握完成这些任务的方法,有些方法对肢体有特定要求,需要达到一定的娴熟程度,我们称之为技能。知道了这些方法,学会了娴熟的技能,并且能知道每个方法是用于哪个工作任务的,即能在方法与任务之间建立联系,就能完成一些确定性的工作任务了。但是,工作任务往往是不确定的。首先,任务排列的先后次序往往会发生变化,需要工作者根据不同工作情境做出分析和判断,从而对工作任务灵活地进行组合,以确定不同情境下工作任务之间的依存关系。这是工作智慧的重要表现之一,获得这一智慧的关键是要熟知、理解这些任务之间的联系。其次,面临一些复杂的工作情境,我们可能还需要设计工作任务。这就需要工作者在与工作任务的联系中更加深刻地理解工作过程的原理,同时具备创造能力,创造性地构建已有知识与所设计的任务之间的联系。可见,个体职业能力形成的关键,不仅仅是知道有哪些工作任务,也不仅仅是知道有哪些工作方法,掌握了哪些工作技能,更重要的是他们能够在技术原理、工作方法、工作技能与工作任务之间,以及工作任务与工作任务之间建立起联系,并且这些联系能够随着工作情境的变化而迅速变化。

据此,可以把职业能力的本质概括为知识与工作任务的联系,只是由于工作任务性质的不同,联系的具体内容也有所变化。具体可划分为知识与确定性任务的联系、知识与组合性任务的联系以及知识与设计性任务的联系。按照这一原理,只有在具体工作情境中,引导学生努力建构知识与工作任务的联系,才能有效地培养学生的职业能力。适应能力的培养应当求助于联系方式的改变,而不是脱离工作任务的系统理论知识的学习。

现代职业教育的复杂性源于技术在工作体系中的应用。与古代经验技术不同,现代理论技术的发明在很大程度上应用了科学研究的成果。比如没有航天学,很难想象宇宙飞船能够上天。科学研究为技术发明的可能性提供了巨大空间,使我们获得了大量以往难以想象的技术,与此同时也给职业教育课程带来了一个重大理论问题,即如何处理"任务"与"技术"之间的关系。上文所描述的许多分歧正是源于此,即职业教育课程应当以任务为中心来建构还是以技术为中心来建构。如果主张以技术为中心来建构,那么由于技术的科学化,很容易导致主张以学科课程为主体的思想的出现,尽管技术在本质上还是个行动体系。

① 奥苏贝尔.教育心理学——认知观点[M].北京:人民教育出版社,1994:240.

应当看到,技术的应用使得工作内容与工作方法的复杂性大大提高;技术所改变的不仅是工作方法,也包括工作任务本身。事实上,工作任务的形成除了受劳动分工与劳动组织方式等因素影响外,还要受技术发展水平的影响。工作任务的演进是随着技术的发展而发展的。从这个角度看,技术与工作任务是不可分离的。而化解以上分歧的关键,是要充分理解技术在工作体系中应用的"职业化过程"。工作体系中的技术并非抽象的技术,而是被职业化了的技术。技术的"职业化"既可以理解为技术对工作内容和工作方法的改造,更应当理解为技术的任务化。工作过程中的技术已转变成了一个个具体的工作任务。

可见,技术在工作体系中的应用过程本质上是任务结构同化技术结构的过程,而并非技术结构同化任务结构的过程。因此,上述所分析的职业能力形成机制在现代技术条件下仍然是适用的。当然,技术的复杂化使得完成每一项工作任务的方法对理论知识的依赖更强。比如在大量应用了理论技术的工作体系中,要求工作者进行分析、判断和对工作任务进行重新组合与设计的环节会越来越多。这意味着,"联系"作为能力的本质并没有发生改变,所改变的是与任务相联系的具体知识内容从过去的经验知识更多地转向了理论知识,同时联系的过程也更加动态和不确定。

在以理论技术为手段的工作体系中,职业能力的本质仍然可表述为知识与工作任务之间的联系。能进行这些复杂联系的人,才可称为能胜任工作任务的人,也才可称为具有职业能力的人。可见,职业能力的形成并非仅仅取决于获得了大量理论知识,如果这些知识是在与工作任务相脱离的条件下获得的,仅仅是些静态的知识,那么它们是无法形成个体的职业能力的。这就是有知识无智慧现象形成的具体机制。从职业能力形成的机制看,联系的清晰与动态程度远比知识的数量重要得多。事实上,专家与新手的差别并不在于知识的量,情况往往是专家的知识量还不如新手,但是专家的知识与工作任务的联系比新手要复杂得多。

联系论意味着在职业教育课程开发中,不仅要根据工作任务完成的需要选择理论知识,更要围绕着工作任务聚焦理论知识。后者尤其重要。过去对知识与工作任务关系的理解一直停留于前者,结果是我们一直在强调理论知识要以有用、实用和够用为准,而课程内容始终没有实质性突破。其实,学科论往往并非完全否定知识的应用性,职业教育领域几乎不存在完全照搬学术教育课程模式的学科论者。多数人只是由于缺乏联系论而在不知不觉中陷入学科论的。他们往往根据工作任务完成涉及到某些物理学知识,就开设一门物理课程,或是涉及到某些材料知识,就开设一门材料学,这种课程设计方法看似在围绕着工作任务"选择"知识,而由于它采取的是学科论的课程开设思路,因而使得课程在方向上陷入了学科路径,而脱离了工作路径,最终使得课程内容与实际应用相脱离。

所以,要有效地培养学生的职业能力,就必须明确地把知识与工作任务之间的联系作为重要课程内容。这是职业论的重要理论支柱之一。可见,职业论并非如通常所设想的那样只是基于功利目的的课程观,而是建立在职业能力形成的联系论基础之上的课程观。这一理论为破除以学科课程为主体的课程模式提供了重要理论支持。学科课程虽然强调了学生对知识的学习,但这些知识由于是在与任务相剥离的条件下学习的,因而学生并不能建构其工作意义,从而不能有效地获得职业能力。当然,由于理论技术的应用,联系的具体内容发生了变化,学生有必要在掌握工作任务及其与知识的联系的同时,理解相关的技术原理,但正如劳耐尔所说:"与系统工作任务关联的专业知识只是新手发展到专家的手段,只有最终在个人经验的基础上建构系统的专业知识,才可能达到专家的技术水平"[①]。对中、高职而言,其课程内容的重要差别之一便是表现在对技术原理掌握的程度。

三、职业能力的形成机制与职业论

揭示了职业能力的本质,仅仅说明了在知识与工作任务之间建立联系的重要性,尚不能完全为职业论奠定理论基础。因为在知识与工作任务之间建立联系存在两种基本方案,一种方案是让学生先系统地学习知识,然后通过各种实践活动促进这一联系的建立,此即通常所说的"应用";另一种方案是以工作过程为逻辑主线,以工作任务为中心,让学生在完成工作任务的过程中建构知识。要在这两种方案中做出科学的取舍,必须进一步探索职业能力的形成机制。以下从知识与工作任务联系的建立过程,以及工作思维的形成两个角度进行论证。

(一)知识与工作任务联系的建立过程

职业能力是如何形成的? 其影响变量有哪些? 这是职业教育课程理论非常关注的问题。以往通常认为影响职业能力形成的主要变量是知识与练习。学生首先要储备足够的和能力相关的知识,然后通过练习把这些知识应用到实践便可发展能力。它设想把知识与行动联结关系的形成放到学生日后的工作实践中去完成,这一过程被称为"知识的应用",即通过应用知识来产生实践和行动,形成职业能力。因而"知识储备"被看作为学校课程的主要和首先要完成的任务。这就是以学科课程为主体的职业教育课程的理论前提。

问题是,"应用"是简单的线性演绎过程,还是复杂的结构转换? 应用的心理机制是什么? 为什么会有高分低能现象的存在? 如果应用过程是非常复杂的结构转换过程,那么课程就不能仅仅给予学生知识,而是有必要按照工作过程中知识的表征方式来给予这些知识。遗憾的是,以往的学习理论极少对这一问题进行深入研究,"应用"的心理机制一直是学习理论研究的空白。事实恰恰是,工作过程中知识的表征方式与纯粹知识的表征方式是有结构性差异的,"应用"实质上是打破知识的内在关系结构,重构知识与行动的产生式结构的过程,见图3-2。图3-2中知识与行动的产生式结构即知识的工作结构表征方式。

学生不仅要学习知识,更要学习结构。和新手相比熟手的优势并不在于知识的量,对某些专业知识的掌握熟手可能还不如新手,但熟手的知识表征方式是以工作任务为中心的,处于其意识焦点的是工作任务,与之相关的知识则以背景的方式存在着,其知

① Rauner, F. (2002). Berufliche Kompetenzentwicklung-vom Novizen zum Experten. In Dehnbostel, P. Elsholz, J. Meister, J. Meyer-Menk, J.: Vernetzte Kompetenzentwichklung: *Alternative Positionen zur Weiterbildung*. Berlin: edition sigma. p. 117.

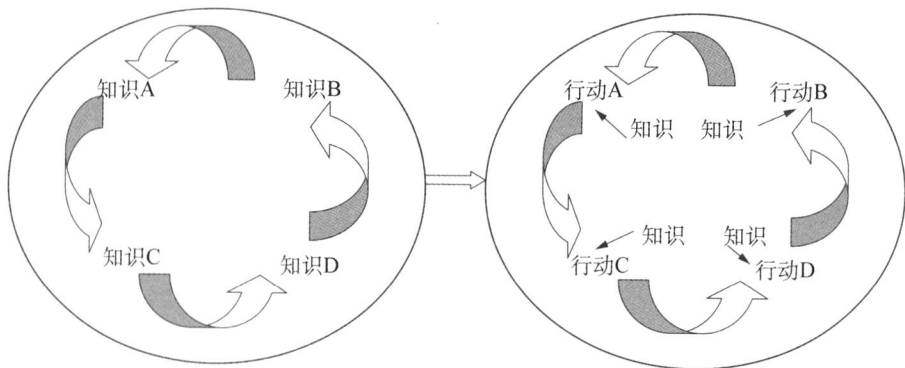

图 3-2

从知识的内在关系结构到知识与行动的产生式结构

识与工作任务之间构成一种动态的因果促成关系,推动着主体的选择和行动。新手的知识则是脱离工作任务,按照知识之间的关系而被表征的。尽管这种表征方式因突出知识的内在关系而易于进行理论思维,却缺乏生成实践的功能。如斯克莱本纳(S. Scribner)的牛奶品种回忆实验发现:"即使在同一个社会子系统中,比如牛奶厂,共同知识在不同群体中也呈现出不同结构,这种差异与不同群体所从事的活动紧密相关。研究结果表明,不同的工作任务给人们提供了学习这些产品的不同方面的机会"①。这些研究为知识的工作结构表征理论提供了经验证据。

因此,学科知识在具体实践中的应用并非是个简单的演绎过程,也并非知识的简单移植,而是同时伴随着知识结构的变化,从而从原来具有"普通性"的知识转变为具有"职业性"的知识。知识的职业性理论要求在职业教育课程中,打破以往仅仅关注"知识点"的观念,引入结构观念。要充分意识到,为了有效地培养学生的职业能力,职业教育课程不仅要关注学生获得哪些工作知识,更要关注学生以什么结构来获得这些知识。课程结构是影响学生职业能力形成的重要变量。正如萨曲威尔(R. E. Satchwell)所说:"专家的领域知识越多,组织得越好,越能理解技术体系是如何运作的,所获得的问题解决能力也越强"②。这就为在学习方式层面确立职业论的主体地位奠定了重要理论基础。

上述观点能否成立的一个前提是工作任务是否稳定。倘若任务是瞬息万变的,结构论便无从谈起,因为结构存在的前提是构成结构的要素的存在。其实,这样的话,联系论也将遭到同样的命运,而即使联系论能够成立,也无法以工作任务为中心进行课程内容组织,从而很容易回到另一种观点,即先通过学科课程的学习,在头脑中形成一个"知识库",然后在工作过程中随时从知识库中抽取知识,与任务建立临时性联系。对职业论的疑问,多数是由此出发的,即认为工作任务是不断变化的,不可能以之为中心来开发课程;而相对工作任务来说,知识是稳定的,尤其基础理论知识具有相当的稳定性,因而职业教育课程应当以这些内容为主体。

---

① Scribner, S. (1999). Knowledge at work. In Robert McCormick & Carrie Paechter (ed.). *Knowledge and learning*. Paul Chapman Publishing Ltd, Great Britain.

② Satchwell, R. E. (1996). Using functional flow diagrams to enhance technical systems understanding. *Journal of Indtstrial Teacher Education*, Vol. 34, No. 2.

　　这类观点多半只是出于研究者个人的经验体会,既缺乏科学依据,也缺乏对职业院校学生学习现状与规律的深入研究。下面一段话是某校一位学生在数学考试卷上写下的:"花一个学期去搞基础,还不是浪费时间交白卷,都不去想想,开一个高等数学,对专业帮助什么都没有,也不去想想,我们学什么专业的,学生怨气有多大"。他交了白卷。当然,我们并不赞同这种过激行为,但这段话在学生中应当很有代表性,可以说它在相当大的程度上反映了当前职业教育课程所存在的问题,值得我们深思。

　　任务是否是稳定的呢?如果把任务理解为一个个具体的工作行动,那么任务是瞬间即逝的,因而是极不稳定的。因为在行动层面,任何任务都是不可重复的。但是,这里所说的任务是个类概念。它是由一类工作行动所构成的工作单元,不是具体的工作行动,因而是稳定的。比如"汽车发动机故障诊断"就是一项工作任务,它可由许多具体的工作行动构成。一般情况下,技术发展所影响的只是工作方法和工作行动,只有当发生重大技术革命,影响到整个生产过程的组织时,才会对工作任务产生实质性影响。在同一技术框架下,影响工作任务结构的主要因素是企业生产组织方式。因而工作任务是有较强稳定性的。

　　任务的稳定性进一步说明了工作结构的存在,从而说明了以工作结构为依据设计职业教育课程结构的可能性,进而论证了职业论的可行性。获得这一结构的基本方法是工作任务分析。

　　(二)工作思维的形成

　　在知识与工作任务之间建立联系,不仅是为了促进学生对知识的目标指向的认知,更重要的是培养学生工作思维的需要。工作思维是职业能力的核心要素。这就需要继续回到职业能力的形成这一问题,即在知识与工作任务之间建立了联系,是否就一定能有效地形成学生的职业能力?还不然。英国课程专家赫斯特说:"从柏拉图到现在的哲学家们,都从不同的角度非常重视这样的问题,即,人类的知识、意义和理解范围由一系列有限但截然不同的种类组成"[1]。这意味着,能力形成依赖于知识形式。

　　职业知识的形式是什么?其特征可概括为:(1)任务置于焦点意识。知识与任务联系的形成存在两个方向,即从知识指向任务和从任务指向知识。如果是从任务指向知识,其所发展的是学生对知识的理解能力;只有从知识指向任务,才能有效地培养学生的职业能力。一个有职业能力的人,其首要表现是工作时处于其焦点意识的是工作任务,而不是知识。他首先关注的是需要完成哪些任务,以及如何完成这些任务,而不是知道哪些知识,这些知识是否正确。(2)明晰任务之间的结构关系。工作过程并非大量零碎任务的简单堆砌,而是有着其所特有的逻辑的,它由工作任务按照相对稳定的"顺序"构成,不同职业领域,其"顺序"所依据的线索也不同。一个有职业能力的人,应当能够非常清楚地知悉工作任务之间的结构关系,及如何根据需要灵活地进行组合。(3)以任务完成为目标进行分析和判断。工作过程中的工作任务有些是确定的,但也有些是不确定的,需要工作者在工作情境中及时地进行分析、判断,并采取行动。任务的确定性程度可作为衡量某职业专业化程度的重要标志。当具备高水平职业能力的工作者遇

---

① 张华,石伟平,马庆发.课程流派研究[M].济南:山东教育出版社,2000:383.

到这类任务时,他应当能够习惯地以任务完成为目标进行分析和判断,而不是陷入无休止的观点正确与否的学术性辩论。

那么如何才能让学生获得工作思维呢?它的获得不如知识与工作任务之间的联系那么容易,因为它更多地表现为一种思维习惯,且主要以默会的形式存在着。最为有效的途径是课程结构。课程结构指课程之间的组合关系,以及一门课程内部知识的组织方式。要使学生获得工作逻辑,职业教育课程不仅要关注让学生获得哪些工作知识,而且要关注让学生以什么结构来获得这些知识,要深刻地看到课程结构也是影响学生职业能力形成的重要变量。以工作结构为基本依据开发职业教育课程结构,不仅要求其宏观结构应当以工作结构为基本依据,而且其微观结构也应如此,即教材内容的组织模式应当以工作过程中的知识组织关系为基本依据,而不能以静态的知识组织关系为依据。

要设计以工作过程为导向的课程结构,就必须寻找到每个专业所特有的工作逻辑。因此,职业论要求打破知识的学科逻辑,并非意味着不需要逻辑,而是认为逻辑是有多种类型的,对职业教育课程来说,更应当遵循的是工作逻辑。不同专业所面向的职业领域的工作逻辑是不一样的:(1)有的职业的工作任务是以其产品为逻辑线索而展开的,如数控加工,典型零件加工为我们揭示其任务逻辑提供了线索;(2)有的职业的工作任务是以其工作对象为逻辑线索而展开的,如电气自动化;(3)有的职业的工作任务是以其操作程序为逻辑线索而展开的,如电子产品制造;(4)有的职业的工作任务是以设备或系统的结构为逻辑线索而展开的,如汽车维修、空调与制冷设备的安装和维修;(5)有的职业的工作任务是以岗位为逻辑线索而展开的,如酒店服务;(6)有的职业的工作任务是以典型工作情境为逻辑线索而展开的,如商务谈判。职业论要求,在职业教育课程开发过程中,必须寻找到不同职业领域所特有的工作逻辑。

四、知识的建构式学习与职业论

按照上述理论,尽管结构转换的复杂性,能够支持有必要让学生直接按照工作过程中知识的组织方式来学习课程内容的观点,但是这一观点要完全成立,还必须获得学习理论的支持。20世纪90年代以来重新兴起的建构主义为此提供了重要的理论依据。

建构主义是一个扎根于哲学和心理学的学习理论,其核心观点是学习者从经验中积极地构建他们自己的知识和意义。这一思想可追溯到多年前的哲学家,其中包括杜威、黑格尔、康德等。从哲学上讲,这一观念强调主观主义和相对主义,并认为现实是独立于经验的,它只能通过经验而被人所知,因而现实都是每一个人自己的现实。

建构主义的核心理论有四个方面:(1)知识不是被动积累的,而是个体积极组织的结果;(2)认知是一个适应过程,它使得个体能在特定的环境中更好地生存;(3)认知对个体的经验起组织作用,并使之具有意义,而不是一个精确地表征现实的过程;(4)认知既有生物的、神经的结构基础,而且来源于社会的、文化的和以语言为手段的相互作用[1]。

---

① Doolittle, P. E., & Camp, W. G. (1999). Constructivism: the career and technical education perspective. *Journal of Vocational and Technical Education*, Vol. 16, No. 1.

建构主义的总体特点是,认可学习者在个人知识创造过程中的积极角色,经验(包括社会的和个体的)在这一知识创造过程中的重要性,以及知识与其所表征的现实之间的差距。但是,建构主义不是一个统一的理论主张,其中有许多流派,而对建构主义流派的划分也是多种多样的。三分法是比较常见的一种划分,它把建构主义划分为三个流派,即认知建构主义(代表人物:安德森(Anderson)、梅耶(Mayer))、激进建构主义(代表人物:皮亚杰(Piaget)、格拉瑟斯费尔德(Ernst von Glasersfeld))和社会建构主义(代表人物:科博(Cobb)、维果茨基(Vygotsky))。不同的建构主义流派,对上述四个观点强调的程度是不一致的。

1. 认知建构主义

在建构主义连续体中,认知建构主义代表了一个极端。它通常是和信息加工理论联系在一起的。它强调知识的外部性质(external nature),坚信独立现实的存在,且能为个体所认知。它认为知识是外部现实的内化及建构(或重构)的结果,认知的结果与现实世界是一致的。外部现实的内化与建构(或重构)过程即是学习。这就是说,学习是建构精确的内部模式或表征系统的过程,内部模式或表征系统所反映的是存在于现实世界中的外部结构。这一理论关注的是:(1)学习的过程;(2)所学的东西是如何在大脑中表征的;(3)这些表征在大脑中是如何组织的。认知建构主义通常被认为是建构主义家族中较弱的一派。

2. 激进建构主义

在建构主义的连续体上,激进建构主义处于与认知建构主义相对立的另一极端。它强调知识的内部性质(internal nature),认为外部现实虽然存在,但它对个体来说是不可知的,因为我们对外部世界的经验是以我们的感觉为中介的,而我们的感觉在表征外部世界的过程中是不"老练"的。因此,尽管知识是从经验中建构而来的,但这些知识并不是对外部世界或现实的精确表征。知识的性质是适应,而不是客观"真理";内部知识不是与外部现实相匹配的,而是一个生存的经验模式。这些生存模式是个体所创造的,它受个体活动环境的影响,并与特定目标的达成相关。因而,知识只是"知道者"的知识,而不是关于外部现实的知识。增进知识意味着增进生存能力,而不是使之与外部现实更相符。激进建构主义被看作为建构主义家族中最强的一支。

3. 社会建构主义

社会建构主义处于强调现实的可知的认知建构主义,与强调知识的个体性的激进建构主义之间。与二者不同,社会建构主义强调知识的社会性质(social nature),且相信,知识是社会性的相互作用与语言使用的结果,因而是共享的,而不是个体的。另外,社会性的相互作用,总是发生在特定的社会—文化背景中,因而知识必定是因时因地而异的。在他们看来,真理既不是认知建构主义的客观现实,也不是激进建构主义的经验现实,它来源于人们对文化活动的共同参与,是社会建构与意见一致的结果。它被看作为建构主义家族中较强的一支。

尽管有的建构主义流派的观点过于主观,过于主张知识相对主义,使得在接受其观点时应当小心,但这并不能排除建构主义对学习理论的重大贡献。就是激进建构主义也不能完全否定其某些观点的丰富教育涵义,比如它对传统教学过程观所进行的猛烈抨击。它认为传统教学过程观是建立在客观主义认识论基础之上的。该认识论认为,知识是对客观世界的真实反映,它能够脱离其得以产生的背景或特定问题情境而以符号形式独立存在,并能在脱离实践背景的条件下被不同主体"等值"地掌握。教学过程便是要使学生积累、掌握人类在悠久的历史过程中所积累的大量客观知识,缩小学生已有知识和要求他们掌握的知识之间的差距,因为这些知识将来对他们是很有用的。因此,教学便是"传授",如何更有效地传递知识,就成了传统教育家们致力解决的主要实践问题。通常的做法是把要求学生掌握的知识编制成课程,教师先掌握这些知识,然后采取一定的教学方法,由教师把这些知识传递给学生,使学生"复制"这些知识。教师只是就知识而教知识,而很少给学生呈现这些知识被建构的真实背景。

激进建构主义认为,这种教学过程观是根本错误的,因为知识是主体在适应环境的过程中所建构的,是主体所赋予他自己的经验流的一种形式,每一个主体只能认识自己所建构的经验世界,至于外部世界到底是怎样的,他人到底是怎样的,我们根本无从知晓。因而,在激进建构主义者看来,希望像传递苹果一样,把知识从一个主体等值地传递到另一个主体是荒谬的。他们认为正确的教学过程应当是,在教师的促进下,学生积极主动地建构自己的理解的过程。在这个过程中:(1)学习始于学生已有的知识、态度和兴趣;(2)学习是通过学生已有的知识、态度和兴趣与新的经验相互作用而发生的,这是一个学生从其自身内部建构自己的理解的过程。因而教学过程必须做到:(1)从学生已有的知识、态度和兴趣出发;(2)精密地设计能够给学生提供经验的教学情境,这些经验应能与学生已有的知识有效地发生相互作用,使他们能够建构自己的理解,然后在教师的促进下,由学生自己去建构自己的知识。激进建构主义的这些教学观把学习者完全置于学习的中心位置,对于彻底解构授受式教学法的确有一定意义。

因此,如果抛弃建构主义中的过于主观主义和相对主义的要素,那么它们主张应当在经验的基础上积极主动地建构知识,从而突出地强调"学习者"和"经验"在学习过程中的重要价值这些观点,就彻底瓦解了"理论记忆 + 机械应用"这一模式,并为职业教育课程展开的建构模式提供了充足的理论支持与说明。当然,按照不同流派的观点,这种建构可能是内部建构,可能是个体建构,也可能是社会性建构。

在学习动机方面,建构主义反对行为主义用外部奖惩作为激发学生学习动机的手段,代之以"适应观"来解释学习动机。它认为主体建构知识的目的是为了适应它所处的经验环境,因此,只有当主体已有的适应模式,或者说已有的知识发生问题,已不能用来适应这一环境时,它才会不得不去学习,只有这时学习才能发生。而"只要它们所建构的世界能'进行下去',在这个世界中不存在无法预见的或无法克服的问题,或者说,只要它们行动时这个世界似乎是真的,就绝对没有去学习任何别的东西,或理解任何不同东西的理由"①。

虽然并不是所有的学习都像建构主义所描述的那样具有明显的功利性,但这些描述的确符合职业教育学生的学习特点。职业院校学生适合从具体的工作实践开始展开

---

① Pepin, Y. (1998). Practical knowledge and school knowledge: a constructivist representation of education. In Larochelle, M. (etc)(ed.). *Constructivism and Education*. Cambridge University Press, p.178.

学习,纯粹的理论知识学习只会让他们感到厌倦。正如杜威所说,"一种书生是天生成的才具,能对于书本子上的学问有趣味。其余大多数的人,只知道五官接触的、能够实做的事体才有趣味,书本子上的趣味是没有的"①。职业教育课程设计应当充分考虑学生的这些学习特点,打破从理论到实践的机械课程设计思路,转向让学生在工作实践的基础上来建构理论知识,通过这种方式所获得的知识,才能真正具有职业性。

建构主义的上述观点,进一步从学习心理机制角度,支持了职业教育课程从学科论转向职业论的必要性。它和职业知识的性质理论、职业能力的本质理论、职业能力形成的心理机制理论一起,为职业教育课程的职业论提供了坚实的理论基础。

总之,尽管一直认为实践性是职业教育课程的本质特征,但仅仅在"课时数"层面解读实践性是十分肤浅的。随着学科论与职业论争论的日益深入,近年来其焦点已转移到了逻辑层面,从而把对实践性的理解大大向前推进了一步。学科论所依据的其实是一些被扭曲了的理论,当我们还这些理论以本来面目时,学科论的理论根基便受到了严峻挑战。而职业知识的性质理论、职业能力的本质理论、职业能力形成的心理机制理论和建构主义学习理论一起,为职业教育课程的职业论提供了坚实的理论基础,它们充分支持了职业教育课程选择职业论取向的必要性和可行性。

---

① 杜威.杜威五大讲演[M].合肥:安徽教育出版社,1999:98.

　　对于职业教育发展，人们始终存在着两种矛盾心态，一方面从经济发展、社会和谐与个体就业角度看认为有必要发展职业教育，另一方面又担心面向特定职业的教育会使个体陷入某种狭隘的发展轨道，成为经济发展的工具。这种矛盾的心态导致了职业教育课程的普通论与专业论之争，这一论争几乎伴随了整个近代职业教育发展过程，并一直持续到今天，成为当前职业教育课程实践的三大两难问题之一。我们一方面希望增强学生的就业能力，另一方面又强调要加强学生继续发展能力和职业素养的培养。这真是对矛盾，如何合理地解决这对矛盾对于构建科学的职业教育课程体系具有重要意义。本章拟首先系统地描述这一论争的具体内容，理清其思想脉络，然后探讨其当代意义及解决方案。

第一节　普通论与专业论

一、什么是普通论

(一)普通论的主要观点

普通论主张职业教育课程内容不应局限于某些特定职业领域,而是要充分考虑个体适应多变社会的需要,以及人性本身完善的需要,充分体现出普通性。其核心观点可概括为以下三个方面。

1. 人的发展是教育的最高目标

从人的发展需要出发考虑职业教育课程问题是普通论的共同思维模式。在有较大影响的教育思想家中,普通论明显地居于主流地位,该现象与教育理论的基本价值取向密切相关。该理论主张,教育的根本目的是促进人的发展,职业教育也不例外,应当把人的发展置于职业教育价值的核心地位,而避免成为企业的附庸,避免把人简单地看作经济发展的工具。发展经济的最终目的是为了人,只有人本身才具有终极价值,因此职业教育课程设计应当围绕着人性展开来进行。

2. 职业教育有使人局限于特定职业领域的危险

在性质上职业教育与普通教育、大学教育均存在重大差异。普通教育的目的在于充分展示人性。而大学尽管就应该先进行普通教育,把专业教育留待研究生阶段进行,还是普通教育与专业(特别是职业性)教育在大学本科教育阶段同时进行,一直争论不休,但一方面大学通过实施"通识教育"避免了分专业教育的弊端,另一方面其理想是追求高深学问,深厚的理论知识因其认识价值而易于被人们所接受。但是职业教育就不同了。普通论者对职业教育始终怀着提防心理,认为其内容缺乏足够的智慧成分,且又是面向特定职业的教育,有使人局限于特定职业领域,限制人发展的危险。对职业教育的这种担忧可能没有任何一种教育可以与之"媲美"。

3. 避免这一危险的有效方案是增强课程的普通性

如何避免这一危险,是职业教育课程设计的重要关注点。为此,普通论者要求跳出特定职业领域的束缚,按照普通性原则来开发职业教育课程。什么是普通性?不同普通论者对它的理解是有分歧的,有的把它理解为通晓整个生产过程的原理,有的把它理解为获得更加宽广的职业领域的能力,有的把它理解为加强关键能力的培养等等。分歧如此之大,说明虽然普通论的理念非常诱人,但它只不过是个理想。在探索解开这一矛盾的钥匙之前,系统地整理一下普通论的思想轨迹是有益的。

(二)普通论的思想轨迹

普通论的思想轨迹可以追溯到现代职业教育的创始时期,并且贯穿了职业教育发展的整个过程,是主流职业教育思想家的共同观点。如德国教育家凯兴斯泰纳(G. Kerschensteiner)认为,"手工劳动职业的预备教育的目的,并不在于介绍劳动的过程,劳动工具,劳动器械和某种特定职业所需要的材料"①,它同时也要视为培养学生道德品质的途径。这就是他非常重要的职业教育伦理化思想。黄炎培先生也指出,"人欲受职业训练,必先受职业陶冶"②,意思是如果仅仅教学生职业知识与技能,而不注重对其精神的陶冶,就会把一种很好的教育变成机械的教育。现代职业教育体系是伴随着工业革命所导致的古代学徒制的崩溃而产生的。作为学徒制替代物的现代职业教育体系,由于面向职业领域,与普通教育价值取向完全相反,因而其价值自创立之始就受到了许多思想家的怀疑,并力图通过普通化策略来避免其弊端。由于怀疑的角度不同,因而形成了普通论的不同观点。

1. 基于劳动异化的普通论

马克思(K. Marx)是这一观点的先驱,他对普通论思想的论述,是建立在劳动分工与片面发展学说基础上的。他在《德意志意识形态》中"把分工视为大工业生产以前'历史的主要力量之一',在机器大工业产生以后,机器成为生产发展的最强有力的杠杆,它又大大促进分工的发展"③。然而如果个人长期甚至终身只从事一种职业,那么他就会成为片面发展的人。这不仅与人发展的本质相违背,而且会影响到个体对机器大工业时代的适应。因为机器大工业的机器不是保守的,它会随着科学技术的发展而不断变化,从而带来工作职能与就业岗位的不断变化。在马克思看来,共产主义是消灭分工、实现普遍的个人自由而全面发展的社会条件,从教育角度他则提出了综合技术教育思想。所谓综合技术教育,就是"使儿童和少年了解生产各个过程的基本原理,同时使他们获得运用各种生产的最简单的工具的技能"④。

通常把综合技术教育看作为与职业教育相并列的一个概念,而在广义上,可以把综合技术教育理解为一种特殊类型的职业教育。实施综合技术教育,使学生了解生产各个过程的基本原理、掌握使用各种工具的技能,最重要的问题并不在于目标太高,而在于综合技术教育的内容到底是什么? 不同的生产过程是否存在共同原理? 是否有共同的工具? 前苏联曾实践过几十年综合技术教育,按照他们的理解,综合技术知识就是关于电的基本概念、机械工业用电的基本概念、化学工业用电的基本概念、农艺学等。这些显然是高度抽象的科学知识,而原理太抽象是否有实践意义? 工具太简单是否有教育价值? 随着科学技术的日益发达,分工越来越细,还能否找到共同原理? 这是综合技术教育必须解决而实质上一直没有得到很好解决的问题,这一问题到了今天似乎已不可能解决。

2. 基于民主社会建构的普通论

20世纪初在西方国家,受工业发展刺激,职业教育大规模地发展起来,从而也掀起了研究职业教育的高潮。如"1900—1917年间,美国展开了有关职业技术教育的大辩

① 凯兴斯泰纳.凯兴斯泰纳教育论著选[M].北京:人民教育出版社,1993:.23.
② 中华职业教育社.黄炎培教育文选[M].上海:上海教育出版社,1958:149.
③ 陈桂生."教育学视界"辨析[M].上海:华东师范大学出版社,1997:40.
④ 马克思.临时中央委员会就若干问题给代表的指示[A].马克思恩格斯论教育(修订本)[C].北京:人民教育出版社,1986:207.

论,讨论职业技术教育如何进行,以适应科技时代的需要等问题"①。这场讨论的核心问题:是单独设立与自由教育相并立的职业教育,还是把职业教育与自由教育整合起来? 在这场论战中,杜威(J. Dewey)作为综合教育计划派的代表,从民主社会建构和人的发展需要出发,深入阐述了"职业教育、自由教育整合"思想。

杜威认为,从民主社会建构的角度看,"职业教育运动揭示了它自身所存在的两股有力而相反的力量,一是利用公立学校培养在现有经济领域中更为合格的工人,他们自身则处于某种次要地位;另一个是利用所有的公共教育资源,来教育个体控制他们自己未来的经济生涯,从而促进工业的再组织,使之从封建的秩序走向民主的秩序"②。而从人的发展的角度看,"预先决定一个将来的职业,使教育严格地为这个职业作准备,这种办法要损害现在发展的可能性,从而削弱对将来适当职业的充分准备"③。因此职业教育应彻底远离狭隘的技能训练模式,应当在职业教育中渗透理智的内容,让学生在科学与社会的基轴上掌握技能和知识,在与科学、艺术、社会的关系中理解工作。从教育内容看,要包括有关部门目前状况的历史背景的教学;包括科学的训练,给人以应付生产资料和生产机构的智慧和首创精神;包括经济学、公民和政治学的学习。

这就是说,民主社会建构的基础是人的发展要摆脱纯粹专业发展的局限,使人获得专业以外的多方面发展,尤其是社会性发展,因此职业教育课程内容不能仅仅局限于专业知识,而要追求使人在多方面获得发展的价值。这是非常有代表性的一种普通论观点,可在许多思想家、科学家的言论、著作中找到其痕迹,如爱因斯坦就曾说过:"用专业知识教育人是不够的,通过专业教育他可以成为一种有用的机器,但是不能成为一个和谐发展的人"④。

3. 基于技术理论化的普通论

20世纪70年代以来,随着生产技术信息化、理论化程度的提高,人们开始重新思索职业教育性质;失业率的攀升,也使得如何提高技术与操作人员在劳动力市场的广泛适应能力,成为职业教育研究的重大课题。联合国教科文组织在1972年发表的《学会生存》中指出:"这个教育的目的,就它同就业和经济进展的关系而言,不应培养青年人和成年人从事一种特定的、终身不变的职业,而应培养他们有能力在各种专业中尽可能多地流动并永远刺激他们自我学习和培训自己的愿望"⑤。这句话深刻揭示了这一时期职业教育价值的核心取向,这种取向通常被称为新职业主义。

以信息技术为核心的新技术革命所带来的工作性质变革主要有以下三个方面。

(1)职业种类的变化。生产自动化对工作带来的主要变化并不是工作岗位的大量递减,而是工作岗位性质的变化,即白领的增多,蓝领的减少。尽管在自动化生产的企业,操作性岗位将越来越少,但新型企业往往雇佣更多的科学家和技术人员从事新型产

① 王金波.职业技术教育学导论[M].哈尔滨:黑龙江教育出版社,198:13.
② Dewey, J. (1917). Learning to Earn: the Place of Vocational Education in a Comprehensive Scheme of Public Education, in Boydston, J. A. (ed.). (1980). *John Dewey's Middle Works*. The Southern Illinois University Press, London and Amsterdam, Vol. 10, p. 150.
③ 杜威. 民主主义与教育[M].北京:人民教育出版社,1990:326.
④ 《读者》编辑部.言论[J].读者,2007(15).
⑤ 联合国教科文组织国际教育发展委员会.学会生存[M].北京:教育科学出版社,1996:14.

品的设计与生产技术的改进,以及从事新产品的市场开拓等。有研究指出,高精尖产业的从业人员,通常是传统产业从业人员的三分之二。

(2)岗位工作内容的变化。即使是和原来相同的工作岗位,生产自动化的普遍采用,也使得其工作内容发生了深刻变化。初看生产自动化似乎使得一线的操作更为简单,只需按一些按钮就可以完成,而实质上它使得工作的完成更为复杂。因为这些按按钮动作的完成需要远为深厚的专业知识做支持;在自动化生产线上从事生产的工人,需要通晓他所从事的整个生产过程的原理,能根据仪表的变化掌握生产进行的状况。另外,现代生产还出现另一种发展趋势,即个性化生产。这种生产对工人的普通职业能力,特别是创造能力提出了更高要求。因此,尽管操作岗位对工人的动作技能要求大大降低了,但对工人的心智技能要求大大提高了。

(3)职业更新速度的变化。现代技术革命的速度日益加快,新技术转化为现实生产力的时间也日益缩短。这使得职业种类变更速度大大加快,即使是同一种职业,其工作内容也以惊人的速度变化着。这一点已成为现代职业的重要特征。在这一变化迅速的世界里,仅仅使青年为某一具体职业做准备是不够的;他们现在必须准备好在一生中进行无数次的工作变换。为了适应这一要求,从业人员必须具备富有弹性的、可广泛迁移的职业能力,以及学会如何学习。

职业种类与工作性质的变化,使得当前多数工作的完成,不仅要依靠从业人员娴熟的技能,更要依靠他们宽厚的理论知识、问题解决能力、创造能力、团队合作能力等。这就需要让学生学习更多的普通知识、技术理论知识,而不是仅仅掌握一些动作技能以及工作经验。为了使劳动者具有更大的弹性、灵活性,以适应继续学习和转岗的需要,不仅要延长普通教育的年限,而且也应对职业教育的内容做根本变革,加强对学生关键能力如数字、交流、问题解决、实践技能和计算机与信息技术的训练,并以职业群为基础设置专业,增强劳动者在某一大范围职业中的迁移能力,以增强其就业能力。正是鉴于这些考虑,世界各国纷纷改革其职业教育内容,由原来的岗位技能培训转向综合职业能力培养。

在具体的课程形态上,这一时期基于这一理念创立了一种被称为群集课程的模式。它是美国马里兰大学工业教育系主任梅烈博士所创始的。群集课程模式以职业群作为课程编制的出发点和基础,其课程内容包含两部分,即该职业群共同的知识与技能以及相关职业的入门技术。运用这种课程模式开发出来的专业课程方案,其课程目标不仅考虑了职业需要,还强调受教育者个性和职业生涯发展需要,重视拓宽就业选择面,着重职业转换能力的培养。

4. 基于劳动者权益保护的普通论

随着社会理论的发展,人的价值受到了越来越高的重视。二战后人本主义思想得到了广泛传播,民主思想日益融入到了人们的思想意识与行为方式之中。在这一思想体系的支持下,批判理论指出,教育应赋予人能力,为自己和他人创造平衡权利的环境;应充分体现社会公正原则,着眼于个体的充分发展。学校应当提高学生对未来工作场所的问题意识,包括歧视、收入的不平等、重复的不具挑战性甚至是危险的工作,以及对自己工作的控制权的掌握等。因此学校课程应当包含关于工作场所的劳动安全、工会资格、同工同酬、职业发展以及自谋职业和创业等方面的知识。总之,学校不能仅仅关注学生工作技能的训练,而要更加重视把学生培养成为善于保护自己合法劳动权益的公民。

可见,尽管这四种观点所采取的都是普通化策略,但是由于其对职业教育怀疑的角度不同,因而普通化的具体内容也不同。有的主张专业性普通化,即通过对专业课程内容的处理来达到普通化目的;有的则主张非专业性普通化,即通过增设普通课程来达到普通化目的。而在前一种主张中,又有主张通过通晓工作原理来达到普通化目的的,有主张通过拓宽专业面来达到普通化目的的。在后一种主张中,有从知识技能角度,主张通过增加普通文化课程来达到普通化目的的,也有从政治角度,主张通过增强个体的公民意识、社会意识、劳动权利意识来达到普通化目的的。这些错综复杂的观点,丰富了职业教育课程思想,但也使得课程实践无所适从。

那么,普通化是否应成为当前职业教育课程改革的基本取向?这一问题将在后面继续讨论,首先需要探讨的是,尽管普通论的声音震耳欲聋,但是,迫于经济发展或提高劳动者就业率的需要,主张强化学生职业能力训练的声音从来就没有停止过,某些时期可能还居于主流。这一种声音可以称之为专业论。

二、什么是专业论

(一) 专业论的主要观点

专业论认为职业教育是一种服务于个体就业与经济发展需要的教育,这是其核心价值所在,因而其课程体系不应过多地受普通课程的干扰,而应当突出满足岗位需要的职业能力的训练。其主要观点可概括为以下几点。

1. 促进就业与经济发展是职业教育的首要功能

职业教育本质上就是为了职业的教育,其价值乃在于促进就业与经济发展。"经济属性"是职业教育区别于其他类教育的本质属性,如果不能充分展示其经济功能,职业教育将丧失存在的价值。当然,职业教育也同样承担着人的发展功能,但它是在与职业相结合的过程中实现人的发展的。

2. 实现这一功能的基本途径是依据岗位能力需要开发课程

为了更好地实现这一功能,职业教育应当完全依据工作岗位的能力需要来开发课程,因为这样能最大限度地提高学生的职业能力。依据知识体系来开发课程的方法是错误的,因为它使学生学习了许多与工作不相关的知识,学生的职业能力不能有效提高,致使职业教育功能无法得到充分挖掘。

3. 职业教育课程体系应突出专业性

培养全才只是人们的理想,这种理想对普通教育学生来说已非常困难,对职业教育学生来说就更加不合适。任何一个阶段的教育其时间与学生学习能力都是固定的,学校必须对目标作出取舍。与其把有限时间分散到若干不同目标上,培养一个知识广博但每一领域都只有半吊子水的人才,不如把这些时间集中到有限目标上,培养具备在某些特定职业领域娴熟工作能力的人才。

(二) 专业论的思想轨迹

专业论思想虽然比较功利,却很现实,因而不乏追随者。早在莫斯科帝国技术学校校长奥斯采取分解工艺的方法编制职业教育课程,就已开创了现代职业教育课程专业化的先河。而在美国这样一个思想多元、追求实用的国家,职业主义在其高等教育中也有着悠久历史,体现在一些大学的价值取向上。如 1825 年,那许维尔大学开始设立功利的、职业的课程,1866 年创立的康奈尔大学强调:"其目的就在于造就工业社会中有用的人,而不是培养绅士"①。最早系统阐述这一思想的是 20 世纪初流行的社会效率主义,其鼓吹者主要是美国学者斯尼登(David Snedden)和普洛瑟(C. A. Prosser)。该理论把当时流行的科学管理理念运用到职业教育,认为只有有效率的社会,才能创造一个积极的环境,在这样的社会中个体才可以充分发展,并感到满意。而公立学校是社会体系正常运行的保证,它们的天生使命是,通过提高社会的效率促进社会的发展。职业教育是社会效率保证机制的一部分,因为受过良好训练的、顺从的劳动力是有效社会的必要条件。那么如何才能获得这种劳动力呢? 斯尼登和普洛瑟的策略是,运用心理测量学和社会学,指导学生进入导向他们"可能命运"的教育轨道;教学论则以行为主义理论为基础,使学生形成正确的工作和伦理习惯。这些习惯将使学生按照社会控制理论的要求,自愿地忠于他所属的阶层。这种"忠于"有利于形成一个在社会、经济方面更好的社会,并使社会中的每一个人受益。

这种赤裸裸的表述很容易受到人们的唾弃,如强调民主的教育家杜威就对它进行了猛烈抨击,因为过分功利总会令人感到担心。但是经过几十年,当人们几乎忘记了社会效率主义的时候,它又以另一种形式出现了,那就是二战以后得到广为流传与尊崇的人力资本理论。人力资本理论来自于经济学,并受到职业教育课程开发者们的广泛接受。它认为社会能够从对人的投资上得到收益,教育能使人更有价值,使他们个人得到更多的收入并为国家总的经济产出做出贡献。人力资本理论家高度评价生产性、效率、工作的等级和知识界的精华,认为原有体制下培养出的工作者的实际技能和工作所需技能存在极端不相称的现象。他们多数把收入的不平等和工资的停滞解释为是由于劳动者不具备高收入工作所需的技能,并且认为劳动者无法跟上工作场所的变化,即对新技术和新职责不适应。改变这一状况的重要方法是依靠学校,因为学校是非常有价值的培训劳动力的机构。公立学校的兴办被认为是提高劳动者技能的一种有效方式,它强调学校要为年轻的劳动者提供多样的技能,包括基本技能、人际交往技能、特殊的工作技能以及推理的技能等。他们要求学校确保学生获得更多的实际工作经验,这可以通过学徒制、企业办学、实习和其他特别的项目来进行。经验可以帮助所有的学生,特别是那些处于不利地位和直接从高中进入工作场所的学生。多数的这类改革者把工作经验现实化,即按照工作环境的要求去教学生。尽管人力资本理论把"普通技能"也看作是人力资本的重要构成部分,但是经济学功利导向的思维模式,使得以其为理论基础的职业教育课程形态事实上是专业化的。

20 世纪 80 年代以来一些有着广泛实践影响的职业教育课程模式,如 MES 课程、

① 黄坤锦.美国大学的通识教育[M].北京:北京大学出版社,2006:6—9.

CBE课程、学习领域课程,事实上也是以专业论为其理论前提的。这些课程模式由于对"职业能力"的理解不同,因而对课程开发一些具体环节的处理也不同,但他们有一个共同的理论信念,那就是应当由用人单位决定课程内容,而不能由学校老师来决定课程内容,即在校所学的要由以后要做的来决定。为了达到这一目标,它们都把工作分析作为课程开发的基本技术,即先分析某一岗位群的员工需要完成哪些工作任务,然后分析要完成这些工作任务需要什么知识、技能和态度,最后分析为了让学生掌握这些知识、技能和态度,需要建立什么样的课程体系。按照这种思路开发的职业教育课程,与以往依据知识体系设置的职业教育课程相比,职业的特色要明显得多,从而使得职业教育体系与普通教育体系的界线分明得多,因而可把其理论前提假设归结为专业论。事实上,一些学者不赞同在我国职业学校教育中推广这些课程模式的一个基本理由,就是认为它会使得学生只掌握了一些专门化的工作技能,缺乏能支持其继续发展的综合素质。

专业论的贡献更多地是在方法上,即建构能有效开发体现职业教育特色的课程体系的方法,其思想表达不如普通论清晰与直接,呐喊声也远不如普通论高,因为其不可能具有普通论那样冠冕堂皇的理由,故难以分析出其内部分支。但这并不影响人们对它的偏爱,因而也足以构成职业教育课程理论的一个重要流派。

第二节　当前的困境与选择

普通论与专业论之间的论争贯穿了近代整个职业教育发展过程,到今天仍然困扰着职业教育课程改革实践。使学生局限于少数孤立的工作岗位的职业教育课程体系显然是违反人性的,然而近年来劳动力市场又提出了"零距离上岗"的人才要求。大多数用人单位要求劳动者具有丰富的工作经验和娴熟的技能,一经聘用就可直接上岗,几乎不需要任何培训。这就在个体的发展需要和企业的用人需要之间形成了一对尖锐的矛盾。为了弥合这对矛盾,实践中往往朴素地采取"平台＋模块"、"宽基础、活模块"等方法。但这种妥协方式除了满足一些利益需求外,既无可靠的课程论基础,对学生就业与发展也未必就有利,在实践中更难以操作,而课程研究的使命就是要在操作层面实现教育理想。这样,如何调和这对矛盾,就成了当前职业教育课程研究的重大理论问题。

一、这是一个二者必居其一的选择

这一观点似乎很简单,却是深入探讨这一问题的逻辑前提,否则我们就会陷入努力调和二者的泥潭;而对于习惯了调和的中国学者来说,这一观点可能难以接受,但它是必须的。如果继续坚持普通化与专业化并重的观点,那么在实践中必然陷入困境,因为随着大量新职业的涌现、劳动分工的日益精细以及工作过程的日益复杂,职业知识体系也日益庞大和复杂。既要劳动者发展某些工作岗位的娴熟能力,又要劳动者掌握扎实的普通文化知识、通晓整个工作原理或是发展大范围职业领域的工作能力已是不可能。

首先,从扎实的普通文化知识来看。要求发展学生的通用技能,理解职业的社会意义,具备维护劳动权益的意识和能力,当然都是非常美妙的目标。但是普通目标往往多而杂,以致使得职业教育课程体系也庞而杂,最终使得学生的学习能量难以聚焦。针对中等职业教育普通文化课程目标定位,我国曾提出过"相当于普通高中水平"的要求,实践证明根本无法达到,在生源素质低下的今天更是如此。事实上,人们早已彻底抛弃了这一目标,至今几乎已淡忘,即使偶尔谈起也是一笑置之。其实,就是对重点高中学生而言,要达到普通教育与专业教育的双重目标也是十分困难的,对于因文化知识薄弱而考不上高中的职校生来说就更困难。

其次,从通晓整个工作原理来看。如果说在马克思所处的时代,生产技术还不是很发达,其中的科学原理成分还很少,且当时发展的主要是机械加工技术,人们还可能找到整个生产过程的原理的话,那么在工作体系、技术体系如此庞杂的今天,要找到通用的工作原理已是天方夜谭。从上述前苏联综合职业技术教育实施情况看,他们所选择的也只是一部分主要的科学原理,而这些原理由于离具体工作实践太远、难以情境化,因而其实践价值非常有限,结果是"通"了未必"晓"。即使我们能找到这些原理,那么它们必然也是非常庞大而复杂,学生要同时掌握这些原理和具体工作技能也几乎不可能。或许我们可以把它窄化到某一职业领域的工作原理,当这一职业领域的范围小到一定程度时,课程体系其实已趋向于专业化。

再次,从扩大专业范围来看。它遇到的障碍主要是学习时间和学习能力的有限性。任何一个阶段的教育,学生学习时间和能力都是一个常数,在这个常数范围内,在确保学精的前提下,其专业范围不可能无限扩大。如群集课程的实验发现,用这种课程模式开发出来的专业课程方案,难以让受教育者具有专精的职业技能,容易出现"博而杂"、设科多而内容重复、标准过高与学生学习基础不符等弊病,需要进行岗前再训练才能顶岗。

以上论述可得出的结论是,在普通化与专业化之间,我们只能选择其一,即或者广泛地给学生一些粗浅的、和专业关系不够密切的普通知识、专业知识,专精的工作能力培训留待工作实践中去完成,如日本的职业教育体系;或者是让学生聚焦于某一职业领域,获得该职业领域需要的专精工作能力,在学有余力的前提下再去学习其他知识,如德国的职业教育体系。到底选择哪种模式,和特定国家特定历史时期的生产技术水平、劳动组织模式、职业教育理念、社会人才观念密切相关。

二、专业化是当前我国职业教育课程的核心目标

那么当前我国职业教育课程应当选择普通化还是专业化作为核心目标呢? 选择普通化很容易获得学术界的认同与赞誉,但是理性地分析社会价值取向,应当认为专业化是当前的合理选择。

首先,功利主义是当前社会对职业教育课程目标的基本价值取向。我国正处于经济快速发展、经济增长模式转换的关键时期。从国际职业教育历史发展经验来看,这样一种时期,正是社会强调发展职业教育的时期,且正是要求突出职业教育专业化的时期。我国经济发展对劳动者素质提出了越来越高的需求,这是当前职业教育得以迅速发展的根本动力。这种需求本身带有功利性质,而在这样一个特殊发展时期,功利性质膨胀到了企业希望学校解决人才培养所有问题的程度,甚至明确提出了"零距离上岗"要求。在劳动力市场我们看到,缺乏工作经验的毕业生,哪怕拥有大学学历,也同样遭

遇就业挫折。在这种价值取向下,关注职业能力培养就是以学生为本。

其次,专业化是职业教育的本质属性。职业教育的根本目标是要把学生导向工作体系,这是职业教育产生的前提。也就是说,职业教育本质上就是专业教育,几乎所有关于职业教育的定义都持这一观点,黄炎培先生也明确指出:"职业教育,以广义言之,凡教育皆含职业之意味。……若以狭义言,则仅以讲求实用之知能者为限"[①]。我们这里所论述的,当然是狭义职业教育。否定这一前提,其实也就否定了职业教育的存在。过于重视普通课程的职业教育(西方和我国都存在),其实是在特殊价值取向下扭曲了的职业教育。既然把职业教育看作为区别于普通教育的另一种类型的教育,那么就应当在目标上使其与普通教育区别开来,希望在一种教育内达到人才培养所有目标是不现实的。这本是一个简单的道理,然而各种纷繁复杂的现象往往会迷惑我们的眼睛。

再次,专精职业能力培养是提高青年就业适应能力的重要策略。即使有了前两点认识,但人们仍然存在一个重大疑惑,即面对变化越来越快的就业环境,难道我们能够忽视对学生就业适应能力的培养吗?的确不能忽视,然而这应当是当代职业教育课程的目标而不是方法,我们的问题在于把目标与方法混淆了。事实上,恰恰正是专精职业能力有利于提高青年的就业适应能力。图4-1可以更好地解释这一机制。

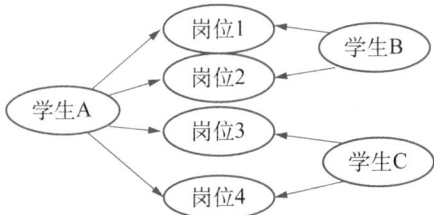

图 4-1

人才培养模式与
就业机制

图4-1表明,学生A所学的专业是面向四个工作岗位的,学生B所学的专业是面向其中两个工作岗位的,学生C所学的专业也是面向其中两个工作岗位的。按照这两种模式进行培养,学生A的就业选择面要比学生B和学生C大。但是由于学生B和学生C所学专业的口径要比学生A小,因而他们在相应职业能力的精深程度上要高于学生A。因此在就业市场,虽然学生A的就业选择面大,但他每个可能就业的工作岗位,都会遇到强有力的竞争对手学生B和学生C,从而使得其机会实际为0。这并非只是个模型,而是反映了多年来比较职业教育研究的一个基本结论,即"中等职业教育的职业特性愈显著、中等教育体制层次化程度愈高,其安全网效应也就愈突出;而当职业教育具备更多普教性质、层次化程度较低时,安全网效应则较弱"[②]。

这一分析同样适合于普通论的其他流派。不论是要求学生多学一些工作原理、获得面向多种工作岗位的职业能力,还是多学一些普通文化知识、劳动权益保护知识,都

① 中华职业教育社.黄炎培教育文选[M].上海:上海教育出版社,1985:44.
② 哈里楠.教育社会学手册[M].上海:华东师范大学出版社,2004:588.

应当以让学生获得几个工作岗位所需要的娴熟职业能力为前提。这种看似功利的观点,看似企业导向的需求,恰恰正是学生的利益所在。而从知识社会的建构来看,其所需要的恰恰是专精化知识,这是由整个时代知识的特点所决定的。正如管理学大师德鲁克(Peter F. Drucker)所尖锐指出的,知识社会需要与人文主义者为之奋斗的理想不同的有知识的人。他写道:"事实上,在今天的大学里,传统的'受过教育的人'根本不被认为是'有知识的人'。他们被人看不起,被视作半吊子"①。因为完成任务的这种知识必须是高度专门化的。知识社会的构建必须建立在专门化的知识和成为专家的知识人的基础上,正如贝尔(Daniel Bell)所说:"后工业社会的主要问题是要有足够数量的受过训练的具有专业和技术能力的人才"②。

涂尔干(Emile Durkheim)也做过类似论述,他写道:"这些多面手在我们看来只不过是些半吊子行家,他们是不能提供什么道德价值的。相反,我们却欣赏那些称职的人,他们所追求的不是十全十美而是有所造就,他们把全部精力都投入到了界限明确的工作中去,他们各安其业,辛勤耕耘着自己的一份园地"③。涂尔干可能是对如何消解分工带来的负面效应论述得最为深刻的思想家。他认为,社会一方面驱使人们专业化,另一方面又总是担心人们过于专业化,但是分工因其团结功能而成为现代社会存在的前提,它是不可逆转的社会现象。避免分工可能产生的灾难性后果的方法,并非是要阻止分工,而是恰恰要依靠分工自身,那就是要意识到分工不等于埋头苦干,个体要对自己的工作取向、工作目的有清晰的认识,要认识到自己的工作与邻近工作的关系,这样就不会把个体专门限制在一个领域里。这些论述不仅进一步支持了我们所做的选择,而且为我们提供了消解普通论与专业论矛盾的策略。

三、普通化是现代职业教育课程不可忽视的目标

那么知识社会的职业教育课程是否可以彻底抛弃普通化目标呢?答案显然是否定的。尽管已明确指出,过度普通化会有损职业教育发展,且更多地只是一种理想,但无论哪个流派的普通论,其所批评的现象都是客观存在的,且正是现代职业教育应当预防的。甚至可以说,正是受到这些理论的影响,现代职业教育才避免了过度专业化所可能带来的灾难,而不公正的是,其所呈现的普通化特征却成了当前职业教育课程改革的主要所指。

首先,职业教育也是教育,它必须具备一般教育的功能。人性化的现代职业教育,必须充分重视"全人"的培养,既要培养会工作的人,也要培养会生活的人。更应当看到,职业是社会的职业,任何工作过程都是寓于特定社会文化背景中的;工作与生活不仅要相互促进,而且是不可分割的。一个会生活的人,才能是一个会工作的人。因此现代职业教育必须包含普通教育的内容。而懂得如何维护自己的劳动权益,理解工作的社会意义,也必须是现代职业教育课程的重要内容,因为它们本身就是"全人"的重要构

---

① 德鲁克.后资本主义社会[M].上海:上海译文出版社,1998:49.
② 丹尼尔·贝尔.后工业社会的来临[M].北京:新华出版社,1997:256.
③ 涂尔干.社会分工论[M].北京:三联书店 2000:5.

成要素。事实上,没有一个国家的职业教育是彻底否定其普通教育元素的,包括非常强调专精职业能力培养的德国。

其次,就业适应能力培养也是现代职业教育课程不可忽视的内容。知识创新的专业化使得知识更新速度已越来越快,而信息技术使得信息传输大为便捷,信息从产生到获得的时间差大大缩短。这两个要素正在深刻地改变我们的生活与工作模式,使得学习已成为现代人的一个习惯。学会学习已成为现代教育文献中出现频率最高的词汇之一。如果一种职业教育,培养的学生只会娴熟而僵化地完成几项工作,那么必然是失败的。"弹性工人"这个概念较好地描述了现代职业教育的课程目标。因此,在专业范围内,职业教育课程也必须包含普通成分。普通化是现代职业教育课程的重要特征。

既然专业化和普通化这两个目标都不能舍弃,那么在实践中该如何调和它们呢?叠加式调和方案在前面的论述中已予以了否定。这种方案的问题不仅在于因简单叠加大大增加了学生学习负担,使得在课程实践中难以操作,更重要的是没有把解决方案建立在寻找专业化与普通化的内在逻辑联系上。我们所使用的"核心目标"、"不可忽视的目标"这两个概念,已暗含了解决思路,即通过专业化来达成普通化目标。这就是说,普通论所提出的普通化目标是正确的,问题在于没有找到有效地达成这一目标的途径。

第三节　通过专业化达成普通化目标

无疑,通过专业化来达成普通化目标是一种理想选择。这并非全新观点,但要把它付诸实践,尚有许多理论问题需要解决,如普通知识与专业知识是否有内在联系?我们该如何来通过专业化达成普通化目标?能否找到现实的办法?这些问题不解决,那么它也仅仅是个理想。对此杜威有着非常精彩的论述,这些论述对于我们的探索有重要启示价值。

一、杜威的方案

在杜威的课程理论中,"集中"是一个重要概念。他反对零散的、毫无目的的所谓普通化学习,而主张任何学习都应该遵循特定方向。正是在这个意义上,他认为任何教育其实都是专业教育。这是非常深刻的观点,因为任何一种教育都是有着特定目的的,并不存在所谓纯粹普通教育。这就为破除普通教育的神圣地位,探索实现普通教育目标的现实途径奠定了重要理论基础。那么具有集中功能的事物是什么呢?杜威认为是职业,他在肯定职业能满足个体和社会的利益需要的同时,更加强调它组织知识、经验的作用。他写道,"一种职业只不过是人生活动所遵循的方向"①。杜威非常欣赏用职业来组织知识和促进能力发展,因为只有这种方式才是可靠的和有效的,而以纯粹抽象的方式来组织和保存知识则是刻板、表面和无趣的。

但是,仅仅把个体局限于特定职业也是与社会发展趋势不相吻合的。与农业时代个体终生从事一种行业不同,职业流动是工业社会的常态现象,并且这一现象在杜威时

---

① 杜威.民主主义与教育[M].北京:人民教育出版社,1990:322.

代已经表现出来了。杜威看到,工业的发展,已使职业流动成为经常的事情。每个人都要面临不断变换职业的情况。为了适应现代社会的这种就业环境,个人的职业能力必须不断发展,而狭隘的职业训练必然难以满足这种要求,"唯一可供选择的办法,就是使一切早期的职业预备都是间接的,而不是直接的;就是通过从学生目前的需要和兴趣所表明的主动的作业"①来开展职业教育;青年的职业预备应着眼于他们的未来,使他们能继续不断地重新组织目的和方法。

杜威对职业组织功能的分析启示我们,普通化目标应当通过专业化来达成。在一个民主的经济社会,职业活动是成人的基本活动,那种所谓不具功利性的、博雅式的,满足贵族身份炫耀和毫无现实意义的辩论需要的教育已成为历史。在杜威的教育理论中,通过对职业的教育化处理所形成的作业,成了教学活动的载体。对普通教育而言,这一观点适用的可能性有多大我们不予深入考察,但至少在职业教育中应当如此。无论对普通化的具体内容做何理解,这些内容都应当在专业中寻找到其载体。否则不仅会使得整个课程体系缺乏"核心",而且会使得学生难以体会到普通内容的现实意义,进而难以内化到其行动结构中去。

那么如何避免因借助职业为载体而使学生陷入狭隘、机械、僵化的境地呢?杜威用"间接"一词回答了这一问题。在杜威的课程理论中,我们见到的概念是作业,而不是职业活动。他所谓的作业,就是经过了教育化处理的职业活动,这应当是其"间接"一词的深刻内涵。问题是这种处理对普通教育可能是合适的,但对于面向有着严格标准的工作体系的职业教育而言,这一处理是否合适?如果不合适,又应当如何解决?这是需要继续回答的问题。

二、非专业性普通化目标的达成

对职业教育而言,不可能像杜威论述的那样,以抽象的职业活动为课程内容。以专业化为基本目标,就必须对专业所对应的工作岗位进行细致分析,并把获得的工作任务分析表作为课程设计的基本依据。那么,专业能否负载普通知识?这是通过专业化达成非专业性普通化目标首先必须解决的问题。传统观点通常把普通知识与专业知识看成是完全相互对立的两大知识领域,因而才出现了普通论与专业论之争。比如国外在按照 CBE 方法开发课程时,就发现能从工作任务中分析出来的普通知识是很少的。当然,并非所有普通知识都与专业知识密切相关,对于那些特定社会公民所必须具备的、与专业关系并不密切的普通文化知识,通常的方式是针对它们单独设置课程,如语文、政治思想课程。但是,大多数普通知识是可以从专业中延伸出来的,关键在于如何看待两类知识之间的联系,是把它理解为机械的逻辑,还是知识的联想。

任何一个成人都在不断地发展着他们的普通知识,而成人强大的职业角色功能的发挥,使得他们通常是以所从事的职业为核心来吸收和组织普通知识的。其实,工作过程首先是一个社会过程。职业不仅仅是谋生手段,职业活动也不仅仅是完成工作任务的动作过程,任何一种职业都不是孤立地存在的,而是寓于特定文化背景中的,它本身

---

① 杜威.民主主义与教育[M].北京:人民教育出版社,1990:326.

即是社会要素相互综合作用的自然生成物,因而会综合地反映该社会的价值观念和行为方式,比如劳动的价值、生活的意义、教育的作用、人际交往的原则等。不论是杜威所说的职业的社会价值,还是批判理论所强调的劳动者权益保护知识,都可以在具体的职业活动中找到其联结点。在 CBE 理论中,态度是能力的一个重要构成要素,而这里的态度即是除工作技能以外的关于价值的普通知识。德国学者把职业能力划分为专业能力、方法能力和社会能力,也指出了相同涵义。

在职业活动中人们能够更加真实地体验到这些价值观念的现实意义。这就是杜威所深刻指出的,当普通知识找到了现实载体时,它们将再也不是空洞的概念,被迫掌握的知识,而是与其生涯发展密切相关的知识。因而职业有着良好的陶冶功能。正是基于这一认识,黄炎培才提出了职业陶冶思想。我们完全可以通过具体的职业活动让学生建构具有普通意义的社会价值观念,得到职业的陶冶。由于寓于专业中的普通知识更加现实而有意义,其所达成的普通目标将更加真实。

三、专业性普通化目标的达成

传统课程体系只是让学生学习了一些互不相干的基础理论知识、工作技能。由于缺乏把它们组织起来的核心,因而尽管学生掌握了大量这类知识和技能,却在具体职业活动中难以使它们成为一个整体。改变这一状况的关键是要改变传统课程中对普通化与专业化关系的处理。如果说专业外普通化目标应当通过专业化来达成,那么专业内普通化目标更应当如此。这一观点是建立在以下两个逻辑前提基础上的。

(一) 迁移能力形成的重要条件是建立附着点

普通论认为学生应当多学一些能够普遍应用的工作原理,或者是多种工作技能,其目的是要提高学生的迁移能力。作为一种课程目标,它无疑是正确的。按照迁移理论的概括说,当学生掌握了行为背后的理论时,他的行为就容易迁移到其他情境中去;而如果学生娴熟地掌握了多种工作技能,他的就业选择范围当然更加广泛。问题是如何才能达到这一目标? 我们更加需要的是达到这一目标的学习心理机制,而不仅仅是愿望。传统方法只是机械地把这些知识和技能"叠加"到课程体系中,由于缺乏载体以使知识技能结构化,因而学生所获得的理论知识与其职业实践相脱节,并不能有效地形成迁移能力。

奥苏贝尔认为,区别机械学习与有意义学习的关键在于,符号表示的观念能够以非任意的方式和在实质上同学习者已经知道的东西联系起来。也就是说,新的知识和技能只有能够在学习者已有认知结构和技能结构中找附着点,这种学习才是有意义的,所学习的知识和技能才能真正转化成学习者的能力。以这一观点为基础,奥苏贝尔继续认为,影响知识和技能迁移程度的重要变量有:(1)是否存在对新知识、技能起固定作用的附着点;(2)附着点的清晰性和稳定性。

奥苏贝尔对迁移能力形成机制的关注点,从知识本身转向了知识的实质特征与组织特征。按照这一观点,要培养学生的就业适应能力,课程体系恰恰不应当从"宽"切入,而是要从"窄"切入。即要先让学生学会几个他们力所能及的工作岗位的技能,建立起附着点,然后在此基础上延伸出相关工作原理,及邻近岗位的工作技能。并且按照上述两个变量的要求,这一附着点本身越稳定和清晰,就越有吸纳能力,也就越有利于工作原理和邻近岗位工作技能的学习,在职业教育课程设计与教学过程中,要充分考虑这些要素。

能对工作原理起负载作用的正是具体的职业活动。这一理论可能与我们的传统观念相违背,却是关于理论知识学习的正确观点。可见,对职业教育课程中的理论知识而言,仍然应当把普通论的目标与其学习过程区分开来。只有让学生在具体职业活动的基础上建构理论知识,而不是像传统的三段式课程体系那样,让学生在漫无边际的状态中无目标地学习理论知识,才是达成普通论的目标的有效途径。

(二) 职业活动是一种智慧性活动

专业性普通化目标能否通过专业化来达成,还必须回答一个问题,即职业活动是否是智慧性活动。若答案是否定的,那么普通化目标便无法通过专业化来达成,因为如果职业活动是去智慧的,那么就不可能在职业活动与工作原理之间找到连续关系。亚里士多德的答案便是否定的,他明确区分了实践活动与工匠的技艺活动,并认为后者是重复的,不需要智慧的。现代技术尽管是以科学为基础的理论技术,但人们依然区分了技术的发明过程与使用过程,人们发现即使是非常先进的技术,其操作也可能非常简单。

然而事实并非如此。亚里士多德的观点带有明显歧视。即使是最简单的职业活动也需要智慧,也是活动者综合素质的集中体现。美国人做过一个实验,集中 20 位不同国家的工人,发给同样的模具,打造同样尺寸的铜砖,这项工作不需要任何技术。然而 20 个人打造出来的结果,还是不一样,还是有高低之分,还是有不同的审美趋向。这一实验充分说明不存在完全去智慧的职业活动。古代工匠留下的大量宝贵的、甚至在今天仍然是技术之谜的文化遗产,如金字塔的建造、兵马俑的烧制,更是充分说明了职业活动的智慧性。这一时期的技术知识都是以"格言"形式而存在的,其学习过程其实对人的智慧依赖更强。现代以科学为基础的技术,有其基于科学的复杂的一面,也有因对操作的自动化、标准化设计而导致的机械的一面。但科学发展至今,世界上许多领域都已经无保密可言,然而同样的材料,同样的设备,其产品仍然存在很大差别,这是为什么?原因也不外乎此。

事实上,从来就不存在不需要智慧的操作。"具体的操作技能至少是知识、心理运算过程和操作行为三者有机结合的统一体,同时也涉及职业态度和良好行为习惯的培养,心理素质和智力的提高,审美意识的提高等。"[1]职业能力是由多个层面组成的一个复杂结构,外显的行为结构只不过是内在心理结构的体现。不同操作之间的差别只在于各要素所占比重不同,以及整体成熟程度不同。这自然和技术性质密切相关,但更取决于经济领域对员工职业能力的要求。粗放型经济发展模式尽管也在使用现代技术,但它更多地期望通过消耗资源、削减劳动力成本,甚至是违反经济规则的途径来获得利润,而真正成熟的现代经济无不提出了培养智慧型员工的要求。

因此,现代技术工人既要有能力完成定义明确的、预先规定的和可预期的任务,还要考虑到自己在整个工作体系中所产生的影响,以及灵活地、富有启发地解决问题。对

---

① 朱晓斌.文化形态与职业教育——德国"双元制"职业教育模式的文化分析[J].比较研究研究,1996(6).

于此类工作来说,既要培养个体一种负责任的、符合劳动标准和规范的行为,更要培养个体一种独立的、符合专业要求的判断力。这种职业能力决不可能自动地产生于已获得的知识,而是在批判地探索、解决和转化问题的过程中产生的结果。

迁移能力的形成机制理论为"专业内通过专业化达成普通化目标"提供了必要性,而职业活动的智慧性理论则为这一路径提供了可能性。论证的基本结论是:(1)在特定专业内,专业化与普通化并非两个相互分立的目标,而是两个有着内在连续性的目标;(2)只有作为专业化生长的结果的普通化才具有个体意义;(3)按照"通过专业化来达成普通化"原理设计的课程体系,不仅可以获得逻辑统一性,避免课程之间的重复,而且能有效地促进个体职业能力的生长。

劳耐尔教授设计了基于这一原理的学习程序,如图 4-2。从新手到专家的发展可划分为 5 个阶段,每向前发展一个阶段,分别需要学习不同性质的知识:(1)定向知识和总揽知识;(2)关联知识;(3)细节和功能知识;(4)建立在经验基础上的学术体系的深化知识。对学术体系知识的学习为个体通向普通化目标提供了支持,但它是建立在前三个阶段的专业化学习基础上的。这一思路与"宽基础、活模块"课程观完全相反,后者主张从系统的学科知识切入课程体系,旨在为后续专业学习提供所谓宽厚的理论基础。这一课程观曾因符合职业院校对"普通化素质"培养的愿望而广受欢迎,但它混淆了课程的目标与起点,使得课程展开顺序与学习规律相违背,最终在实践中夭折。

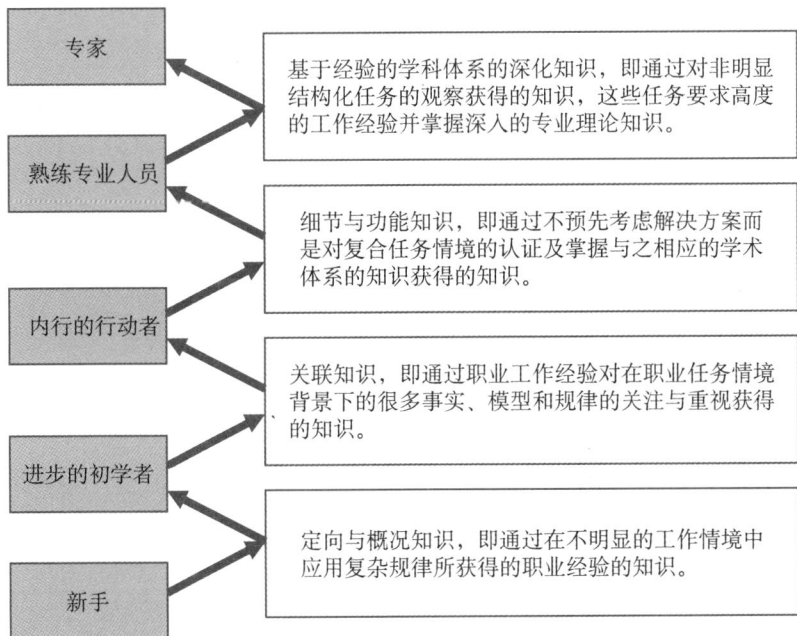

图 4-2

从新手到专家的职业能力发展阶段与学习范围[①]

专家 ← 基于经验的学科体系的深化知识,即通过对非明显结构化任务的观察获得的知识,这些任务要求高度的工作经验并掌握深入的专业理论知识。

熟练专业人员 ← 细节与功能知识,即通过不预先考虑解决方案而是对复合任务情境的认证及掌握与之相应的学术体系的知识获得的知识。

内行的行动者 ← 关联知识,即通过职业工作经验对在职业任务情境背景下的很多事实、模型和规律的关注与重视获得的知识。

进步的初学者 ← 定向与概况知识,即通过在不明显的工作情境中应用复杂规律所获得的职业经验的知识。

新手

① Rauner, F. (2002). Berufliche Kompetenzentwicklung-vom Novizen zum Experten. In Dehnbostel, P. Elsholz, J. Meister, J. Meyer-Menk, J.. Vernetzte Kompetenzentwichklung: Alternative Positionen zur Weiterbildung. Berlin: edition sigma. p. 117.

　　总之,普通论与专业论是贯穿近代职业教育课程发展的两大基本理论;普通化与专业化是当前职业教育课程设计的两难选择。解构其张力的关键是从新的视角审视这一关系。现代职业教育是建立在分工基础上的,而普通论正是基于分工可能给人的发展带来弊端所提出的。这一目标无疑正确。分工在大大提高生产能力、丰富物质生活的同时,也存在扭曲人的发展的危险。如果没有充分考虑这一危险,那么职业教育很可能违背教育的基本目的。但是,我们只能在分工的视野内解决个体的普通化发展问题,而不能在专业化目标基础上叠加一个普通化目标,而这恰恰是普通论者的通病。离开这一视野,所设计的课程体系不仅将缺乏现实基础,而且将因越来越复杂而难以执行。而在普通化与专业化之间建立起连续性,应当是现代职业教育课程理论研究的基本取向。

　　学科论与职业论、普通论与专业论之争,在很大程度上可归结为基础论与实用论之争。事实上,前两章论述已在多处涉及这个问题。基础论认为"基础性"是职业教育课程设计的主要思考维度,课程内容不应以眼前的实用为取向,而要为后续学习或发展奠定基础,这是职业教育课程应当追求的最高价值。如理论知识学习可为实践奠定基础(学科论),学校学习可为终身发展奠定基础(普通论),因此职业教育课程应当加强这方面的内容。实用论则主张,实用性是职业教育课程的基本价值取向,职业教育课程要摆脱简单移植普通教育课程模式的倾向,降低课程内容的理论难度,甚至没有必要系统地学习理论知识,重要的是给学生提供对就业有价值的知识和技能。这两种理论的冲突在现实中表现得非常明显,如就业导向与综合素质培养就是这一冲突的集中体现。职业教育课程要挣脱学问化枷锁,必须彻底解构传统的基础论,建构起基于实用论的基础论。

第一节　基础论及其问题

现代教育观念中,人们对"基础"有着特殊偏爱。基础课程(foundation course)作为教育学的一个基本术语,通常被定义为"为学生学习以后的课程作准备的一门基本课(或一组基本课)"①。这一定义只是从学习的前后逻辑关系角度定义了"基础性",然而我们却赋予了它"重要性"这个特殊意义。凡是被冠以"基础"的课程,就意味着它在课程体系中处于更为重要的地位,且这一地位是不能随意动摇的。于是,一系列概念据此形成,如文化基础课、专业基础课、宽基础活模块、基础能力、基础平台等。传统的基础观已成为阻碍职业教育课程改革展开的最深层、最有力、最顽固的力量。

一、传统的基础观念

对职业教育课程而言,基础论主要表达的是理论与实践、一般能力与特殊能力这两对关系。关于理论与实践的关系,基础论的核心观点是"理论是实践的基础",这一观点发展到一定程度,进而把"基础"置于整个职业教育课程的核心,便表现为"一般能力是特殊能力发展的基础"。

(一) 理论知识是实践能力形成的充要条件

传统基础观的核心理念是"理论是实践的基础",它是目前在我国十分流行的"实践是理论的应用"这一哲学理论在职业教育课程论中的简单移植。这一命题有两个推论,即有了理论知识必定会有实践能力;没有理论知识则必定无法形成实践能力。按照这一观点,只有当学生获得了较为完整的专业理论知识后,才能进行实践训练,否则就会"乱套"。这是基础论的首要观念。

或许有读者会怀疑这一观点存在的真实性,因为没有谁会提出这么荒唐的命题。的确没有人明确提出过这一命题,但它又的确是隐隐约约地存在于许多人的意识中的,且在很大程度上影响着他们的职业教育课程观念。如果直接问:理论知识是否等于实践能力?凡有一定认识程度的人几乎都会做否定的回答。但是,如果问:实践能力是如何形成的?结果就完全不一样了。对这一问题的普遍回答是:实践是理论的应用,或者说理论是实践的基础。这一观点包括了两个基本假设:(1)理论知识是实践能力形成的必要条件,不掌握理论知识,便无法形成实践能力;(2)理论知识也是实践能力形成的充分条件,应用本身是比较简单的,关键是要掌握理论知识,只要掌握了理论知识,便能轻松地形成实践能力。在这一观点中,根本看不到实践知识的位置,看不到从理论知识到实践能力的复杂性和曲折性。如果这两个假设能够成立,那么便在理论知识与实践能力之间划了等号,这样,实践知识本身的独立价值便被理论知识的重要性所淹没了,当然,它是以非常隐蔽的方式存在着的。

这一观点的牢固程度可能远远超越了我们的想象。比如在项目课程改革实践中我

---

① 德里克·朗特里.英汉双解教育词典[Z].北京:教育科学出版社,1992:155.

们发现,与基础教育不同,职业教育教师普遍认识到了课程改革的重要性,并有着较为强烈的课程改革热情。对他们来说,问题不再是是否要抛弃传统,而是如何抛弃传统。然而情况往往是,尽管在经过了较长时间的讲解、讨论、实践后,老师们似乎已经完全理解了项目课程理念,并学会了如何编写项目课程的教材,但他们在每一个项目的起始部分还是会安排一个"引论"。其理由是不先"储备"一些知识,学生无法操作。这些源于传统的"顾虑"使得一些无效的课程环节根深蒂固。类似的情况再比如,在经历了很长时间的课程改革实践后,教师们还是习惯于谈论"给学生'介绍'某某知识"。当他们在频繁地使用"介绍"一词时,显然潜意识中支持其教学行为的还是知识性的学科教学思想。尤其令人震动的是,一位曾经和我们合作非常顺利的教师,在进行一个非他所从事的专业的课程改革时,他能够彻底地坚持项目课程理念,而当课程改革进行到他本人所从事的专业时,他亦明显地表现出传统力量的束缚。亲身体验这些案例后,我们才能深刻地体验到什么是"传统力量"。

(二) 能力发展应遵循从一般到特殊的顺序

以上观点进一步延伸,便表现为一般素质(或能力)与特殊素质(或能力)的关系问题。基础论认为,具体的、个别的素质是一般素质在具体情境中应用的结果,如果一般素质得到了发展,那么具体素质就会自然而然地得到发展,学生在将来的职业生涯中便能游刃有余,能够适应多变的职业环境;因此,职业教育的目的应当是发展学生的一般素质,增强学生可持续发展的后劲,而不能局限于发展个别能力;如果职业教育着眼于发展学生个别的、特殊的能力,那么学生只能适应个别的职业情境,却不能灵活地适应职业环境的变化;在终身学习时代,由于人类知识生产的速度越来越快,技术发展日新月异,为了使得学生能够适应瞬息万变的职业环境,职业教育更应当跳出具体能力的局限,以学生的一般素质发展为目标。

既然特殊能力是一般能力在特定情境中的具体化,那么在顺序上也应当先发展一般能力,然后再在此基础上发展具体的、特殊的能力。在技术理论化、学习终身化背景下更应如此,因为理论技术是在科学理论的基础上发展而来的,掌握作为基础的科学理论是掌握现代技术的前提条件;终身学习也要求先发展人的一般素质,培养个体的"应用能力",否则无法培养出能适应这种社会生活的人才。这是个体能力发展的一般顺序。越具有普通性的理论,发展的能力越一般,越要先学。普通文化知识最具普通性,应当最先学习;专业基础理论其次,其学习应当放在普通文化课之后;专业理论再次,其学习应放在专业基础理论之后;实践最为具体,因此应当放在最后。

这种基础观以一个基本假设为前提,即存在脱离了具体内容的"一般素质"。这一观点得到了许多职业教育实践者和研究者的认同,比如就逻辑推理能力而言,有的研究者认为:"我们说一个人有逻辑推理能力,总不能说这个人只有'数学逻辑推理能力'、'物理逻辑推理能力'、'语言逻辑推理能力'、'历史逻辑推理能力'等,这就意味着,逻辑推理能力并不单独属于某一学科。它可以体现在各个学科的学习以及日常生活、工作之中,因而具有综合性、概括性。所以,能力不属于某一学科,恰恰相反,能力是各个学科以及各项有益活动的智力价值在一个人身上产生的综合效应。各个学科、各项有益的活动,只能通过各自的智力价值推动一个人能力的形成"①。

以"一般素质观"为基础,它的支持者们认为,不同类型的知识对于"一般素质"发展的功能是不一样的,有些知识有利于"一般素质"的发展,有些知识则不利于"一般素质"的发展。那么什么知识的素质发展价值更高呢?普遍认为理论知识的价值高,并且越基础的理论,其价值越高。而实践知识由于其情境性、具体性,几乎不具有这一价值。这一观点在终身学习的背景下被进一步强化。它的支持者们认为,在知识爆炸的时代,虽然人类知识的总量正加速度地增长,但是不同类型的知识增长的速度是不一样的,越为基础的知识,其稳定性越强;而越处于"应用层面"的知识,其可变性越大,越不稳定。因此为了在知识爆炸的时代能够适应知识总量迅猛增长的现实,必须加强基础理论的学习。这就是布鲁纳(J. S. Bruner)的结构主义课程理论为什么能得到普遍欢迎的重要原因,而奥苏贝尔的同化理论,以及建立在他的同化理论基础上的"先行组织者技术",也从学习心理的角度增强了这一观点。这就是三段式课程展开逻辑的知识论基础。

这样,以"一般素质观"为依托,理论知识,特别是"普通文化知识"、"基础理论知识"在职业教育课程中便上升到了极为重要的核心地位。一旦理论知识的重要性被无限扩大,那么用理论知识来充斥职业教育课程也就成为了理所当然的事情;一旦理论知识在职业教育课程中占据了主体地位,职业教育课程的学问化就不可避免。结果导致实践知识的价值为语文、数学、物理等普通课程的重要性所淹没;或是为专业基础理论的重要性所淹没。前者表现为一味地加强语文、数学以及物理等自然科学在职业教育课程中的核心地位,比如在课时安排上,一味地增加这些课程的课时;在课程管理上,对这些课程的质量实行严格控制,对专业课程的质量却非常忽视;后者则表现为一味地加强专业基础理论的学习,比如在课程中增加专业基础理论知识的容量,提高专业基础理论知识的难度。多数时候这两种情况是交织在一起的。

二、传统基础论的问题

那么掌握理论知识是否是形成实践能力的必要条件呢?日常经验显然不支持这一观点。在各种各样的企业内培训和社会培训中,师傅通常不会像学校教师那样给学员系统地讲解理论知识,而是更多地给学员提供实践机会,但这些培训效果通常都很好,在实践能力培养方面的效果可能要远高于学校教育。即使是一些所谓的理论技术的培训,通常采取的也是这一模式,比如汽车维修站或电器维修部对学徒的培训,其维修技术对理论知识的要求是比较高的,但按照这一模式进行培训时也没有遇到老师们所设想的困难。在课程改革实践中,绝大多数老师没有系统地学习过职业教育课程理论,只是接受过简短的课程开发方法培训,以及学习了与之密切相关的一些理论知识,但他们绝大多数都能很好地完成课程开发任务,甚至创造性地完成任务。当然,他们系统地表达其课程思想的能力仍然十分缺乏。从这一现象我们应当思考的问题是,系统的理论知识学习的目的是什么?

---

① 吴广夫.知识转化为能力与知识的智力价值[A].瞿葆奎.智育[C].北京:人民教育出版社,1993:492.

　　这正如皮亚杰(Jean Piaget)所言:"当心理发展达到足够高的水平时,人们就把实践看作是对理论的应用。因此,我们的工业长时间以来已超过经验的阶段,每天都从科学的应用中得到好处。同样,就正常的个人而论,实践智力问题的解决或者来自理论的清晰再现,或者来自经验的探索,而在这个探索过程中,不难不断找到过去经过思考认识的影响。这就是传统教学偏重于理论原则的缘故。例如,在练习说话之前,先教儿童语法,在解答问题之前,先教计算规则等等。然而,在所有语言之前,从而在有任何概念的或反省的思维之前,婴儿已发展了一种感觉运动的或实践的智力,它能独自在征服现实的道路上前进,走得如此之远,以致构成了空间与课题、因果与时间的主要部分……"①。知识储备的教学观,只是特定文化背景下教师的主观设想而已。

　　那么没有理论知识的储备,实践教学能否进行呢? 下面这个案例足以解除这一疑虑。一位汽车维修专业的实习教师陈老师说:现在的课程设计是理论课在前、实践课在后,当学生学习理论时,由于缺乏实践体验,往往感到理论知识很空洞、抽象,难以理解,因而不感兴趣,上课常打瞌睡。尽管采用了 VCD、录像带等现代教学手段,仍解决不了这一问题。有些学生即便在理论知识方面掌握得较好,一旦到了实训课堂就实物与名称错位,比如零件名称,安装部位,工作原理等,张冠李戴的现象很普遍。而当正式开始实习时,学生又没有了系统学习理论的机会。每次学生到工间实习,就像没有学过"汽车构造与维修"这门课程一样,至少要再先花 1—2 天时间给学生讲解汽车构造。联想到自己的学习经历陈老师说,他是学徒出身,他的师傅只有经验,只知道如何做,并没有理论,不知道为什么要这样做。因此他只能告诉陈老师如何做,不能告诉他为什么要这样做。这样,陈老师的学徒生涯就是从"做"开始的。经过一段时间的学习后,陈老师感到仅仅会做是不够的,还需要进一步弄清楚理论,于是自己去查阅资料,阅读专业理论书籍,然后再做。正是在这种理论与实践的反复交替中,陈老师花了两年时间便掌握了扎实的汽车修理技术。而在目前的课程框架下,学生在汽车维修专业学习了三年,对汽车修理技术仍然十分生疏,所浪费的人力、物力实在太大。因此陈老师认为,如果在学习理论之前,先给学生一定的实践,然后在此基础上引导学生去学理论,其学习兴趣必然大大提高;且由于有了经验基础,学生能更好地理解所学习的理论知识。

　　可见,没有理论知识的储备,实践教学不仅可以进行,而且效果还可能更好。这其实就是建构主义的观点。除了以上这些经验描述外,建构主义学习模式还获得了许多技术教育专家的支持,比如萨曲威尔曾写道,"在电子技术教学中,一个共同的方法是从电学理论开始,先介绍计算电路的各种方程(如欧姆定律和基尔霍夫定律),然后通过应用练习,在混合电路设计中计算解决方案。但是研究显示,专家并不仅仅依靠电子系统的这些定量方面;相反,他们首先获得对问题的概念性理解。怀特(White)和弗里德克森(Frederiksen)在电子技术教学案例中建议,在介绍定量推理和计算之前,教师应当帮助学生获得一个电路图式。通过获得对系统运作的理解,新手在系统的定量方面可能

---

① 皮亚杰.皮亚杰教育论著选[M].北京:人民教育出版社,1990:56.

会学得更好"①。而"僻亚(Pea)和高美兹(Gomez)断言,大多数的教育情境是先学后做(learning before doing),在科学和技术的课堂中,必须把注意力放在做中学(learning in doing)"②。因为"新知识的教授必须建立在需要知道(need-to-know)的基础上。这样告诉学生是不够好的:'老师很清楚,尽管这些内容目前关系不大,总会有一天需要它的'。因为过程是复杂的,这些知识应当被一点一滴地教。技术教学的技巧(这是最难的部分)应当是这样,促使学生意识到他们需要那些你想让他们拥有的知识。如果因为按照顺序先要让学生掌握那些他们需要掌握的知识而把学生钉牢在教室,那么这种状况就不会发生"③。这其实也就是近年来职业院校一直流行的变"先懂后会"为"先会后懂"的课程理念,我们现在所需要的,只是对之进行严谨的理论说明。

因此认为不掌握相当的专业理论便无法学习实践知识,形成实践能力是没有根据的。正如罗依所言,"学习科学是学习技术的先决条件这一观点是荒唐的。人类的一切历史证明了这一点。事实上,美国国防部表示,没有任何科学,特定的、即使是高新技术的任务也能很好地教授。技术学习的入门方式是多种多样的"④。从事任何一项工作,首先必须对它的工作对象有深刻了解。科学理论研究是以科学知识为工作对象的,其目的在于产生新的科学知识,因此要研究科学理论,首先必须全面系统地掌握相关领域的科学理论,这就是为什么学术教育非常强调系统的科学理论学习的重要原因;而技术活动是以物品为工作对象的,其任务是采用适当的方法,生产出某种物品,因此从事技术活动的必要条件是掌握关于其工作对象,即物品结构的知识,以及关于操作方法的实践知识,而理论知识的掌握并不是进行实践活动的必要条件。正如罗杰斯所言:"如果不了解科学,就不可能研究科学,因为科学是知识。但是,即使不了解工程科学,也能够从事工程或技术活动,因为工程和技术是关于物品的制造。对理论一无所知时,实践知识也可以存在;在实践方面笨拙时,理论也同样存在"⑤。

如果说上述第一个假设某种程度上还有积极意义的话,那么第二个假设则是根本错误的。我们总是对理论知识在实践能力形成中的作用充满信心,结果导致大幅度地加大课程中理论知识的比重。当学生觉得理论知识枯燥、不实用而不愿意学习时,老师总是哀叹现在的学生过于功利、浮躁,看不到基础性知识的价值。然而我们又不难观察到大量下列现象:许多掌握了丰富理论体系的学者,一拿到实践问题却束手无策,提出的对策也往往很幼稚;许多实践者,理论水平一般,却能够非常熟练地完成任务;而不少人认为,他们在学校学的许多知识对他们的实践是无效的。如专门研究股票的经济学家未必是股票投资能手,一位优秀的军事学教员却很可能是战场上的败军之将。可见

① Satchwell, R. E. (1996). Using functional flow diagrams to enhance technical systems understanding. *Journal of Indtstrial Teacher Education*, Vol. 34, No. 2.

② DeMiranda, M. A. & Folkestad, J. E. (2000). Linking cognitive science theory and technology education practice: a powerful connection not fully realized. *Journal of Industrial Teacher Education*, Vol. 37, No. 4.

③ Willliams, P. J. (2000). Design: the only methodology of technology? *Journal of Technology Education*, Vol. 11, No. 2.

④ Roy, R. (1990). The relationship of technology to science and the teaching of technology. *Journal of Technology Education*, Vol. 1, No. 2.

⑤ Rogers, G. F. C. (1983). *The nature of engineering: a philosophy of technology*. The Macmillan Press Ltd., p.54.

掌握理论知识与获得实践能力之间并不能划等号。当然,如上所述,简单地认为掌握了理论知识就会有实践能力的人是没有的。问题是在"实践是理论的应用"这一观点影响下,许多人认为实践能力只是运用理论知识的结果,即只要掌握了理论知识,多加些练习就可以获得实践能力,因而关键还是要掌握足够的理论知识。那么是否真是如此呢?其实不然。

首先,这一观点没有看到实践知识在实践能力形成中关键而又独特的作用。任何真实的工作过程都是独特的情境,而能够在这个独特的情境中合乎要求地行动的个体,所应具备的知识类型及其结构非常复杂,甚至有时理论知识并不是最重要的。比如对一位电子产品装配工来说,他更应掌握的可能不是电子原理知识,而是零配件的型号知识、安装方法知识等。巴萨拉深刻指出:"科学决定了一件人造物的物理可能性的极限,但它并不能设定一件人造物的最终形态。欧姆定律并没能决定爱迪生照明系统的形态和细节,麦克斯韦的公式也无法决定现代无线电接收机里电路系统的具体形式"①。而决定形态、细节或具体形式的,正是那些具体的实践知识。

其次,这一观点也没有看到理论知识在实践能力形成中功能的发挥是个十分复杂的过程。根据第三章的论证,理论知识在工作过程中的应用,既是一个性质的转换过程,也是个结构转换的过程。就性质转换而言,就是要在经验层面、现象层面,而不仅仅是在符号层面获得对理论知识的理解,同时要能理解理论知识与具体工作过程之间的关系,理解在具体工作过程中某个理论知识是被如何应用的;就结构转换而言,就是要打破理论知识自身所具有的逻辑关系,围绕着具体工作任务,与工作任务以及其他各种各样的实践知识形成错综复杂的合乎行动逻辑的联系。孤立地学习理论知识,无法实现理论知识的这两个艰难的转换,因此按照这种方式所获得的理论知识对实践能力形成来说其实是无多大价值的。

从一般到特殊的能力发展顺序也并不成立,它其实就是"实践是理论的应用"这一观点的翻版。在实践中也不难发现有关例证。一位职业院校建筑系主任叙述了这样一个案例。他们建筑工程造价专业以往的课程设计,是先开设许多学科课程,让学生学习大量理论知识,然后在毕业前要求学生运用这些知识完成一个大型建筑工程造价的计算。结果发现多数学生难以完成这个任务。老师非常着急,认为这个任务都不能完成,学生就业后该如何胜任他们的工作?情急之下老师难免要责难学生,而学生也因为任务难度大而产生了对学习的恐惧心理。面对这种情况,系主任召集教师研究了问题所在,进行了课程改革,按照工程规模大小,把工程造价计算划分成一系列项目,学生先对小型工程的造价进行计算,如两层楼房的工程,然后逐步过渡到对大型复杂工程的造价进行计算。在课程编排上也不再是让学生在毕业前才学习造价计算,而是从入学开始就学习造价计算。结果发现,经过改革后,不仅学生最终都能完成大型复杂工程的造价计算任务,职业能力水平大大提升,而且对理论知识学习的兴趣也大大增强。比如建筑绘图知识,以往学生在学习这门课程时不知道这些知识的具体用途,因而兴趣不大,但是在新课程体系中,由于用"造价计算"这个主线贯穿了整个课程体系,如果不能很好地

① 巴萨拉.技术发展简史[M].上海:复旦大学出版社,2000:100.

识读图纸,学生便无法计算造价;且在实际工作中,如果识图有误,可能造成很严重的后果。因而学生学习识图知识的兴趣也大大增强。

这个案例不仅进一步支持了上述有关观点,更重要的是给我们提出了一个新问题,即能力发展的基础是什么? 其发展的顺序是什么? 这个案例给我的启示是:工程造价计算能力发展的基础是其本身,即复杂工程造价的计算能力的发展,是以简单工程造价的计算能力为基础的,且其发展顺序是从简单工程造价的计算能力发展到复杂工程造价的计算能力。这就完全打破了从一般能力中发展出特殊能力的基础观,以及从一般能力到特殊能力的发展顺序观。而无论是以上所论述的能力形成的条件观,还是这里所讨论的能力形成的顺序观,均涉及到一个重要而又古老的能力理论问题,即一般能力是否存在? 一般能力与特殊能力之间是什么关系? 要彻底解构传统的基础论,必须从理论层面回答这些问题。

第二节　能力的特殊性与传统基础论的解构

传统基础论的重要理论基础是关于一般能力的假设,因而要彻底解构传统的基础论,就必须彻底解构一般能力理论。一般能力理论实质上就是认知心理学中的领域一般性理论(domain-general theory)。其基本观点是:人类存在一般的适用于所有认知任务的能力(如记忆、注意等),这些能力可以被应用到所有的认知任务中,而不必考虑具体的内容。对某一能力来说,不管是解决数学问题,学习语言,还是维修一部汽车,它都是通用的,不会因任务的不同而不同。这一理论在过去上百年中一直占据着主导地位。而认知心理学的最新进展,已为我们对之进行批评准备了足够的理论工具,即领域特殊性理论。

一、领域特殊性理论

领域特殊性理论(domain-specific theory)是相对于领域一般性理论的一个认知心理学理论。从思想渊源来说,它并不是新的。在认识论上,它可以追溯到笛卡尔(R. Descartes)和康德(I. Kant),在心理学中则可追溯到桑代克(E. L. Thorndike)、维果茨基等。比如,维果茨基就认为,"心理并不是诸如观察、注意、记忆、判断等一般能力构成的一个复杂网络。这些能力中的每一个,在某种程度上是独立于其他能力,并独立地得到发展的。学习不仅仅是要获得思考能力,而是要获得思考不同事物的许多特殊能力。学习不是要改变我们整个的注意能力,而是发展我们注意不同事物的不同能力"[1]。但是,对领域特殊性进行系统的理论研究,并使之成为认知心理学的重要理论流派,则是近年来的事情。

领域特殊性理论的核心观点是:认知能力领域是特殊的,它因具体内容的不同而不同。人的许多能力是用于处理特定类型的信息的。在不同内容领域之间,推理模式、知

---

[1] Hirschfeld, L. & Susan, G. (1994). *Mapping the mind: domain specificity in cognition and culture.* Cambridge University Press, p.3.

识结构以及知识获得的机制都存在重大差别。例如,许多研究者认为,语言学习与表征的方法,和其他技能的学习与表征明显不同。

在领域特殊性理论研究中,心理学家已找到了许多证据。这些证据涉及的范围十分广泛,它们包括:某一个体某一时期的认知能力发展,在不同领域之间存在差异;不同领域之间在神经心理上是相互割裂的。另外,婴儿认知能力的先天性、进化论研究、动物学习的动物行为学研究、朴素理论(folk theory)研究,以及专家技能的领域特殊性研究也都获得了相关证据。可见,领域特殊性理论并不是一个单一的、统一的心理学理论。目前其中主要有三个流派:模块论(modular theory),理论论(theory theory)和专家技能论(expertise theory)。

(一)模块论

最强的一个流派是模块论。按照这一理论,心理是由许多相互独立的系统组成的,如语言模块、视觉模块和面部认知模块。这些模块各自有自己的性质。所有的模块论都假定领域是特殊的。

这一流派的早期代表人物是乔姆斯基(A. N. Chomsky)。他的研究主要集中在语言学,更具体地说是句法。他把句法作为一个独立的模块是基于下列证据,即语言的先天性、生物特性、神经定位与崩溃、在纷繁复杂的环境中能迅速获得,以及发展的关键阶段和成熟的时间表。乔姆斯基认为,儿童有先天的学习语言的能力。通过大量研究后,乔姆斯基坚信,"这些发现为这样一种观点提供了有力证据,即心理是模块的,包括大量不同(尽管是相互作用的)系统(语言能力、视觉系统、面部认知模块),每一个系统有它自己的结构原则"[①]。

福多(Fodor)把认知模块扩充到了语言以外,并把模块与输入系统等同起来。他区分了中枢逻辑过程与感知过程,认为仅仅在后者中存在模块。他认为,模块是先天的特殊系统,它是自主的、自动的、由刺激驱动的、对中枢认知目的不敏感的,它接受感觉输入,并生成对它们的必要表征。根据福多的分析,模块对信息的加工是强制的(mandatory)和压缩的(encapsulated)。另外一些研究者则认为,感知过程以外的其他心理过程也是模块的,或者说是受到认知模块系统支持的,并认为每一个模块是单独运作的。

对福多模块理论的批评不少,这些批评主要集中在模块是先天的还是建构的,以及模块仅仅存在于感知过程,还是同样存在于推理过程。如史密斯(Annette Karmiloff-Smith)就认为,"福多认为,口头语言和视知觉模块是先天规定的这一点已经得到了证实。相反,我希望把预先规定的模块和模块化过程这两个概念加以区分"[②]。尽管如此,但是,不论是否同意福多严格的模块论点,现在许多心理学家都认为发展是"领域特殊"的。

(二)理论论

理论论是针对皮亚杰理论提出来的。皮亚杰认为,儿童的思想和知识与成人很不

① Hirschfeld, L. & Susan, G.(1994). *Mapping the mind*:*domain specificity in cognition and culture*. Cambridge University Press, p.4.
② A·卡米洛夫-史密斯.超越模块性——认知科学的发展观[M].上海:华东师范大学出版社,2001:4.

一样。通过实验,皮亚杰揭示了儿童许多令人吃惊的错误,例如,婴儿似乎相信,当一个原本看得见的东西,逐渐看不见时,这个东西便已经不存在了。然而,理论论认为,儿童的认知发展和科学理论的发展在某些方面存在着平等关系。这并不是说,理论论主张,日常生活中的人们,特别是儿童,在进行科学活动。儿童并没有参加学术的、科学的推理活动。理论论的观点是,存在着两种理论:日常理论和科学理论。日常思想,由于它也坚持反例、能注意到特殊领域的因果原理及其信仰的一致性,因此被认为具有和理论相同的特征。儿童和日常生活中的人们所拥有的这种理论被称为是朴素理论。

与模块论一样,理论论认为,朴素理论也是领域特殊的。研究者把特殊领域的因果解释运用到朴素理论中,认为儿童的某些理解以及所经历的变化天生地依赖特殊的(相应的)领域,而绝不是其他领域。例如,心理学朴素理论关注的是人类的信仰、愿望,而物理学朴素理论关注的是物质世界的物体,儿童和日常生活中的人们不会使这两类知识相混淆,以致把重力原理应用到心理状态。但是,与模块论不同,模块通常被认为是先天的、生物学的、不可变的,而朴素理论被认为是人们在生活中建构的,并且受知识、文化和信仰的影响。现在正在研究的朴素理论有朴素心理学、朴素物理学和朴素生物学等。

(三) 专家技能论

专家技能论对领域特殊性的研究始于以下观察:围绕一个任务进行大量练习,不管这个任务是一个纸牌游戏还是维修汽车,如果有充足的练习,个体完成这一任务的技能能达到非常高的程度,在这一个领域以外却可能显示出平凡的能力。这种现象不能用个体的能力差异进行解释。比如,棋类专家善于数字串的记忆,他们能获得不同寻常的记忆能力,把知识重新组织为复杂的层级体系,并且能形成复杂的因果相关的信息网络。通过大量的练习,训练熟练的儿童也可以超过初学的成人的能力。这一能力还将会进一步影响到与该领域有关的新信息的学习、注意和理解。但这些能力显然是领域特殊的,不能迁移到其他领域。

专家技能论的领域概念,显然和模块论、理论论存在本质不同,其领域是通过大量的练习形成的。专家技能不可能来自先天进化,我们不可能有获得技能的先天结构,因为任务是人为的、发明的。同时它也不能用理论论的因果信仰体系进行解释。这样,专家技能论便拓展了“领域”概念,即领域也可以是通过经验形成的组块。其进一步的含义是,实践对专家技能的形成具有非常重要的意义。

领域特殊性理论中的模块论、理论论、专家技能论三个流派,在一些基本的观点上存在差别,主要体现在下列问题上:先天性、发展机制、个体差异、领域是由什么组成的等。例如,模块论认为,发展机制是受生物性制约的,而理论论主张,这一机制可以通过因果解释得到理解,专家技能论则主张,这一机制仅仅是信息加工过程。尽管如此,它们一致认为,认知能力是专门用于处理特定类型的信息的,也就是说,是领域特殊的。

二、一般能力观批判

当代许多著名智力心理学家关于智力的主张都持领域特殊性观点,比如斯腾伯格(R. J. Sternberg)的三元智力理论,以及加德纳(H. Gardner)等人的多元智力理论。斯腾伯格把智力划分为分析智力、实践智力和创造智力。加德纳则把智能划分为七种,即语言智能、数学逻辑智能、空间智能、音乐智能、身体运动智能、人际关系智能和自我认识智能。不管把智力划分成多少种,他们的观点有一点是共同的,那就是人类存在不同种类的智力,且这些智力之间是相互独立的,不存在凌驾于这些智力之上的一般智力;更不能把分析智力看作一般智力,并把它凌驾于实践智力之上。正如加德纳所说,"虽然我首先命名了语言和数学逻辑智能,但我并不认为它们最重要。事实上,我认为这七种智能同等重要"①。斯腾伯格也严肃地提醒我们,"请牢记学业上的智力与实践性智力的重要区别。不管你从何种角度来看,现实世界的工作和任务——对大多数人的生活而言都相当重要——同学业上的任务相比都不尽相同"②。

智力类型的不同是由于任务的不同所致,因为能力是和具体任务相联系的。任务的内容不同,所对应能力的类型也不同,分析智力与实践智力便是两种完全不同类型的能力。因此如果说能力是以知识为基础的话,那么理论知识形成的仅仅是分析智力,而不是实践智力。实践智力需要以实践知识为基础;实践智力也不是从分析智力中演绎出来的,它和分析智力是并列关系,而不是前后的演绎关系。正如皮亚杰所说,"第一个强调指出的差别是关于真知的或反省的智力与实践的、感觉运动的智力之间的关系上的差别。……这种实践智力的机制看起来是独立于概念智力的,并且完全是原始的"③。因此认为掌握了理论知识便是获得了一般能力,从而也就获得了实践能力的观点是完全错误的。与实践过程直接相连的知识是实践知识,而不是理论知识;理论知识是以实践知识为中介对实践过程产生作用的。事实上,已有许多研究表明,在把学校知识用于实践情境中时存在很大困难。卡瓦诺夫(S. H. Cavanaugh)曾对关于这一问题的研究做过较为完整的综述,结果发现,早在1977年杰克斯(Jencks)和里斯曼(Riesman)就报告了学校成绩与职业成功之间的相关性差这一结论;对近27年来出版的论文进行归纳,也可发现多数研究主张在学业成绩与后来的在商业、教育和医学等领域的专业成就之间并不存在什么联系④。

这样,领域特殊性理论便对"一般能力假想"提出了严峻挑战。按照这一理论,抽象的一般能力实质上是不存在的,它只是心理学家们为了研究需要提出的一个假想概念,现实中存在的仅仅是完成这个任务的能力和完成那个任务的能力。"一个人在不同的领域(如统计推理、计算机辅助教学或军事策略)中能够富有成效地思维所需要知道的东西,往往对该领域来说大都是具体的"⑤。事实上从来就没有学者对一般能力做出过明确界定。也许可以把它理解为能够做所有事情的能力,或是所有能力中的共同部分。但是,一个人要能做所有事情显然是不可能的;而如果把一般能力理解为"所有能力的共同部分",那么当能力越来越多时,它们的共同部分必然也越来越少;当能力多到一定

① 加德纳.多元智能[M].北京:新华出版社,1999:9.
② R·J·斯腾伯格.成功智力[M].上海:华东师范大学出版社,1999:225—226.
③ 皮亚杰.皮亚杰教育论著选[M].北京:人民教育出版社,1990:56—57.
④ Cavanaugh, S. H. (1993). Connecting education and practice. In Lynn Curry, Jon F. Wergin Curry, L., Wergin, J. F. & Associates (Eds.). Educating professionals: Responding to new expectations for competence and accountability. New York: Jossey-Bass Publisher, p. 107.
⑤ 埃贝尔.掌握知识应该是首要的教育目标[A].瞿葆奎.智育[C].北京:人民教育出版社,1993:48.

程度时,它们的共同部分便已是极少,以致已没有了意义。因此,无限广泛的一般能力实质上是不存在的。也许还可以把一般能力理解为特殊能力中的共同结构。但是,首先,这一共同结构是否存在仍然是个问题;其次,即使存在这一共同结构,那么它也是与这些特殊能力相并立的另一个特殊能力。

那么,"一般能力观"中这种极为抽象的"一般能力"指的到底是什么呢? 为什么人们会有这样的经验,即对一些经典学科,如数学、哲学掌握很好的人,似乎显得更加聪明,更易于学习其他理论? 这种一般能力实质上就是理论理解能力,严格地说它并不是一种能力,而是掌握理论知识的方法。这些成功地掌握了经典学科的人,往往能够主动地建构加工理论知识的方法(即元认知),如理论知识由哪些要素构成,理解一个理论的关键是掌握它的什么要素,到何种程度才意味着真正掌握了某个理论;同时还能形成学习理论知识的信心与兴趣。当他们把这种方法应用到其他理论知识的学习,尤其是知识形式比较接近的理论知识的学习时,自然会产生迁移效应。但是,职业教育课程内容的主体是实践知识,这样,理论知识的学习方法在其情境中迁移的有效性也要倍受质疑了。

在实践能力这些具体能力之上建构一种"一般能力",实质就是把理论理解能力置于实践能力之上。而理论理解能力是通过掌握理论知识来形成的,实践能力是通过掌握实践知识来形成的,理论理解能力与实践能力之间的演绎生成关系是不存在的。当然,主张能力的领域特殊性观点,并非完全否定能力的领域一般性观点。任何现实的能力应当是领域一般性与领域特殊性之间的平衡。能力只有在与具体内容相联系中才具有意义,这就意味着,某种能力在领域特殊的意义上到底特殊到什么程度,在领域一般的意义上到底一般到什么程度,应当根据不同领域的能力而定。有些能力可适用于更多的任务,可以把这种能力称作"更为概括的能力",或是关键能力;有些能力适用的任务较少,可以把它称为"更为具体的能力"。当然,"更为概括"和"更为具体"都是相对的。但这些能力之间并不存在层级关系,而是并列关系。

"一般能力假想"的关键错误在于,把能力与具体任务、具体知识、具体情境完全割裂开来,抽象地研究能力。而脱离了具体内容的智力理论事实上是毫无意义的。正如斯腾伯格所说,"众多当代智力研究涉及的是个体内部世界的智力。这类研究根据认知过程及其相关结构为理解智力提供了一种方法,但是很少或几乎不涉及个体外部世界的智力。如果我们至少部分地根据个体在现实环境中的适应行为来看待智力(甚至心理测量理论家也如此,比如比纳和韦克斯勒),那么不理解特定社会文化情境中环境是如何塑造智力结构同时又被智力结构塑造的,我们就不可能完全理解智力的本质"[1]。能力在本质上是体现在任务完成中的,脱离了具体内容的能力是不存在的。一旦把能力与知识结合起来考虑,那么就必然会得到下面的结论:发展不同的能力需要不同的知识;实践能力与理论理解能力是两种完全不同的能力,因此需要不同的知识来发展它们。这样,在职业教育课程中,用理论知识取代实践知识并置之于核心地位是南辕北

---

① R·J·斯腾伯格.超越 IQ——人类智力的三元理论[M].俞晓琳,吴国宏,译.上海:华东师范大学出版社,2000:44.

辙的。

　　这种"一般素质观"在本质上是古老的形式训练说在职业教育课程中的体现。尽管从桑代克开始,心理学家们和教育家们便对这种学说进行了有力的批评,但无论是在理论上还是在实践中,它的影响都仍然存在,甚至是根深蒂固的存在。"比如,美国的贝斯特(A. E. Bestor)说:'真正的教育就是智慧的训练',因为'经过训练的智慧乃是力量的源泉'。又如,美国的赫钦斯(R. M. Hutchins)认为,'缺乏一般的理智训练是办不好学校的。理智的培养对一切社会里的一切人都是同样的好事'。在理智训练中,促进思维的发展是首位的。皮亚杰从自己的心理学观点出发,认为大家无疑会接受赫钦斯的公式——'教育的主要目的在于发展智力本身,在于教学生如何发展智力'。"①

　　知识经济、终身学习对一般能力观的盛行起了推波助澜的作用。知识经济时代技术革新速度的加快,使得人们普遍希望在教育中寻找到一种稳定的、能广泛迁移的结构;这种稳定的结构通常被理解为"一般素质";而能够形成一般素质的知识通常认为是理论知识。按照这一逻辑,职业教育课程必然要陷入学问化。寻找稳定的结构这一目标是对的,问题在于追求这一目标的过程。事实上,知识经济在重新认识知识的价值的同时,也伴随着知识观的重新定位。

　　在知识经济时代,什么是有知识的人? 德鲁克认为,知识经济时代有知识的人,首先必须拥有有实践效应的知识,而不能是仅仅起着装饰作用的知识。正如他所说:"我们现在认为的知识是知识显示于行动之中。我们现在所说的知识是在行动中有效的信息,着重于效果的信息。效果在人体之外,在社会和经济中,或在知识本身的提高中"②。其次,必须拥有专门化知识。他认为,传统的知识是通用的,受过教育的人是通才。但是,"在今天的大学里,传统的'受过教育的人'根本不被认为是'有知识的人',他们被人看不起,被视作半吊子"③。而只有拥有专门知识的人,才能被视为有知识的人,这是因为为完成任何事情的这种知识必须是专门化的。德鲁克所强调的知识经济时代知识的这两个基本特点,即实践性和专门性,是符合实际的。这两个特点实际上有内在一致性,那就是具有实践功能的知识必然具有专门性;而一种知识要具有实践功能,也必须具有专门性。德鲁克的知识观在知识论层面上支持了领域特殊性理论。

　　同样,拉塞克和维迪努认为,在终身学习社会,教育的目标发生了重大变化,它在由传统的三级层次向新的三级层次转变,见表5-1。"在一些国家,这种新的三级层次不仅成为明显趋势,而且如人们所看到的,也成了经济领导人的信念、教师的活动特点和评价者关注的目标。另一些国家则正在或准备向这方面转变"④。在终身学习社会,恰恰是态度和技能以及实用技术越来越被人们所看重。

① 瞿葆奎,施良方."形式教育"论与"实质教育"论[J].华东师范大学学报(教育科学版),1988(1、2).
② 德鲁克.后资本主义社会[M].上海:上海译文出版社,1998:49.
③ 德鲁克.后资本主义社会[M].上海:上海译文出版社,1998:49.
④ 拉塞克,维迪努.从现在到2000年教育内容发展的全球展望[M].北京:教育科学出版社,1996:145.

传统的三级层次	新的三级层次	表 5 - 1
1. 知识 2. 实用技术 3. 态度和技能	1. 态度和技能 2. 实用技术 3. 知识	新旧知识层次的 比较

对一般能力观的否定为我们批判传统的基础观奠定了重要理论基础。

三、传统基础观批判

根据以上结论，希望通过理论知识的学习来发展学生的一般能力，然后借以轻松地发展学生的实践能力的传统基础观的梦想必然是要破灭的。在能力的意义上，前者并不能成为后者的基础。理论知识是关于"知道为什么"(know-why)的知识，它的功能是发展学生理解世界的能力；而实践知识是关于"知道如何做"(know-how)的知识，它的功能才是发展学生的实践能力。它们分别属于两种不同形态的知识，并分别形成两种完全不同的能力，用斯腾伯格的术语来说便是分析智力和实践智力。而按照德鲁克的知识观，要发展学生的实践能力，只能依靠具有实践性和专门性的实践知识。因此，学业能力与实践能力之间并不是隶属关系，而是相互独立的并列关系，它们分别属于不同的特殊领域。

不可否认，在当代，理论知识对实践能力的形成已具有非常重要的意义。如果说，19 世纪中叶以前，需要理论知识的实践仅仅限于政治、伦理等少数领域，那么，到了 19 世纪中叶以后，随着科学理论对技术发明越来越强的渗透，理论知识也随之渗透到了各个层面与类型的实践，人类的实践活动对理论知识的依赖已越来越强。这是一个不争的事实。但是，按照领域特殊性的观点，理论知识并非实践能力形成的必要条件，没有理论知识的支持，同样可以形成实践能力。因为理论知识的功能是理解实践，形成理解能力，而不是形成实践能力，实践能力也不是理论知识直接应用的产物(事实上这是不可能的)。它们之间的关系应被恰当地理解为：通过理论知识来理解实践，进而促进实践能力的广泛迁移。直接形成实践能力的知识是实践知识，因此实践能力形成的必要条件是实践知识而不是理论知识。

其实，早在亚里士多德便清楚地知道，"知"(为了知而知)和"做"是两种完全不同的人类活动。而我国古代教育更是十分强调实践能力的特殊性和重要性。孔子对他的弟子的问题，从来就不准备从普遍意义上进行回答，而是尽量具体问题具体分析。但是，随着人们对普遍性的梦想和追求，随着科学理论对人类实践的推动作用的日益巨大，随着斯宾塞(H. Spencer)的"科学知识最有价值"的信念日益被人们所接受，随着心理学中领域一般性理论的盛行，人们逐渐在课程中形成了一种具有"科层性质"的模式。它假设课程中的知识体系也是像韦伯(M. Weber)的科层制那样，是按照不同级别排列的，在这一体系中，不同知识所处的地位不同。有些知识更为"基础"，其教育价值更大，拥有的权威更高，另外一些知识则完全相反。然而，按照领域特殊性理论，这种观点是错误的。

　　就是基于技术理论化、职业教育终身化的考虑,也不能盲目地加强理论知识,特别是语文、数学等普通学科的学习。因为按照领域特殊的观点,掌握数学知识只能促进数学中的问题解决能力的形成,而不能促进机械维修等技术实践中的问题解决能力的形成。这些学科与实践能力的相关性一直是被许多研究所否定的。正如迈克科米克(R. McCormick)所说:"这一主题的兴趣不仅存在于技术教育或工程教育的特定课程领域,对我来说,它还涉及当前关于职业教育与学术教育的关系及相对价值的争论。对我来说,问题的核心是,在教育机构以外的环境中,学术教育的实践应用程度有多少,而不是它们是否适合特定的工作任务。雇主们一直担心那些来自学校或大学,从来没有工作经历的学生。他们并不是完全相反地要求理论少些,也不是要求应当教给学生特定的职业技能,他们所关心的是教育机构没有给学生提供能用的知识"①。

　　加强理论知识、普通学科等学问知识的另一个考虑是这些知识的迁移性强,并认为这是终身教育时代的需要。但是按照领域特殊性的观点,既然能力是特殊的,那么就存在迁移的是什么能力的问题。其实,"在学习型组织、学习社会和终身学习的文献中,学习过程本身极少受到关注"②,已有的研究文献极少对终身教育时代的学习性质进行严肃的思考。安德森(J. R. Anderson)等人认为:"在同一领域,会存在不同数量的迁移,这取决于完成目标任务的实践的数量,以及迁移任务的表征方式。表征与实践的程度是决定从一个任务迁移到另一个任务的关键要素"③。他们所说的表征方式,是指要用言语来表征知识,这样有利于促进知识的迁移,而仅仅局限于特定情境的知识是不利于迁移的。按照他们的观点,影响知识迁移的因素只有两个,即表征方式和实践程度,而不是一味地加强普通学科的学习。叶龙(Yelon)则建构了一个促进技能迁移的教学模式,称为MASS(motivation, awareness, skill, support)模式,他认为影响技能迁移的因素有四个,即动机、意识、技能和支持④。

　　这两个理论尽管存在一些差别,但它们都非常强调现有能力的熟练水平对能力迁移的影响,安德森用"实践程度"表达了这一观点,而叶龙用"技能"表达了这一观点。也就是说影响能力迁移的重要因素是能力本身的变量,而不是理论知识。这一观点对许多人来说是个严厉挑战,但它却是事实,与日常生活经验也是相吻合的。显然,当刚刚接触到一个新计算机软件时,是一位软件高手而不是一位不熟悉计算机的数学家更容易了解并掌握它。当然,安德森并没有完全否定掌握理论知识在促进能力迁移中的作用。如果过于局限在个别情境中进行能力训练,完全排除理论知识的学习,会阻碍学生在一般的、抽象的层面理解任务,从而不利于实践能力的迁移。比如著名情境学习理论家莱芙发现有的人在超市中计算得很好,但是在同样内容的与学校一样的纸笔测试中

① McCormick, R. (1999). Practical Knowledge: A View From the Snooker Table. In McCormick, R., & Paechter, C. (Ed.). (1999) *Knowledge and Learning*. Paul Chapman Publishing Ltd, Great Britain, p.113.
② Guile, D. & Young, M. (1998). Apprenticeship as A Conceptual Bases for A Social Theory of Learning. *Journal of Vocational Education and Training*, Vol. 54, No. 1.
③ Anderson, J. R., Reder, L. M. & Simon, H. A. (2000). Situated Learning and Education. In Smith, P. K. & Pellegrini, A. D. (2000). *Psychology of Education*. Routledge Falmer, London and New York, Vol.Ⅱ. p.257 – 258.
④ Cornford, L. R. (2002). Two Models for Promoting Transfer: A Comparison and Critical Analysis. *Journal of Vocational Education and Training*, Vol. 54, No. 1.

成绩却很差;卡拉赫(Carraher)和斯屈理曼(Schliemann)也发现一个巴西街上的男孩,他在街上卖东西时能进行数学计算,却不能回答相似的学校问题。但是,安德森认为这一作用发生的机制并不是所谓"实践是理论的应用",而是改变知识的表征方式,且这一作用的发挥要以"能力本身"为中介。

这些论证无疑对于彻底解构传统的基础观,突破三段式课程模式具有非常重要的意义:(1)人的能力是与具体内容密不可分的,具体内容不同,能力也就不同,能力之间的关系取决于具体内容之间的关系;(2)掌握理论知识与形成实践能力之间并不存在直接联系,理论理解能力与实践能力因其具体内容是并列关系,这两种能力也更多地是并列关系,而非等级关系、演绎关系;(3)不同能力的发展有着自己的路径,掌握理论知识并不能轻松地形成实践能力,其对实践能力形成的影响只能通过实践能力本身来发生;(4)因此职业教育课程要在课程内容的选择和组织、课程体系的逻辑主线选择、课程体系的编排等问题上,彻底摆脱传统基础观的影响。探索面向这些问题的新原理是本章要继续完成的任务。

第三节　基于实用论的基础论

当基础论顽固地守护其地位的同时,职业教育领域同时存在着另一种强大的声音,它认为职业教育只要让学生学习一些与职业相关的实用知识和技能就行了,甚至认为学生"只要会做就行了",没有必要把课程弄得那么复杂。这种观点可称为实用论。它显然不能成为传统基础论的合适替代者。批判传统的基础论,并非意味着职业教育课程要完全放弃基础观念。事实上,能力的发展是连续的,而连续发展的事物必然有先与后、主与次、中心与外围、现在与未来等发展关系,这就必然需要基础观念,以便在职业教育课程设计中更好地处理好这些关系。但这种基础论的建构应基于职业能力形成本身,而不是基于理论与实践、一般与特殊这种二元思维模式,我们可称这种基础论为基于实用论的基础论。

一、按照能力之间的并列关系组合课程内容

人们通常要根据职业能力的适用范围对其进行分类,比较常见的是把它划分为核心能力、行业能力和岗位能力。核心能力是指具有普遍性、可迁移性的完成任务与解决问题的实际能力,而不是高度专门化的、狭义的技能。这是20世纪末以来讨论非常多、倍受关注的一个概念。行业能力指某一特定行业所需要的共同的知识与技能,如软件行业的共同知识有基本编码规范、开发流程、配置管理、设计模式等。岗位能力指具体工作岗位所需要的特殊能力,这些能力不能迁移到其他岗位上去。

这几类能力是存在的,因此职业教育课程应当包括培养这些能力的内容,问题是按照何种关系组合这些内容。不同的基础观对这一问题有不同的解决方案。传统基础观认为,核心能力、行业能力到岗位能力之间是演绎关系,前者构成后者发展的基础。因而应当先培养核心能力,再培养行业能力,最后培养岗位能力。相应地应当先开设普通文化课,再开设专业基础课,最后开设专业课。而基于实用论的基础论认为,能力虽然

因其适应范围不同而有类别之差,但这些能力之间是并列关系,而非演绎关系,其相互之间并不存在依存关系。因而既没有必要严格按照从普通文化课到专业基础课再到专业课的顺序编排课程,甚至根本就没有必要按这种方式划分课程,尤其是专业基础课与专业课的划分过于僵化;可以打破传统的三段式课程框架,用新的框架重新整合知识。这就要探索新的、能够整合这些知识的课程展开线索。

普通文化课程因其内容比较丰富,且和具体职业联系并不紧密,因而常作为独立课程开设。按照基于实用论的基础论,在课程编排中,需要打破先排普通文化课程,后排专业课程的僵化的传统模式,改为按照并列方式编排课程,即第一学期就应当安排一些专业入门课程,而普通文化课程在学制年限内均可安排。这种方式既有利于学生在学习早期就接触专业课程,激发他们的专业学习兴趣,提高专业教学质量,又可通过对普通文化知识实践应用价值的体会,促进学生对普通文化课的学习。

二、基于能力发展顺序展开职业教育课程

逻辑主线的选择是职业教育课程体系设计的关键问题。传统职业教育课程采取的是从文化基础课到专业基础课再到专业课的逻辑主线,此即为俗称的三段式课程。这种课程展开顺序是以传统基础观念为依据的,既然通过上述大量论证已否定了不同能力之间的层级观念,确定了并列观念,那么这一课程展开顺序也就被彻底解构了。那么按照基于实用论的基础论的要求,新的课程展开逻辑主线是什么?

职业教育课程的目标是培养学生职业能力,而能力有它自身的发展顺序,知识只是能力发展的条件,因此职业教育课程展开的逻辑主线就应当是能力发展顺序本身。职业教育课程体系设计,应当在梳理与工作岗位相匹配的职业能力的基础上,按照从简单到复杂或是工作顺序等原则对这些能力进行排列,设计出能力发展顺序,并以此为课程展开的依据。比如汽车维修专业中有项工作任务"发动机维修",其对中级工和高级工的能力要求为(见表5-2):

表5-2 "发动机维修"对不同技术等级工的能力要求	中级工能力要求	高级工能力要求	技师能力要求
	(1)会拆装发动机; (2)会测量发动机各部件; (3)能分析发动机零部件故障; (4)熟悉发动机及零部件工作原理。	(1)能熟练拆装发动机; (2)能进行发动机大修作业; (3)能进行发动机电器测量。	(1)能进行发动机综合故障分析; (2)能进行尾气分析; (3)能进行波形分析。

这里显然在中级工、高级工与技师之间形成了明显的职业能力阶梯,其课程可按这一阶梯展开。当学生进入这个课程体系进行学习时,他便进入了一个职业能力发展阶梯。每学习完一门课程,便能获得一个内容明确的职业能力,即在这个阶梯上前进了一步;且前面学习的职业能力将是后面要学习的职业能力的重要基础,因为不登前面的阶梯便没法登上后面的阶梯。所有课程全部学完,他便获得了工作岗位所需要的基本职业能力。这种课程体系和三段式课程相比,课程的能力目标与发展顺序均要明确得多,

因而教学质量可以得到大大提升。三段式课程试图通过强化基础理论知识来达到培养职业能力的目的，但由于其知识与职业能力之间的联系非常模糊，因而职业能力的发展路径也非常模糊，从而并不能达到有效奠定职业能力发展基础的目的。

以职业能力为逻辑主线设计课程，并不能完全排斥知识本位课程。有些知识与工作任务之间存在紧密联系，能在工作任务完成中明确找到其应用点，因而应当结合到任务中去学习；然而有些对于提高学生对工作过程的理解度来说是必要的知识，并不能找到其与工作任务之间的明确联系，这些知识如果结合任务进行学习，往往会显得十分牵强，因而有必要以知识本位课程形式单独进行学习；另外在学生正式学习基于职业能力的课程之前，还有必要先学习关于其职业领域的一些概览性知识。这样，作为职业能力发展的条件的知识，本身也存在一条发展的逻辑路径，即从概览性知识到任务相关知识，再到职业深化的学科知识。除任务相关知识外，针对其他两类知识应当单独设置课程进行学习。这样，在职业能力这条逻辑主线之外，职业教育课程设计还应当有知识发展这条辅线。主线与辅线相结合，才能设计出完美的职业教育课程体系。

三、突出实践知识构建职业能力的基础

任何能力只有通过训练才能获得。思维能力需要通过不断地思维才能获得，职业能力只有通过反复地完成职业活动才能获得。这是因为任何情境化的职业活动都是一个系统，它是由许多要素组成的，如知识、技能等人的要素，材料、工具等物的要素，以及职业活动的目的、任务等岗位要素，且这些要素不是按照静态方式结合的，职业活动是一个过程，它是这些要素的动态结合。只有当主体充分发挥主观能动性，把这些要素有机地结合起来，并对活动对象施加影响时，才能产生职业活动。也只有在这种活动过程中，个体才可能真正获得职业能力。

那么要进行职业活动，最为重要的知识是什么呢？恰恰是关于方法和手段的实践知识。无论多么先进的技术条件下的职业活动都是如此。哪怕是完全智能化的技术，其使用也离不开实践知识。比如最为精密的测量仪器，在用于测量时，它最终也要依赖主体的经验判断。再比如无论如何先进的汽车，其发动机运行的好坏，最终也必须依赖汽修工的听觉来判断。理论知识是无法和实践直接发生联系的，它必须以实践知识为中介。既然职业教育的目标是培养学生的实践能力，那么其课程内容就必须以实践知识为核心内容。技术理论化水平的提升并没有从根本上改变这一关系，其所改变的只是实践知识的具体内容，即是关于动作方法的知识还是关于智慧方法的知识。在加强理论教学的同时，绝对不能主次颠倒，以致用学术教育来代替职业教育。

确立了实践知识的核心地位，即加强了职业能力的培养，而更高水平的能力即为能力的可持续发展奠定了重要基础，有了这个基础，个体将获得进一步发展的动力和条件。"熟能生巧"表达的正是这一思想。所谓"巧"即迁移，即创造，而"巧"的获得源于"熟"，即源于现有职业能力的水平。因为现有职业能力水平越高，意味着个体所经历的职业情境越多，从而越可能洞察其细节，归纳其规律，为职业能力水平提升创造条件；现有职业能力水平越高，按照奥苏贝尔的同化理论，意味着现有认知结构越清晰，从而越可能同化新知识，即个体学习新技术的能力也越强。

　　职业素质通常被认为是个体获得可持续发展能力的重要基础,因而在职业教育课程设计中倍受重视。而在 CBE 课程改革,乃至今天的项目课程改革过程中,大家最为担心的是忽视职业素养、核心能力等所谓"软能力"的培养。职业素质培养的重要性是毫无疑问的,问题是从课程思维角度看,任何一个概念都要转化为教材中的一个具体知识点、师生的一个具体行动,才能真正转化为学生的素质。许多很好的教育内容,比如社会知识、核心能力知识,如果不能结合具体的行动来教学,教给学生体现这些内容的具体方法,就难免陷入空洞的说教。事实上,任何一个人完成任何一个具体工作任务都不是由孤立因素所决定的,而必然是其整体素质的一个结果。职业教育要真正落实职业素质培养,必须利用"任务"这个纽带,"项目"这个载体。

　　确立实践知识的核心地位,并非意味着完全否定理论知识的学习,尤其在后工业社会、终身学习时代,忽视理论知识是完全错误的。事实上自现代职业教育诞生以来从来就没有完全否定过理论知识,即使是极为突出技能训练的 MES 课程,也没有完全排斥对理论知识的学习。问题是,理论知识的学习能否为个体能力发展奠定基础,关键不是取决于理论知识的多少与深浅,而是取决于理论知识的功能。脱离职业活动实际而获得的理论知识是空洞的,学生由于不知道这些知识具体如何应用,因而难以在不同情境中进行迁移。理论知识本身并不具备能力发展的基础功能。只有和职业活动密切相结合,在职业情境中获得了理解,在聚焦于工作任务的过程中体现了其功能的理论知识,才是职业能力发展的重要条件。

　　总之,职业教育课程面临的许多矛盾与冲突的最终根源是基础观的冲突。基于一般能力假设与能力演绎观点的传统基础观,符合人们的日常观念,却是与能力的本质背道而驰的。如果接受杜威的能力生长观念,那么就必须彻底重构职业教育课程的基础观。掌握知识只是促进能力生长的条件,却不能取代能力生长本身;能力进一步发展的基础取决于之前的能力发展水平。当职业教育用工作任务来界定职业能力的内容时,其基础观就应当依据实用论来重构。观念的这一变革为职业教育课程模式的继续探索奠定了基础。

　　本章探讨职业教育专业课程目标定位与内容开发的一些原理。职业教育专业课程的组织问题在本书的前面几部分已讨论得比较清楚，目标与内容问题却涉及不深，然而它们同样是当前职业教育课程中非常重要却未能很好地解决的问题。课程改革实践的推进，最终取决于能否准确地表达出综合反映了时代各方需求的课程目标，并开发出能满足这些目标实现的课程内容。然而这两个方面都是当前我国职业教育课程最为薄弱的环节。课程目标的问题主要体现在缺乏系统思维，人们往往抓住课程的某一个方面就对课程目标定位做出判断，这不仅容易带来许多无价值的争论，而且对实践的危害非常深。课程内容的问题则主要体现在人们仍然普遍停留于依据不同原理对现有知识进行选择，然而我们更需要的可能是如何开发人们在工作情境中正在使用的却未用文本形式呈现的知识。

第一节　职业教育课程目标定位与表述

目标定位是职业教育课程开发的首要环节,其他所有开发环节都是依据目标定位进行的,因此目标定位合理与否、准确与否对职业教育课程开发有着非常重要的影响。为了准确地定位和清晰地描述职业教育课程目标,我们不仅需要目标编制方法,更需要目标定位的系统思维方法,系统地思考多种因素对职业教育课程目标的要求,并对之做出整合的表达。这是职业教育课程目标制定中非常重要但又非常困难的环节。

一、职业教育课程目标的内涵

(一) 课程目标的定义

课程目标指预期的学习结果,即期望学生学习某门课程后,在知识、技能、态度方面达到的要求。其内涵包括以下几方面:(1)课程目标指的是预期的学习结果,而不是实际的学习结果。在同样的学习情境下不同学生的实际学习结果可能不相同,但对其的预期学习结果是一致的,这意味着在制定课程目标时课程开发者应充分发挥想象力。(2)课程目标指的是学习结果而不是学习过程。课程目标表述要聚焦最终的学习结果状态,可以完全忽视对学习过程的要求。(3)课程目标的承载主体是学生而不是教师。无论教师做了什么,能做什么,它要表达的都是学生所要发生的变化。(4)这种变化不能仅仅停留于知识层面(如对知识的掌握程度),而是要深入到心理结构层面(如对能力和价值观的改变)。(5)课程目标指的是通过课程学习后能获得的学习结果,而不是完全现实中的要求。职业教育课程在某些时候会要求课程目标与岗位实际能力要求尽可能地接近,但它们仍然是两种不同要求,课程目标开发中应注意区分。

(二) 课程目标的作用

梅杰(R. F. Mager)概括了课程目标的六种作用:(1)为教学材料选择和教学过程设计提供了最完满的基础。如果你不知道自己要去哪里,怎么可能知道哪条路能把你带到那里?(2)给教师提供了创造并发挥才智的空间。有了目标,教师就不再需要严格遵循每一个教学步骤,而只需发挥创造力努力达到目标,这无疑使教学更具弹性;(3)保证了学习结果的一致性。有了清晰表达的课程目标,至少可以促使学生达到共同的基本要求;(4)为教学效果评价提供了依据,使得教学效果评价发生在所教授的内容之内。如果没有清晰表达的课程目标,教学效果评价很容易具有盲目性;(5)为学生提供了努力的方向。有了清晰表达的课程目标,学生不再需要过于依赖教师,而可以独立地安排时间和精力达到目标;(6)为教学效率提高提供了基础。有了清晰表达的课程目标,并且教师能充分利用这些目标,教学时间往往可以明显缩短。[①]

---

① Mager, R. F. (1997). *Preparing instructional objectives: a critical tool in the development of effective instruction*. The Center for Effective Performance, Inc., pp. 13 - 19.

(三) 职业教育课程目标的结构

职业教育课程目标包括依次递进的三个层次,即课程方案的目标,具体课程的目标和课程模块的目标。

1. 课程方案的目标

即"人才培养目标",它是整个课程方案的目标,是课程的总体要求。一般地说,课程方案的目标表达得较为概括、抽象,反映了一定的职业教育理念或哲学。如药剂专业的人才培养目标可表述为"本专业主要面向药物制剂生产企业、保健品生产企业、化妆品生产企业、医药商品经营部门和各级医院制剂科等企事业单位,培养在生产、服务第一线能从事制剂生产、简单的工艺技术管理、产品质量分析检验、药品营销、医药仓储操作及药品调剂等工作,具有职业生涯发展基础的初中等应用型技能人才。"这种目标显然比较笼统,难以量化,但它在整个课程方案中处于宏观指导的重要地位。

以往我们一般通过研究职业教育所要培养的人才类型来定位课程目标。这种讨论无疑是非常重要的,其结论为确定职业教育课程目标提供了方向,其重要概念往往要体现在人才培养目标的表述中。但对职业教育来说,课程方案的目标要明确,仅仅停留于人才类型讨论又是远远不够的,我们必须具体明确某个专业、某个层次的职业教育所要面向的具体工作岗位。只有当工作岗位定位清楚了,才能通过描述这些岗位的工作任务与职业能力,详细地、准确地把握这些岗位的人才规格要求。这时目标才能得到细化,也才能因此而具体,从而解决课程开发中的许多难题。比如中、高职课程目标的区分,当我们依据所面向的预期工作岗位来定位课程目标时,中、高职课程目标可以很容易得到区分。

2. 具体课程的目标

学校教学是以一门门具体课程为单位进行授课的,因此除了确定整个课程方案的目标外,对每门具体课程的目标也要有明确规定。具体课程的目标是课程方案目标的具体化,它体现在课程标准中。相对课程方案的目标来说,每门课程的目标要具体得多,但是它往往也采用比较概括的形式进行陈述。一个专业由许多课程构成,所有这些课程的目标的总和应等于课程方案的总目标,因此具体课程的目标只是对课程方案目标某一方面内容的具体化。

但这并非意味着具体课程的目标和课程方案的目标之间是机械叠加关系。课程方案的目标可能是所有具体课程的目标相加的结果,也可能是对这些目标经过概括后所形成的更为概括的表述。那么具体课程的目标应当是课程方案目标的哪一方面?如何确定是哪一方面?对职业教育来说,其依据就是某门课程所截取的工作岗位的那一部分工作任务。因此工作任务是课程目标逐级细化的纽带。

3. 课程模块的目标

课程模块指一门课程中的独立单元。课程开发至少应进行到课程模块这个层面,因此课程模块的目标也是职业教育课程目标的重要构成部分。课程模块目标是具体课程目标的进一步具体化,其表达应尽可能地清晰、明确。课程模块目标表述时有必要注意区分两种目标,即"最终目标"(terminal objectives)与"促成目标"(enabling objectives)。

(1) 最终目标:指某个模块最终要达到的学习结果。对职业教育课程来说,最终目标就是学生最终完成工作任务的水平。例如,如果某个工作任务是维修撞坏的汽车保险杠,那么其最终目标要明确顾客的车必须在规定时间内维修到什么水平。再比如"药物制剂生产技术"这门课程中的"片剂生产"这部分内容,其最终目标应当是"能够生产出合格的片剂"。最终目标的陈述应尽可能接近未来职业生活和现实工作情境。

（2）促成目标:指促成最终目标实现的目标。最终的职业能力水平是通过对一系列知识、技能和态度的掌握达成的,这些不同方面的预期学习结果便是促成目标。比如对于"生产出合格的片剂"这一最终目标而言,其促成目标应当包括:①能熟练操作压片机;②能运用理论知识解释操作过程;③能解决压片过程中的常见问题;④能检验片剂的外观、片重差异、硬度、崩解度和脆碎度;⑤能严格按照 GMP 要求规范操作。

二、职业教育课程目标定位的系统方法
（一）职业教育课程目标定位系统方法的内涵

课程目标从哪里来? 我们如何获得课程目标? 这是个非常复杂的问题,因为任何课程目标都不能是由单一因素决定的,教育所培养的人最终要能适应不同方面的社会生活和工作生活,因此课程目标必须整合不同方面的社会和生活需求,而这些需求必然和特定历史时期的政治、经济、社会、文化等状态密切相关。当我们把时间跨度扩大,把今天的教育和 1000 年甚至 2000 年前的教育进行比较,或是对两个政治、经济等状况完全不同国家的教育进行比较,便将获得对这一问题的深刻理解。比如在中国和美国的小学课程中,中国的核心课程是语文、数学和英语,其中数学居于非常重要的地位;美国的核心课程则是阅读、写作、科学、社会和数学,其中社会课程居于非常重要的地位,其内容难度远在我国相关课程之上。这是两个国家的不同经济、社会状况所导致的不同教育价值取向所至。

另外,课程目标不仅要充分顾及外部需求,还要顾及学生自身的状况,如某一年龄阶段的学生能学习的最大难度的课程内容是什么? 从有益于学生自身发展的角度看应给他们提供什么课程内容? 具有同等发展价值的课程内容,学生更感兴趣的内容会是什么等等? 不以对学生状况的深入研究为基础的课程目标,不仅很可能难以实施,而且可能给人的发展带来伤害。在当前的职业教育课程中,如何把岗位能力要求与学生自身发展需要有机结合起来,是人们普遍关注的问题。此外,教育都是在特定条件下实施的,课程目标明显地要受这些特定的制约,如学校教育场地、实验实训和媒体设备、教师能力、可获得的社会教育资源等。比如在缺乏制度化校企合作系统的条件下,把职业教育课程目标定位为"零距离上岗"显然是不理性的。网络化时代,一个国家知识的网络化水平正在很大程度地影响着这个国家的学校教育形态,包括决定了它能达到什么样的课程目标。

归纳起来:(1)课程目标定位需要系统地整合多方面的可能影响因素,从单一方面定位课程目标很可能把课程带入错误的方向;(2)各种因素在课程目标定位中所发挥的实际力量有大小之分,这是人们依据所持的教育观念选择的结果,因此课程目标都是主观的;(3)影响课程目标定位的因素主要包括三个方面,即外部需求、学生状况和教育条件,每一个方面又包括许多具体因素。课程目标定位系统方法的思维过程可用图 6-1

表示。

据图6-1,课程目标定位系统方法的基本思维过程是:(1)详细列出可能对课程目标定位产生影响的因素,并分析其影响机制,即这些因素为什么会产生影响作用,它们是如何影响课程目标定位的。图6-1列出了每个方面可能产生影响作用的具体因素,但这些具体因素仍然是抽象的,实际分析中需要依据这些线索详细列出可能产生影响的现实因素。(2)确定所分析出来的每个因素对课程目标的要求,并按照重要性程度对课程目标进行排序,形成"课程目标列表"。这一过程是在特定教育观念影响下进行的,无论自觉与否,我们都会按照某种教育观念对课程目标进行排序,甚至这一过程在分析影响因素时就已经开始了。(3)依据特定教育观念对课程目标列表进行筛选和整合,最终定位课程目标。这一过程不是把先前所列出的课程目标简单进行归类或排序列,而是要对它们进行非常复杂的归纳和概括,用一个句子综合地表述课程的总体目标定位。

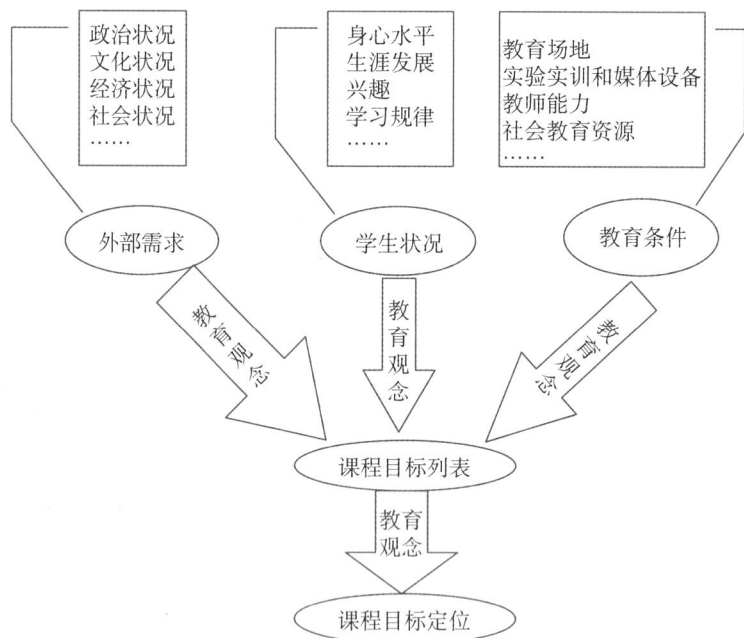

图 6-1

课程目标定位系统方法的思维过程

政治状况
文化状况
经济状况
社会状况
……

身心水平
生涯发展
兴趣
学习规律
……

教育场地
实验实训和媒体设备
教师能力
社会教育资源
……

外部需求　学生状况　教育条件

教育观念　教育观念　教育观念

课程目标列表

教育观念

课程目标定位

在这个过程中,最难把握的环节是"外部需求"和"教育观念",下面进一步对这两个环节做些分析。

(二) 职业教育课程目标定位中主要外部因素的影响机制

就外部需求因素而言,对职业教育课程目标定位影响最大的因素是技术发展水平、企业生产组织模式和职业教育模式本身。

1. 技术发展水平及其作用机制

技术知识是职业教育课程的核心内容,技术的存在与发展是职业教育存在与发展的前提。如果人类的技术非常简单,无需专门学习便可很容易地掌握,那么学校职业教育就无需存在。随着技术复杂程度的提升,职业教育课程目标的定位自然也要提升;当技术的基本形态发生了根本变化时,职业教育课程目标定位也要发生结构性变化。毫无疑问,技术发展水平是职业教育课程目标定位的首要考虑因素。

西班牙思想家奥特加·伊·加西特(Jose' Ortegay Gasset)根据各个历史时期占统治地位技术的不同,把技术发展史划分成了以下几个阶段:(1)机会的技术;(2)工匠的技术;(3)工程科学的技术①。机会的技术是史前人类和当代原始部落人的技术。在这个阶段,技术还完全包含在自然生命的无思维的动物性活动中,没有熟练的工匠,发明只是偶然的事情,并不是有意识进行的。工匠技术则是古代和中世纪的主要技术形态,通常又称经验技术,即它主要是通过经验而被发现的。各种技术工艺在这个时期发展到十分复杂的程度,并引起了劳动分工。但是特定过程的技术知识和实践还只限于特定行业。工程科学的技术则是现代技术的主要形态,它完全是技师和工程师占主导地位的技术。这种技术通常又称理论技术:(1)从内容上看,现代技术应用了科学研究成果;(2)从方法论上看,现代技术的发明过程采用了科学研究所使用的实验方法。比如航空技术便是典型的理论技术,因为不仅飞机的最早设计者是采用科学实验方法进行研究的,而且理论在这一技术的开发中起了关键作用。

面对不同水平的技术,人类创造了与之相应的两种职业教育模式。经验技术完全是通过学徒制来传授的,而理论技术的传授需要学校的参与。因而现代职业教育模式,无论是德国的双元制,美国的综合中学,澳大利亚的 TAFE 学院,还是我国专门化的职业技术学校,都离不开学校的参与,只不过在不同模式中学校参与的程度不同。职业教育模式的不同,蕴涵着其课程目标有着重大区别,那就是说,古代学徒制的课程目标主要是让学徒获得经验性的技艺,而现代职业教育的课程目标非常强调学生对相关科学知识的掌握。

就是在理论技术内部,也还存在"理论化程度"的区别。第二次世界大战以前发展的主要是机械技术。一方面这些技术运用了许多物理学、化学等科学知识,因此当时的职业教育普遍要求学生学习一些科学知识,另一方面这些技术并不是很复杂,且操作过程比较机械,因而其课程以训练熟练、重复的操作技能为目标。第二次世界大战以后,人类技术又经历了一次深刻变革,不仅各种技术的复杂程度大为提高,而且由于信息技术的广泛应用,导致了生产技术由刚性向柔性的转变,同时技术更新的速度也越来越快。这使得职业教育课程在目标上发生了下列重大转移:(1)强调操作技能训练的同时,更加强调生产一线问题解决能力、灵活适应能力的培养;(2)强调要为个体日后的转岗培训、技能更新培训、晋升培训等奠定基础。

以上只是在宏观层面分析了技术发展水平对职业教育课程目标转变的重大影响,如果我们深入更加具体的技术,将获得对技术发展水平对职业教育课程目标影响的更加具体的理解,从而为职业教育课程目标定位提供重要依据。

2. 生产组织模式及其作用机制

任何职业岗位都是存在于特定生产组织模式中的,生产组织模式会直接影响职业岗位的划分和组合方式,从而对职业教育课程目标定位产生直接影响。现代企业生产

① F·拉普.技术哲学导论[M].刘武,等,译.沈阳:辽宁科学技术出版社,1986:23.

模式研究的迅速发展,正在推动着企业生产模式朝更加复杂和多样化的方向发展,这必将对职业教育课程目标定位产生深远影响。职业教育课程目标定位应该具有足够的敏感性以适应这一变化。

第二次世界大战以后西方国家所建立的生产组织模式通常称为福特主义。什么是福特主义?从这个词本身,我们很容易联想到福特汽车公司的流水生产线。在生产组织模式方面,福特主义不仅把管理者、设计者与执行者严格区分开来,而且把完整的生产过程划分为许多微小的任务,按照流水的方式排列任务组织生产。在这种生产组织模式中,许多以前由熟练工匠完成的任务被机器所取代了,在半熟练工的操作下,一台机器一天可以反复运转的次数数以百计,甚至数以千计,这大大提高了生产效率,使得批量生产成为可能。

到了20世纪70年代初,福特主义受到了挑战,日本丰田汽车公司发展了一种被称为后福特主义的生产组织模式,他们用生产岛取代了福特主义的生产线,建立了弹性化的生产系统,一个生产岛要求能生产出一台完整的汽车。而且在一个生产岛中,工人的工作要求能互相轮换,每一个工人都要求能完成别人的工作,工人之间的团队协作受到了高度重视。丰田公司还采取了平均化生产方式,"就是要让工作的高峰和低谷平均化,避免生产过剩、工序的过快推进"[①],这要求工人既具备适应计划变更的能力,还要具备同时管理多条生产线的能力。

生产组织模式由生产线发展为生产岛,对职业教育课程目标的影响是深刻的。在生产岛中,不仅要求工人具备很强的团队协作精神与能力,而且由于"每一个工人都要求能完成别人的工作",因而"多技能"成了生产岛对工人技能的一个基本要求。这就要求职业教育课程目标在技能广度上要大大扩充,而工人能灵活地适应多个工作岗位的能力也需要在职业教育课程目标中得到反映。

3. 职业教育模式及其作用机制

职业教育模式虽然属于职业教育内部现象,但由于职业教育模式往往是由社会中的经济、文化等多种因素客观决定的,职业教育自身往往难以选择自己的模式,且这种模式一旦形成以后便很难改变,往往成为影响职业教育发展的有力因素,因而把职业教育模式也看作为影响职业教育课程目标定位的外部因素。要看到的是,职业教育模式对职业教育课程目标定位有非常直接的影响,在定位职业教育课程目标时一定要对特定职业教育模式的特征有清晰认识,否则无论所表述的课程目标如何具有吸引力,都是难以在实践中得到实施的。

个体职业能力发展需要两种基本途径,即学校情境和企业情境,因而职业教育的承担主体也主要有两个,即学校和企业。然而在不同国家,两个主体所承担的职业教育责任有所侧重,这就形成了不同的职业教育模式。有的国家偏向企业一端,形成了发达的企业内培训模式,比如日本;有的国家偏向学校一端,形成了发达的学校职业教育模式,比如我国;有的国家则在这二者之间寻求某种平衡,形成了双元的职业教育体系,比如德国。见图6-2。

---

① 门田安弘.丰田现场管理方式[M].李伟,李晴,译.北京:东方出版社,2007:88.

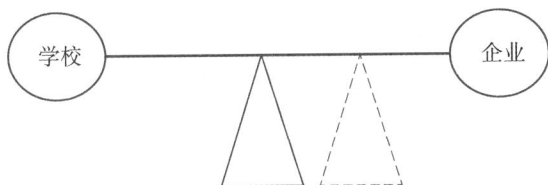

图 6 - 2

学校与企业的
职业教育责任
平衡杠杆

不同职业教育模式可能达成的职业教育课程目标是不一样的。当学校在职业教育中承担着更多责任时,有可能培养学生掌握更多专业理论知识,使学生对专业技术有更为深刻的认识,并通过扩大专业范围获得更为广泛的就业适应能力;当企业在职业教育中承担着更多责任时,则有可能使课程内容与工作实际联系更加紧密,并培养学生更为娴熟的专业技能。如果我们能够把学校责任和企业责任均发挥到最大化,那么便有可能实现最大限度的职业教育课程目标,即可以把职业教育课程目标定位到最为理想的状态。然而,许多情况下这的确只能是理想状态,现实中无论是学校还是企业其责任均无法得到最大程度的发挥,因此在确定职业教育课程目标时,需要依据特定职业教育模式下学校和企业责任可能发挥的程度做出理性判断。

我国当前职业教育课程目标定位中最大的悖论便是高期望与企业责任发挥不足之间的矛盾。人们要求职业教育培养出具有高素质,能适应灵活多变的劳动力市场,且又能在某些岗位上直接上岗的劳动者。这其实已是职业教育课程目标最为饱和的状态,这一状态要变为现实,则企业必须制度化地深入参加职业教育。然而现实是除少数大型企业外,大多数企业只期望招聘能立即上岗的劳动者,对参与职业教育则基本没有热情。显然,这一目标定位是极为不现实的,不现实的课程目标所产生的实际效应不是所谓的前瞻性引导,而是带来实践的混乱。

(三) 职业教育课程目标定位中主要教育观念的影响机制

如图 6 - 1,无论是把各种影响因素转化为对课程目标的要求,还是对课程目标列表进行筛选和整合形成最终的课程目标定位,都需要以教育观念为桥梁。任何教育观念的形成都离不开各种外部因素的影响,但教育观念也有其独立性,因为在同样的外部环境下我们会形成许许多多互不相同的教育观念。在职业教育课程目标定位中,最为重要的教育观念是:(1)职业教育的目的是满足企业需求还是人的需求;(2)职业教育应服务于人的当前发展需求还是未来发展需求。这是当前我国职业教育课程目标定位中主要分歧所在。

1. 企业需求与人的需求

这两种职业教育理念分别体现在人力资本理论和批判理论中。

(1)人力资本理论与批判理论的理念

人力资本理论来自于经济学理论,并受到职业教育课程开发者们的广泛接受。它认为社会能够从对人的投资上得到收益。从这一理论基点出发,该理论认为,教育能使人更有价值,使个人得到更多的收入并为国家总的经济产出做出贡献。人力资本理论家高度评价生产性、效率、工作的等级和知识界的精华,认为原有体制下培养出的工作者的实际技能和工作所需技能存在极端不相称的现象。他们多数把收入的不平等和工资的停滞解释为是由于劳动者不具备高收入工作所需的技能。

批判理论在职业教育中的影响不如人力资本理论广泛,但也足以构成支持职业教育课程目标的另一理论框架。它注重社会中权利的分配,以及社会体制是否允许人们自由地支配自己的生活。这些学者认为社会体制既支持人们间的权利的相互平衡,也支持不平等的状况的存在,使有些人比其他人有更多的机会支配自己的生活;教育应赋予人们能力,为自己和他人创造平衡权利的环境。和人力资本理论家不同,批判理论学家更注重权利关系的平衡、社会公正、个体的充分发展、民主、交流。

(2) 人力资本理论与批判理论所期待的职业教育课程目标

选择不同的理论,显然会对我们为什么办职业教育,职业教育课程目标应定位于什么这一重大问题产生根本分歧。人力资本理论家认为学校是非常有价值的培训劳动力的机构,是提高劳动者劳动技能的一种有效方式。学校要为年轻的劳动者提供多样的技能,包括基本技能、人际交往技能、特殊的工作技能以及推理的技能等。他们要求学校确保学生获得更多的实际工作经验,这可以通过学徒制、企业办学、实习和其他特别的项目来进行。经验可以帮助所有的学生,特别是那些处于不利地位和直接从高中进入工作场所的学生。多数的这类改革者把工作经验现实化,即按照工作环境的要求去教学生。

批判理论家则认为学校的任务是提高学生对未来工作场所的问题意识,包括歧视、收入的不平等、重复的、不具挑战性、甚至是危险的工作,以及对自己工作的控制权的掌握等。学校应该尽量避免根据学生的背景对待学生,这样会用成人的观点来限制学生。学生应该有多种选择,包括进入高校或工作场所。学生应该明白工作场所是人类创造的,而且是可以为人类,包括他们自己和他人而改变的。课程应该包括关于工作场所的安全、工会组织、同工同酬和多种可供选择的工作机会的知识。无论是否可能,学生应该得到在这些机构中应有的工作经验。

在职业教育思想史中,较早批判人力资本理论,主张批判理论的教育家是杜威,尽管他并没有明确使用这两个概念。他非常反对把职业学校变成制造业和商业的附属机构,反对把职业教育作为获得专门职业的手段,主张职业教育应充分发挥它的改造现有社会、实现人类美好未来的功能。杜威认为,在职业教育课程方面,仅仅按照各种工业和专业现在的做法,在学校照样模仿现有的工业状况,给予学生技术上的准备,要通过教育改造社会是不能成功的。因为任何从现有工业制度出发的职业教育计划,都很可能表现并延续这个制度的阶级划分和缺陷,因而成为实现社会宿命论的工具。职业教育应当训练未来的工人适应不断变化的情况的能力,使他们不会盲目地听天由命。这种职业教育并不使青年屈服现有职业的要求和标准,而是要利用科学和社会的因素发展他们的胆识,并且培养他们实际的和应用的智慧。只有按照这种模式实施职业教育,才能促进社会的发展,才能实现更美好的社会。

这两种理论在职业教育的任务这一问题上各执一端,并进而影响到它们对职业教育课程目标的确定。职业教育课程理论家们通常期望在这两种观点之间达成某种平衡,找到两种观点之间的最佳平衡点。但这种努力往往是难以取得实效的,实际情况是不同历史时期,根据社会发展的实际状况需要在这两种目标之间做出倾向性选择。自改革开放以来,经济发展一直是我国的核心任务,"发展"已经作为一种观念,深深渗透到了我们的文化之中。因此,长期以来人力资本理论一直是我们思考各类职业教育问题的基本理论依据。在职业教育课程目标的确定上,我们往往也主要是考虑经济发展的需要,以劳动力市场为导向,培养经济发展所需要的技术、技能型人才。"职业能力"的培养成了职业院校课程计划中最为耀眼的词眼。但是,随着我国经济发展水平的大幅度提高,社会中的各类不公平问题开始引起了社会各界的密切关注,"正确的发展观"成了我们当前发展的重要指导思想。这预示着我们的社会正在进入一个新的深刻转型时期,而社会的这种转型必然带来职业教育的转型。职业教育的公平问题开始受到某些学者的关注。但是,不得不承认,职业教育的这一转型目前主要还停留在观念层面,还远远没有深入到课程层面。当然,从观念到课程是教育改革发展的一般规律;观念不变革,课程不可能真正获得变革,但是期望这一过程不要太过于久远。

2. 当前发展需求与未来发展需求

无论如何,服务于个体发展需求是职业教育课程的重要目标之一。然而我们可以从多个角度看待个体发展需求,比如是当前发展需求还是未来发展需求?对这个问题的不同选择会导致不同的课程目标定位。如果我们选择当前发展需求,那么课程内容与当前岗位要求就要保持高度一致,最大幅度地删减与当前岗位要求关系不是十分紧密的课程内容;如果我们选择未来发展需求,那么课程内容除了要包括当前岗位所需要的基本知识外,还要包括大量的未来可能需要的知识,以及能促进个体继续学习这些知识的知识,甚至岗位范围的设定也可能要更宽泛些。

这两种理念目前都不乏支持者。当前发展需求的支持者主要从职业教育的功能和现实两个维度论证其观点。他们认为:(1)职业教育的功能就是促进学生就业,只有有了目前的就业才有未来的发展;(2)终身教育时代充满了继续学习的机会,我们没有必要过多地为未来需求储备过多知识,更何况我们并不能确定未来到底需要什么知识;(3)目前职业院校学生的理论知识学习能力不强,过于遥远的课程目标定位不适合他们。未来发展需求的支持者则主要从职业教育的性质和现代职业的多变、就业的高流动性等维度论证其观点。他们认为:(1)职业教育不是职业培训,它应当着眼于个体未来的长远发展,其课程目标定位应当具有足够的前瞻性;(2)现代职业变化越来越快,人们就业的流动率也越来越高,着眼于当前发展需求的职业教育是短视的,它不是在促进人的发展,而是在阻碍人的发展;(3)现代就业的困境只有教育能够解决。如果学校不给学生系统传授未来发展所需要的理论知识,那么他们将丧失系统地学习理论知识的机会,这将会严重影响学生的生涯发展,并带来严重的社会问题。

当然,在现实中,绝对的当前发展需求和未来发展需求是不存在的,"当前"和"未来"都只是相对的时间概念,我们实际上要做的只是确定"未来"到什么程度。比如一位学习机械制造专业的学生,他就业后的第一个岗位一般是生产一线的技术工人,然而过几年后他很可能升迁为普通技术员、技术骨干,再过几年很可能升迁为车间主任,那么他的课程定位应当"未来"到什么程度呢?再比如一位学习国际商务专业的学生,他就业后可能先在某公司获得个秘书工作,然而过几年后他可能改而从事国际贸易工作,甚至可能创立自己的国际贸易公司,那么他的课程定位又应该"未来"到什么程度呢?可见,当我们从"时间连续"的视角看待个体的发展问题时会发现,空洞地谈论当前发展和未来发展是毫无意义的,我们所要做的应该是绘制出个体清晰的生涯发展路径图,而后在课程思维的两个基本前提下确定课程目标的最佳定位点。

三、职业教育课程目标的表述

职业教育是培养学生做事情的能力的教育,因此其课程目标,至少是其最终课程目标,应当采用成就目标(performance objective)形式进行表述。成就目标是"一个准确描述在某门课程中个体能做什么的简短陈述,以展示学习活动结束后个体对任务的掌握情况"[①]。为了准确描述个体能做什么,成就目标要由三个要素构成,即行动、条件和标准。行动指期望个体要做的内容,条件指行动发生的条件,标准指行动至少要达到的能力水平。

(一)行动

成就目标的表述中都必须包括描述可直接观察到的行为的动词,以展示个体对课程目标的达成情况。

第一,这些动词应当是描述行为的,而不能是描述状态的。比如制作、撰写、排列等等,这些都是描述行为的动词,它们能告诉我们主体要发生的行为,而我们在表述课程目标时习惯使用的一些词,如理解、掌握、知道等,所表达的则只是状态,从这些词我们无法知道主体要做什么,因此在表述成就目标时不能使用这些动词。比如"理解有效管理的重要性",什么是理解?怎样才算理解?是能撰写关于管理有效性的小论文算理解了,还是能发现忽视有效管理的现象算理解了?从这条陈述中显然我们无法知道。这一目标比较合适的表述是:给定产品的所有工程资料,能撰写一份产品简介,这份简介要描述和定义产品的所有商业特征。

第二,这些动词所描述的行为应当是可直接观察的。如接待、维修、绘制等,当个体在进行这些动作时,我们可以直接观察到它们。如果一个表述中不包含这种动词,那么它就不是合格的成就目标,尽管这种目标可能很重要。因为在这种表述中,我们无法清晰地看到要求个体能做什么,从而也就无法确定他对课程目标的达成状态。在撰写成就目标时,我们经常遇到的困难是,某个目标非常重要,如解决、区分、确定等,但它们又是不可见的。遇到这种情况时,解决的办法是在原词后面加上指示动词,比如"确认"可以加上"圈出","区分"可以加上"归类"。

第三,有些动词是否符合成就目标的表述要求要视其对象而定。因此在许多时候我们不能简单地说某个词合适,某个词不合适。比如"应用"这个词,当我们说"应用科学知识"时,这个词的使用是不合适的,因为它没有表述出"成就",而当我们说"应用某些工具"时,这个词则可能是合适的。

(二)条件

为了进一步准确表述课程目标,有时候还要写出行动发生的条件,否则也容易在实

---

① Blank, W. E. (1982). *Handbook for developing competency-based training programs*. New Jersey: Prentice-hall, Inc., Englewood cliffs, p. 120.

践中引起理解上的不一致。比如为"排除机器故障"这个模块撰写课程目标,如果不限定行动发生的条件,那么我们就不能确定这个行动是在有还是没有外部帮助的条件下发生的,也难以确定这个行动是在拥有什么样的检测工具的条件下发生的。当课程目标具有如此多的不确定因素时,那么课程开发与教学实施的边界均很难把握。

对行动条件的表述应当具体到什么程度?有的课程开发者会把行动发生的所有条件均列出来,甚至包括纸张、空气,这也是不合适的,对条件的表述并非越详细越好,过于详细的表述会使课程目标非常冗长而无意义。一般地说,只要表述到不会发生歧义即可,那些常见的、容易获得一致认可的条件没有必要表述出来。因此在有些时候,课程目标也可以不包含行动条件。

要特别注意的是,学校职业教育和企业职业培训对行动条件的表述要求是不一样的。企业职业培训是指向特定工作岗位的,其工作条件已经被限定,课程目标中的行动条件只能在已经具备的工作条件之内,这样的培训才能对企业绩效有实际促进作用。比如某小型制造企业,其机器设备的技术水平比较落后,但这是短期内不可能改变的,因此其培训课程目标的行动条件便只能在现有技术水平范围之内。这就是说,企业职业培训课程目标中的行动条件主要关注的是企业现有工作条件。对学校职业教育而言,其课程目标中的行动条件所关注的则不是工作条件,因为在没有特定岗位指向的前提下,我们完全可以假定具备当前最为完全和先进的条件,但它必须关注行动是否有外部帮助以及帮助能够提供到什么课程,因为它决定了课程内容的深度及实际训练的强度。

(三)标准

有了行动和条件,我们还需要给课程目标加上另一个要素,即标准,以确定当个体做到什么程度时我们才认为他是"有能力的",从而为测量教学的成功提供尺度。有的时候学生只要能完成任务我们便认为他是合格的,有的时候他们要做到非常精确才能认为是合格的,只有有了标准,我们才能准确地把握这一尺度。要注意的是,标准必须是可测量的,否则就不成为标准。教师们常常会说:"我的课程目标比较特别,它们本身很模糊,没法表达清楚"。这是不正确的,因为教学中教师对学生的表现都有满意或不满意的体验,这说明他们内心都装有标准,现在要做的只是如何努力把这个标准表达出来。

对职业教育而言,其课程目标的标准可以从行动的以下维度进行设定:(1)速度,即完成任务所需要的时间,如"在5分钟内加工出图纸所要求的零件";(2)质量,即任务完成的好坏程度,如"缝隙误差不能大于1微米","所有获得的信息都是真实的"。标准可来自现实工作的要求,我们可以通过企业的相关资料来获得;也来自课程开发者的个人经验判断,如果课程开发者本人在这一领域并无非常丰富的经验,则需要咨询相关企业专家。

有些时候我们会发现,要区分条件和标准其实很困难。如"使用某某工具",这是条件还是标准?可以说它是条件,因为它限定了行动发生的环境,也可以说它是标准,因为它是行动发生的要求。遇到这种问题时该如何处理?不用去管它,课程目标只需表达出了实际意图就行,即它是否表达清楚了在什么条件下个体要进行什么行动,并获得什么样的工作成果。

第二节　职业教育专业课程内容开发的技术路径

课程目标定位非常重要,然而课程内容开发的重要性也不能忽视。内容是依据目标选定的,然而这却是个非常复杂的过程:(1)目标与内容的关系存在非常大的弹性,把弹性确定到什么程度非常复杂。比如我们早已确立了职业教育专业课程内容改革的理念,即放弃以学科知识为主体的课程内容,以任务为中心开发工作岗位所需要的知识和技能。可是围绕任务该选择哪些知识、哪些技能? 课程开发者感到极难把握。(2)很多时候并没有现成的内容供我们选定,而是需要从无到有进行开发,对职业教育专业课程来说尤其如此,因为职业教育专业课程的许多内容是存在于工作场所的,迄今这些内容的大部分还没有表述成文本形式。这是当前我国职业教育专业课程内容改革的两个主要障碍,要克服这些障碍,开发出结构严谨、与职业情境联系紧密、富有教育价值的课程内容,有必要对原有课程内容开发技术路径进行根本性调整。

一、传统课程内容分析框架的解构

如何获得职业教育专业课程的内容? 进行这一操作的技术路径是什么? 学科课程的技术路径在职业教育中的适用性已被完全否定,人们所持的主流观点是依据工作任务选择课程内容,这一原理在 MES、CBE 等课程理论中得到了清晰阐述,其技术路径的基本信念是:(1)从工作任务中能够直接引导出职业教育课程内容;(2)不同性质的职业教育课程内容,如知识、技能和态度,是平行地同时从工作任务中引导出来的。这一基本原理是毫无疑问的,然而具体操作的技术路径真是如此吗? 我们可能直接从任务过渡到知识和技能吗? 知识和技能是平行进行分析的吗?

如果绕开理论,深入观察职业教育课程开发实践,我们能找到多少课程内容是直接依据工作任务选择的结果? 回答"极少"是不过分的,不仅中国如此,美国如此,欧洲也可能同样如此。尽管这些课程理论在世界范围内广为传播了 30 年,我们仍然难以在正在使用的职业教育课程内容与工作任务之间找到非常清晰的联系。这是为什么? 因为传统的职业教育课程内容开发技术路径存在重大缺陷,而这一技术困境的形成,最终应归结为传统的课程内容分析视角问题。只有调整了这个分析视角,内容分析技术才可能取得突破。这个传统视角就是知识与技能、理论与实践的二元视角。这一视角人们对它如此熟悉,以致深信不疑,然而正是它严重阻碍了我国职业教育课程内容改革的进展。

(一) 依据这一分析框架事实上无法进行课程内容分析

首先,这一分析视角假定任务情境中存在独立的技能,然而实践发现,对技能进行分析时,我们基本上无法获得纯粹动作技能或智慧技能。比如"点钞"是人们普遍认可的技能,然而实际工作中,"点钞"是深深寓居于其工作情境的,我们基本无法把其技能与职业情境剥离开来,独立地进行描述。

其次,这一分析视角把课程内容分解为知识和技能(应当还包括第三个要素即态度,由于态度在一个专业内具有共性,因而通常不对应具体任务对之进行分析),它蕴涵了这样一种分析技术,即平行地从任务中进行知识和技能分析,知识和技能之间是并列关系,见图 6-3。这就是多年来在我国流行的职业教育课程内容开发的任务分析法。

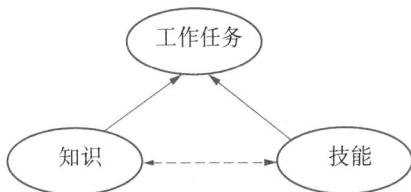

图 6-3

任务分析法的
技术路径

　　然而实践结果是,人们发现直接依据任务准确地进行知识分析非常困难。比如"客户咨询处理"这条工作任务,依据它我们该选择什么知识? 这是个非常模糊的问题。因为许多知识都可以说和这条任务相关,然而我们不可能选择这么多知识,否则会导致课程内容的极端庞杂和混乱。更为重要的是,由于缺乏相关概念支持,课程内容分析难以导向对工作本身的知识的开发,这就必然使得课程开发者只是简单地重组原有的学科知识。

(二) 依据这一分析框架无法形成严谨的课程结构

　　不论选择什么样的课程内容,它都必须构成严密的内在结构。有组织的课程内容不仅是促进学生智力发展的重要条件,也是学生记忆所学内容的重要条件。混乱的教学内容将严重影响学生思维与认知结构的发展。当前职业教育课程改革的一个重要目标是实现理论与实践的一体化,然而要在教学层面实现理论与实践的整合,首先必须实现课程内容的整合。因为理论与实践的一体化教学,并非仅仅意味着把理论与实践放在一起进行教学,关键是二者的内容必须有内在逻辑联系。

　　然而,依据课程内容的这一分析框架,理论与实践的整合是不可能的。因为其基本理论假设中把知识与技能看作是平行关系,它们同等地与任务相联系。当分别依据任务进行知识和技能分析时,便不可能考虑到知识与技能之间的联系,因而理论与实践整合的课程基础便不存在,这必然影响课程内容的内在结构。

(三) 这一分析框架在理念层面阻碍了课程内容的改革进程

　　当前课程改革的主流观点是打破学科知识体系,建立任务相关的课程内容体系。然而这一观点并不是被所有人接受的,或者说不是被完全接受的。反对观点认为这种改革过于突出技能训练,忽视了对知识的学习,会弱化学生的可持续发展能力,因而主张在强调课程内容实用化的同时,要注意加强普通文化课程与专业基础课程。课程内容改革在这两种观点的博弈中艰难地前进。

　　这种似乎非常合理的观点其实与事实并不吻合。为什么说强调课程内容的实用性便是只关注技能训练? 为什么说强调课程内容的职业化便会影响学生的可持续发展? 职业情境就不能培养学生的智慧吗? 学生发展的基础是外部塑造的还是内部生成的? 正如杜威所质疑的:"是离开人类利用自然的活动最能练习人的智力呢,还是在人类利用自然的活动的范围以内最能练习人的智力呢？"①当然,这里所关注的并非这些问题的答案,而是人们为什么会形成这些观点？其根源还是在于知识与技能、理论与实践的二元视角。非此即彼的思维习惯使得我们难以准确地把握课程改革的核心所指。

除了以上三个重要问题外,这种要素主义的课程内容分析框架还存在许多其他问题,如把课程内容与实际任务情境相剥离。这不利于完整地描述知识与技能的工作意义。事实上,知识与技能本是不可分割的一个行动的两个方面。当我们"知道"完成某个操作的方法时,它便表现为知识;当我们实际进行操作时,它便表现为技能。以上问题的根源,还在于知识与技能、理论与实践的二元论思维框架。因此,职业教育课程内容改革的进展,迫切需要我们突破传统视角,采用新的视角。

那么新的视角是什么？采用什么视角能有效地解决以上问题,使职业教育课程内容改革取得实质进展？这一视角便是工作知识。工作知识,这个概念人们并不陌生,然而以往人们对它的理解往往不够深入,认为它只是用于描述任务情境所需要的知识的一个概念,因而尽管经常提及,却极少深入探讨其内涵,更基本没有尝试用它进行职业教育课程内容的观察。然而工作知识事实上意味着我们分析职业教育课程内容的视角的根本转变,即整体地、情境性地从工作角度观察职业教育课程内容。

二、工作知识与课程内容开发的新视角

(一) 什么是工作知识

工作知识是近年来国外职业教育领域研究得比较多的一个概念。所谓工作知识,就是关于工作原理、工作过程、工作方法、工具材料、工作诀窍的知识,人们用它来表达工作过程中具有实践功能的知识。邦德(D. Bound)和西门斯(C. Symes)认为工作知识是"一种能提高生产力,更为有效,更能满足劳动过程需要的知识"②。这应当是对工作知识比较清晰的定义了。工作知识这个概念的引入,既有利于开发出与工作实践密切相关的职业知识体系,形成职业教育课程所特有的课程内容,又有利于实现理论与实践的整合,因为它不再区分理论与实践,只要与工作完成相关的知识,均属于工作知识的范围。

切贝尔(C. Chappell)对工作知识的性质做了如下描述:"工作知识是瞬间的和形成性的。说它是瞬间的,因为在当代经济生活中服务与生产处于不断变化中,因而这种知识的存在时间短。说它是形成性的,因为在后工业主义的社会和经济系统中,对其价值的判断所依据的是效率最大化。它同时也是跨学科的,因为它不是根植于传统的知识分类,而是基于难以概括化的情境"③。这段话表达出了工作知识的以下三个特征。

---

① 杜威.民主主义与教育[M].王承绪,译.北京:人民教育出版社,1990:336.

② Bound, D., & Symes, C. (2000). A welcome note. In Working knowledge: productive learning at work, proceedings of the international conference (Sydney, Australia, December 10 - 13, 2000).

③ Chappell, C. (2000). New knowledge and the construction of vocational education and training practitioners. In Working knowledge: productive learning at work, proceedings of the international conference (Sydney, Australia, December 10 - 13, 2000)

1. 工作过程所使用的知识

它是在工作过程中得到了实际应用,具有实践功能,产生了工作成果的知识。这不仅使得工作知识不同于纯学科知识,而且使得它不同于一般的应用知识。应用知识具有实践性,但许多应用知识对实践的价值只是方向指导性的、方法框架性的,并不能依据它直接产生工作结果。工作知识是在应用知识中最为贴近工作过程的知识。但工作知识也不同于经验知识,因为它有经验的、也有理论的。确定工作知识的依据是知识的功能而不是知识的形式。

2. 工作行动所表征的知识

工作知识可能是能被言说的,也可能是默会的,但不论是哪种形态的,其意义主要体现在行动中。脱离了具体工作行动,学习者便不能建构工作知识的完整意义。有许多知识听讲述时觉得一般,然而在行动时却发现其用意深刻,说明的便是这个涵义。因此,我们不能脱离具体行动来表征工作知识。

3. 工作任务所组织的知识

与学科知识按照学科边界进行分类不同,工作知识以工作任务为中心有机地组织到一起,很难把它们按照理论与实践等传统分类维度进行区分。"任务组织"本身也是工作知识的重要内容,正是它使得工作知识具有工作成果生成功能。

由此可见,工作知识是一种独立存在的、有着特定结构与性质的特殊形态的知识。它既不是学科知识简单应用的结果,更不是把学科知识简单拼凑就可形成的知识。其来源非常复杂,既可能来自理论知识在实践中的创造性应用,也可能来自经验建构,其中包含了大量工作者的实践智慧,这些知识围绕工作过程而有机地生成,以致不能把它们进行分割。对工作知识性质讨论的结果,使得在对其进行开发时,应以工作过程为核心整体地进行,并以工作成果为载体对其进行描述。

(二)工作知识分析视角的优势

采用"工作知识"这一概念来观察职业教育课程内容,和传统的知识与技能、理论与实践的二元框架相比存在许多优势。

首先,它有利于促使职业教育课程内容彻底放弃学科内容体系,构建起以工作知识为主体的课程内容体系。"工作知识"这个概念本身突出了工作在知识中的核心地位,强调以"工作"为核心来构建职业教育课程内容,这就彻底突破了传统的职业教育课程内容思维模式。在传统的二元分析框架中,掩藏着这样一种观念,即实践是理论应用的产物,这种思维模式很容易导致忽视实践知识的重要性和独特性,从而不利于开发出职业教育自身所特有的课程内容体系,使得课程内容只是"学科知识 + 实践操作",最多只是根据实践需要补充一些实用知识。

其次,它有利于形成具有严谨结构的课程内容。在传统的二元分析框架中,由于知识与技能被看作为两个平行的概念,因此实际导致了职业教育课程内容组织的双核心,最终使得职业教育课程体系缺乏严密的内在逻辑联系。"工作知识"这个概念的引入,则意味着完全放弃了技能这个概念,把所有课程内容均纳入到"知识"范围,这样就可以根据任务对知识的需要来构建工作知识的结构,从而形成有内在逻辑联系的课程内容。那么这是否意味着放弃了"做"的要求?当然不是,下面将阐述这一问题。

再次,有利于促进对知识的完整意义的表征。以上对工作知识特点的分析表明,工作知识作为一种具有行动功能的知识,其意义并不仅仅存在于符号层面,更重要的是还存在于情境层面和结果层面。传统的二元分析框架,很容易导致人们忘记后面两个重要层面,以致就知识而教知识,结果是学生记住了一些知识,却不知道这些知识要生成的最终工作成果。我们往往教了学生走80步、90步,甚至99步,但极少教师真正教了学生完整的100步。工作知识这个概念本身,则内在地要求完整地描述知识的意义。

(三) 工作知识分析视角的理念框架

工作知识的分析视角,一言以蔽之,就是依据工作成果所承载的职业能力,采用知识描述形式对课程内容进行分析的思维框架。

1. 职业教育课程内容的分析依据是工作成果所承载的职业能力

这是思维模式的一个重大转变。通常的观点是依据任务选择课程内容,但在实践中这是无法执行的理念:(1)不可能依据任务准确确定课程内容的范围。要准确地分析知识,不能仅仅依据要求人做什么(任务)来进行,因为它最多只能提供笼统的范围,只有做出的结果(工作成果)才能给知识分析提供准确依据;(2)任务不可能为课程内容分析提供直接依据。知识是人要知道、理解的内容,因此从技术角度看,对其分析只能依据人所具有的要素进行,而不可能直接依据岗位的要素,即工作任务来进行。

当然,这并非意味着完全否认任务在课程内容分析中的价值,而是认为从任务中无法直接分析内容,在它们之间需要一个中介,这个中介应能联结个体与岗位,并负载工作成果。这个中介就是职业能力。与普通能力(如思维能力、想象能力)通常依据心理要素进行界定不同,职业能力是把心理形式与具体职业任务的内容相结合,依据工作成果所表达的能力,如"能从长句中准确听取关键词并能有效地引导和控制谈话"。因此,所谓的写作能力、表达能力、合作能力并非职业能力,这种形式的职业能力表述将导致课程内容开发无法进行。

维果茨基是对这一思想做出了卓越贡献的心理学家。早在20世纪20年代,他就意识到了形式化能力描述的缺陷,因而在心理学领域发起活动理论,并为心理学和哲学领域中他的后继者所发展。这一理论认为,在社会科学和心理学的分析中,无论是心理还是行为都不能作为分析的主要范畴;主要的分析单元应当是与文化密切相关的人类活动。在活动中,心理与行为被统一了起来。正如维果茨基所道:"'单位分析'与'元素分析'不同,其分析结果保留了整体的所有特征,而且若不失去这些特性便不能进一步划分"①。我们既可以在较高的层面对活动进行分析,如艺术活动、工作活动、游戏活动,又可以在更为具体的层面对活动进行分析,这时的活动通常是指执行行动的具体操作。

2. 职业教育课程内容分析应采用知识描述形式整体地进行

以职业能力为任务与知识的中介进行课程内容分析,意味着工作知识分析视角彻底放弃了"知"与"做"的并行思维模式,转而采取了一体化的纵向思维模式,见图6-4。

① 维果茨基.思维与语言[M].李维,译.杭州:浙江教育出版社,1997:4.

这一模式把"知"与"做"内在地联系起来了,从而使得理论与实践一体化教学有了重要的课程基础。这一分析法可称为能力分析法。

图 6 - 4

能力分析法的
技术路径

能力分析法技术路径的确立,意味着在课程内容分析中,彻底放弃了纯粹技能概念。"做"的内容被纳入到了职业能力中,以工作成果为载体进行描述,这不仅解决了纯粹技能描述的困难问题,而且使得复杂能力描述成为可能,从而可以更好地适应现代"综合化"职业情境发展趋势。

这样,工作知识就成为了描述课程内容的主体概念。职业教育课程内容应当以工作知识为主体,它不是学科知识的简单应用结果,而是在工作情境中生成的一种特殊类型的知识。对工作知识的学习是培养学生职业能力的关键条件。因此,职业教育课程内容改革的关键任务是解蔽潜在的工作知识,建立以工作知识为主体的课程内容体系。其过程是围绕职业能力对知识的需求详细地描述要求个体知道和理解的内容。知识的描述应涉及每一个工作细节,比如操作标准、所要填写表格的格式与要求等。逐步对操作过程进行细致、完整的梳理,有利于解蔽潜在的工作知识,真正开发出工作情境中实际使用的工作知识,而不会出现传统的二元分析框架中用任务剪裁学科知识的现象,从而实现职业教育课程内容改革的重大突破。

三、工作知识开发的技术范式

那么如何开发潜藏在职业行动中的工作知识？这是个比较复杂的技术问题,其关键环节是职业能力描述和工作知识描述。从工作任务中分析出了什么职业能力,从职业能力中分析出了什么工作知识,决定了课程内容开发的成败。

(一)职业能力的描述

对职业能力的描述可按以下三个步骤进行。

1. 开发专家经验中的职业能力

即首先描述出职业行动中所潜藏的职业能力的内容。职业能力描述能否突破传统内容,实际地描述出岗位任务所需要的能力,在很大程度上决定了工作知识开发的成功,因为只有描述出了实际存在的职业能力,才可能开发出实际存在的工作知识。为此,需要彻底突破学科课程下对能力的描述方式,深入挖掘企业专家工作经验中所存在的职业能力。要实现这一开发目标,应当在分析专家的问题引导下,由企业专家通过对自我经验的反省来获得职业能力描述。通常要综合十位左右经验丰富的企业专家的经验才可能获得对职业能力的完整描述。

2. 依据工作成果确定能力标准

目标是完成对职业能力的终结性要求的界定。其基本方法是依据工作成果来确定职业能力的终结性标准。这里要重点区分任务的描述方式和能力的描述方式。任务属于岗位要素,而能力是人的要素,因此任务所描述的是工作的内容,而能力所要描述的是在什么条件下人能够把事情做到什么状态,所谓的状态即指职业行动的工作成果。只有表达出了工作成果,才能真正把教学导向能力的终点状态,培养出实际能力,并有利于清晰地检验教学效果。

3. 职业能力的可教化描述

第三步则要完成对职业能力的可教化描述,即要把职业能力描述中的关键词具体化。比如"正确"、"合格"、"初步"、"相关"等词均是比较模糊的,由于教学中教师很难把握其具体内容,因而需要依据实际工作内容对之进行具体化,使授课教师在阅读该条职业能力后,能清晰地把握所要教的内容以及要达到的教学标准。也只有达到了"可教性"标准,才可能使大量隐性的工作知识获得解蔽,工作知识的描述才成为可能。实践表明,当对职业能力的描述越具体时,课程开发者对知识的把握也将越清晰,最终使得工作知识的成功描述成为可能。

(二) 工作知识的描述

工作知识的描述应从概括性和过程性两个层面进行。

1. 概括性工作知识的描述

要开发出工作知识,首先必须概括性地描述出工作知识,即寻找出工作知识点。其基本方法是逐条对应职业能力列出所需要的支持职业能力形成的知识点。表6-1把工作知识区分了五个方面:(1)任务与标准指行动的内容及要达到的要求;(2)对象与结果指行动对象与工作成果的结构、性质与特征;(3)过程与方法指行动的步骤与要采取的方法;(4)问题与经验指行动中可能遇到的问题及经验性解决方法;(5)概念与原理指行动所涉及的概念及理论依据。这一分析为工作知识开发提供了框架。

表6-1 工作知识的分析结构

能力＼知识	任务与标准	对象与结果	过程与方法	问题与经验	概念与原理
职业能力1					
职业能力2					
职业能力3					
职业能力4					

这五个方面所涉及的是职业能力对工作知识的不同方面的要求,它们之间内在联系紧密,依据这一框架进行分析有利于获得以职业能力为中心的、组织严密的工作知识体系。开发中尤其要注意对实践知识的分析,比如图纸的标注方法、各种资料的格式、所要编制的方案的内容、工具的使用方法、问题的主要表现与经验性解决方法等,因为这些知识是传统学科课程中最为缺乏,而在实际工作中非常重要的知识。职业教育课程将因为这些内容的凸显而呈现出鲜明的职业特色。

2. 过程性工作知识的描述

指具体描述出概括性工作知识的内容,如实际的加工过程,企业操作标准的实际内容等。在进行这一步骤时,要充分意识到"原始"工作知识对学生的教育价值并予以开发,如商业谈判过程的实录,可能对培养学生商业谈判能力来说是极为重要的工作知识。过程性工作知识的描述可通过开发者的自我反省来完成,也可通过细致的调查、访谈来完成;文字符号形式的工作知识是重要的,但更要注意收集、整理现场录像、企业资料、企业产品等所表征的工作知识,后者的内容可能更为丰富。

第三节　职业教育专业课程标准的建立

所开发的职业教育课程目标和内容要固化下来,并成为全面提升职业教育教学质量的重要手段,需要建立课程标准,然而这正是当前我国职业教育课程建设中最为薄弱的环节。严格地说,我国迄今为止尚不存在一个科学、严格、能有效发挥实践功能的完整的职业教育专业课程标准体系,现有的一些课程标准(或者说教学大纲)或者在内容的科学与严格方面和发达国家有很大差距,或者非常零散,没有覆盖所有专业,甚至在教育部、省市教育厅和职业院校三个层面存在严重的重复建设现象。我国职业教育的现代化,应把课程标准体系的建设作为核心内容之一。

一、职业教育专业课程标准的作用

课程标准是现代教育运行中非常重要的文件,除作为教学、学业评价和课程资源开发的重要文件依据外,它还具有以下三个方面的作用。

(一) 促进教学质量提高

课程标准是激发教师责任心、引导教师如何有效地工作的重要手段,因而是大面积地提高教学质量的重要基础。没有课程标准,缺乏选择教学内容的基本依据,教师只好教授自己掌握得最好的内容,这必然使课程内容带有很大的随意性,教师容易因此而降低责任心;有了课程标准,就有了评价教学质量的基本依据,这也有利于提高教师的责任心;有了课程标准,课程内容得以聚焦和清晰,教师则可以把更多精力放在思考课程中更加具体的问题,从而促进教学质量的提高。比如当教师希望补充材料时,他们就可以问自己一个问题:补充这些材料的目的是什么? 这是非常有利于提高教学质量的反思。

(二) 提升职业课程的地位

严格、规范的课程标准在提高教学质量的同时,也会提升职业教育课程的地位。从事职业教育的理论家与实践者往往失望于社会对职业教育的不重视,然而正如许多人所看到的,职业教育地位不高也和自身教育质量不高有关。在面对学习积极性和学习基础存在问题的学生时,许多学校大幅度地降低了课程内容的难度,这其实会进一步削弱职业教育的社会地位。一种教育的社会地位的取得,和其自身的教育质量存在很大关系。世界上职业教育发达的国家,必然是职业教育质量高的国家。如在美国的综合中学我们可以看到,其职业课程的设备设施可能远远好于学术课程的设备设施。因此改变当前职业教育发展困境的重要策略之一是开发职业教育课程标准。

(三) 促进学习与就业流动

现代教育是一个体系,把不同教育实体联系起来形成体系的纽带便是课程标准。课程标准的建立使学校之间同一专业或课程的内容获得了一致性,这不仅给学生在不同学校之间的转学提供了便利,不会因学校不同而出现课程的不对接,而且使得证书获得了同等价值,从而有利于促进学生的就业流动,提高就业率。发达国家的经验早已证明了高质量证书在促进就业中的重要价值。

二、职业教育专业课程标准体建立的路径

构建职业教育专业课程标准体系不仅仅是编制标准、描述标准,而是包括了从描述标准到标准在课堂层面得到实施,最终发挥出实际效用的系统过程,它包括三个基本环节,即标准描述、课程层面标准的实施和课堂层面标准的实施。相比而言,后两个环节其实更为重要,也更为困难。

(一) 标准的描述

职业教育专业课程标准构建的第一步是描述标准。尽管学者们对课程标准做了比较明确的定义,但在实践中人们对其具体内容的理解还是会有很大差别,因而标准的描述方法并不统一:(1)描述的详细程度不同,有的标准只是罗列一些任务,有的标准则可能提供了非常具体的实际工作情境的案例,有的甚至除任务与情境外,还包含雇主希望雇员要具备的其他知识和素质,如读、写、算及问题解决、团队合作、主动性等通常所谓的"软技能";(2)描述的层面不同,有的可能只是进行到专业层面,有的则可能进行到具体课程层面,明确规定具体科目要达到的要求。选择哪种方式描述课程标准,需要根据期望标准发挥的功能和标准开发的领导层面来确定。领导层面越高,课程标准的描述应越概括,以增强其适用范围。

虽然描述方式可以存在差别,但职业教育专业课程标准必须非常科学、准确、精细,把它建立在对职业的科学研究基础之上。如美国早已建立了非常完善的职业分类体系,以及详细描述各职业的工作任务、知识能力要求、工作环境、工作风格等要素的职业标准体系。而且这些标准没有停留在对岗位任务及其所需要的知识、能力的浅层描述,而是深入分析了体现在表现性任务中的职业能力结构。如机械工程师的能力中的"问题的敏感性——能够说出某件事是错误的或可能会出现错误的能力",工作风格中的"注重细节——工作要求仔细对待细节和彻底完成工作任务"。这些描述的水平远远超越了一般的任务分析与能力分析,对开发课程内容与实施教学极具指导价值。这是其标准能得以顺利实施的重要原因。课程标准如果缺乏科学基础,很可能导致完全相反的实践后果。

(二) 课程层面标准的实施

开发职业教育专业课程标准体系是个庞大工程。从召集不同开发主体(企业、学校、社区等),到使得这一标准与国家发展趋势相一致,其中涉及大量复杂工作。而标准描述只是这个庞大工程的第一步,更为复杂的环节则是如何把构建的标准具体落实到学校教学中。如果有了完整的标准描述,而教师无法或不愿意使用标准,那么该标准将是无用的。落实的第一个层面是课程体系,即围绕标准进行课程设置并定义课程目标

与内容。

　　财政和评价是美国促进课程标准在课程层面得到实施的主要方法,值得借鉴。首先,基于课程的财政拨款制度是美国促进课程标准实施的有力途径。在美国尽管开设新课程是地方政府的事情,但是地方教育局要按照州所规定的程序来开发新课程,这样才能获得州的批准以便获得财政支持。课程是否获得批准,是它们能否获得财政支持的重要依据。因此,不管课程审批是否必需的,为了获得财政支持,地方教育局一般都会积极争取进行课程审批,而为了获得州的批准,地方教育局往往要求把州课程标准的内容纳入到自己的课程中。

　　其次,评价进一步确保了职业教育课程标准在课程层面的实施。评价就是运用依据标准所编制的评价工具对学生学业水平进行测试并做出判断。在美国这是非常严格的。如犹他州规定,每门课程结束时即对学生进行测试,只有当学生在试卷和操作测试中都达到 80 分以上,才能获得财政拨款。当然,其各州的评价方法差别也很大,有的是科目结束时即进行评价,有的则是课程体系结束后再进行评价;有的采取网络在线评价,有的则要求动手操作。另外现场考察和教师专业发展也是经常采取的评价方法。

(三) 课堂层面标准的实施

　　课程标准最终还要落实到课堂教学层面,即要体现在教师编制的授课大纲、学生项目活动指南中,要把它变成学生的日常学习内容,使学生知道要做什么,以及为什么要这样做。学生要依据教师编制的教学进度表进行学习,通过这张进度表,教师依据标准来控制学习进度,这就使得学生也能了解标准以及标准体现在课程作业的什么地方。只有到了这个层面,标准才得到了最终落实,这一过程极为重要,但也更为复杂。我们经常说,课程改革最大的动力来自教师,最大的阻力也来自教师。美国在这方面的经验也值得我们借鉴。

　　首先,让教师乐于接受标准,是美国促进课程标准得以在课堂层面落实的先决条件。所开发的标准实用,对课堂教学设计有实际的指导意义,教师才可能自愿接受标准。据调查,美国大多数教师认为已有的标准对他们的教学设计有比较大的帮助,他们很乐意依据标准来规划其教学内容的范围与序列,因为标准提供了教学能达到的目标,使教师能明确哪些内容需要教,哪些不需要教[①]。当然,教学设计中教师仍然是有弹性的,标准只告诉了教师应当教什么,但没有告诉他们该如何教。如果课程开发得很完善,也存在不使用标准的情况,因为标准已完全体现到了课程中。

　　其次,完善的监控措施是美国促进标准在课堂教学层面落实的有力保障。其途径主要包括:(1)审查教师的授课计划。在美国,教师的授课计划是必须经过管理者检查的,以确定标准是否反映到了授课计划中。(2)通过证书进行监控。针对教育标准,一般都要开发相应的证书,教师只有把标准完全融入到他的授课内容中,学生才可能获得

---

① Castellano, M., Harrison, L., & Schneider, S. (2007). State secondary CTE standards: developing a framework out of a patchwork of policies. final report. Minneapolis: University of Minnesota, National Research Center for Career and Technical Education. http://www. nccte. org/publications/CTE-Standards-Secondary. pdf.

证书。这两条途径的监控力度是非常强大的。

再次,给教师提供详细指导与帮助,是美国促进标准在课堂教学层面落实的必要条件。在美国,教师们普遍非常清楚在哪里能找到标准(主要是通过网络),并且知道标准和他们的哪部分授课内容相关,以及把标准明确告诉学生的重要性。各州都会通过大量活动,如教师的专业发展、各种研讨活动、职业教育大会,来帮助教师理解和运用标准。如俄亥俄州的职前教师教育课程中,要教授教师如何依据标准进行课程开发。

三、我国职业教育专业课程标准体系建立的策略

职业教育专业课程标准体系建立是个庞大的系统工程,有效地完成这一工程不仅需要完备的开发技术,而且需要富有远见的开发策略。就我国目前情况来说,以下三个方面比较关键。

(一) 确立标准建设在职业教育发展中的战略地位

我国正面临职业教育如何发展的重大战略决策。政府对发展职业教育显示了从未有过的重视,并大大增加了经费投入。然而我国职业教育的关键问题在哪里?应该重点发展什么?这是各界非常关注的问题。人们讨论得比较多的问题是职业教育的内涵与质量、职业教育的吸引力等,而目前的政策重点主要放在了职业教育资源建设,如实训基地建设、教材建设、师资队伍建设。

资源建设的确非常重要,然而这些建设的依据是什么呢?我们看到,因为缺乏明确的目的,实训基地购买了大量无用的设备;由于缺乏对标准的研究,教材质量在原地徘徊;由于没有依据,巨额经费与大量教师时间的投入,换来的只是和教师工作关联度不高的培训。如果有了课程标准,则能大大提高资源建设的效率。因此,尽管资源问题非常重要,但它和一个更重要、更具本质意义的问题相关,那就是职业教育课程标准体系建设。我们一定要在我国职业教育现代化这个未来的重要平台上认识到职业教育专业课程标准体系建立的重要战略意义。

在人们的习惯认识中,标准便意味着统一,而统一或许意味着僵化,因而许多人对标准比较抵触,不能充分认识到标准建设在职业教育发展中的重大价值。的确,职业教育应当面向市场,但这决不意味着无序、无标准。恰恰相反,标准是现代化教育的重要标志。在经济领域,标准被看作为非常重要的竞争性智力资源。在全球化经济中,标准至少渗透到了80%的行业,但它所带来的不是经济的僵化,而是更加活跃、更高水平的经济。对于拥有世界上规模最大职业教育的我国来说,系统、深入地开发职业教育专业课程标准体系,将在职业教育资源整合、质量提高、吸引力提升中发挥重大战略作用。

(二) 科学构建、系统规划我国职业教育专业课程标准体系

专业课程标准体系构建的重要前提是标准本身的科学性。虽然我国尚未形成国家层面统一的职业教育课程标准,但这并不意味着我国没有课程标准建设行动。人力资源社会保障部门的国家职业标准开发,从教育部到学校的人才培养方案、教学大纲(课程标准)编制,都可以看作为一种初始阶段的标准开发行动。但我国职业教育教师对标准并不感兴趣,因为他们深感这些标准内容粗糙,都是些陈词滥调,不仅对其教学没有什么指导价值,而且大大制约了他们的创造空间。可见,要构建课程标准体系,首先要

加强对职业的科学研究,而这正是当前我们所缺乏的。

　　而如上所述,在建立职业教育专业课程标准之前,美国早已形成了科学、严谨的职业分类体系,并完成了对所有职业的任务、技能、知识、能力、兴趣、环境等要素的完整描述,这些资料全部可以在网上免费获取。这套体系不仅为职业教育标准开发提供了依据,而且是对学生进行职业测试与生涯辅导,以及企业招聘与考核员工的重要依据,从而在美国职业生活与职业教育中发挥了非常重大的作用。相比之下,我国在这个领域的开发工作尚处于初级阶段,相关理论研究更是非常贫乏。因此,要开发科学的职业教育专业课程标准体系,应大大加强对职业的科学研究,确立其在未来我国学科发展中的重要地位。

　　另外,我国虽尚没有国家职业教育专业课程标准体系,但教育部已于2012年12月25日公布首批涉及18个大类的410个高职学校专业教学标准,填补了我国高等职业教育专业教学标准领域的空白。特别地,已有许多地方行政部门和职业院校意识到了课程标准构建的重要性,因而正在自主地进行标准开发。这些实践为构建国家层面的职业教育专业课程标准提供了良好基础,但如果仍然停留于"各自为政"的现状,就不可能形成能发挥重大战略作用的标准体系。因此职业教育专业课程标准体系开发需要上升到国家层面。我国地域辽阔,地区之间经济、教育水平差别大,这就决定了我国职业教育专业课程标准体系构建是项非常复杂而庞大的工程,要有效地推进这一工程,需确定各级行政部门在标准开发和使用中的责任和权力,并对开发的程序和技术要求进行仔细研究。

(三) 建立强有力的职业教育专业课程标准实施监控体系

　　课程标准开发困难,其实施更为困难。从美国经验看,为了促进实施,他们不仅设计了大量宣传、培训和辅导活动,更重要的是建立了非常严格的监控措施,就连教师的授课计划也要得到审批。这就是以自由著称的国家对标准实施的管理。相比之下,我国的职业院校其实"自由"得多,不仅教师的授课计划基本没有审查制度,教师可以自主地决定学生的成绩,就是学校的人才培养方案、教学大纲(课程标准)也不必得到教育行政部门的审批。这种"自由"的结果是,有的学校甚至没有人才培养方案,每个学期临时决定要开设的课程。难怪人们对职业教育的质量普遍担忧。

　　我们在职业教育市场化的道路上可能走得太远了,或者说我们根本就理解错了职业教育市场化的本质。如果教学管理体系过于松散和混乱,那么无论有多么漂亮的校舍和先进的设备,也不可能建设现代化的职业教育。从标准实施的角度看,我们完全可以借鉴美国设计强有力监控体系的经验。这必然会遭到学校和教师们的强烈反对,但它是纳税人的基本利益诉求。甚至我们也可以尝试美国按照课程拨款的经验。当办学经费以学校为单位整体地划拨时,课程的含义其实已大大削弱。当然,实施这些监控措施的前提是标准本身的科学性和认同度。

　　总之,专业课程是职业教育课程的主体,也是当前职业教育课程改革的主要关注点。当我们对专业课程的改革思路越来越清晰时,就应当继续深入研究其具体的开发原理。当前的职业教育课程改革可能比较关注如何按照新的原理重组课程,然而只有在目标设定与内容开发方面取得根本性突破,职业教育课程改革才能取得实质效果;而这些改革成果要固化下来,对职业教育课程发展产生深远影响,又需要建立完整的职业教育课程标准体系。只有把科学研究与系统规划结合起来,才能建立起现代职业教育课程体系。

职业教育中除了设有专业课程，实施面向职业的专门化教育外，还需不同程度地设置一些普通文化课程。然而，普通文化课程目前正处于非常尴尬的境地：一方面进入职业教育学校学习的学生绝大多数是普通文化课程学习的"失败者"，他们缺乏学习普通文化课程的兴趣和能力，导致普遍文化课程的教学实施非常困难，教学质量令人堪忧；另一方面人们普遍不愿意完全放弃普通文化课程，甚至有人主张加强这类课程。那么，职业教育是否要开设普通文化课程？为什么要开设普通文化课程？应当开设哪些普通文化课程？其内容设计应遵循什么理念？所有这些都是职业教育课程理论不可回避的问题。

第一节　普通文化课程改革的多元格局

在职业教育中,虽然通常认为普通文化课程的重要性不如专业课程,而近年来对专业课程问题的讨论也明显多于普通文化课程,但普通文化课程所面临的问题其实比专业课程更复杂,且这类课程尚未形成能被普遍接受的改革思路。尽管如此,关于普通文化课程改革的探索始终没有停止过,出现了各种各样的改革措施,形成了百家争鸣的格局,其中不乏富有价值的改革方案。相对高职教育而言,中职教育改革的愿望更加强烈,因为普通文化课程在中职教育中占的比重更大,而学生对这类课程的学习能力也更低,因而其问题更加突出。改革思路归纳起来主要有:(1)强化普通文化课程;(2)削减课时比例;(3)与专业课程整合;(4)为专业课程服务;(5)平台＋选择。

一、强化普通文化课程

面对学生普通文化课程成绩普遍比较差的状况,并非所有人都主张应削弱这部分课程,有一部分人恰恰持完全相反的观点,他们认为:(1)普通文化知识是个体素质的重要构成部分,普通文化课程在个体生涯发展中起着非常重要的作用,如果削弱了这部分课程,将给个体生涯发展带来非常严重的影响;(2)目前不仅不能削弱这部分课程,反而因为学生在以往的学习中没有学好这些课程,因而应加强这部分课程,如果再不加强对其的学习,他们将丧失学好这些课程的机会。行政管理者和普通文化课程教师中不乏这种观点。

在许多情况下,虽然没有明确提出强化普通文化课程的观点,但一些政策与制度却在实实在在地强化这部分课程。比如有些地区实行的普通文化课程统考,这必然促使学校把更多时间和人力、物力、财力用于普通文化课程的教学。另一项重要制度是升学。升学考试虽然包含了普通文化课程和专业课程,但往往专业课程考试比较简单,学生比较容易通过,因此对学生升学有重要影响的往往是普通文化课程,这也必然导致普通文化课程地位的实质性提升。对创业教育、生涯规划、心理健康教育等教育内容的重视,使得普通文化课程的门类有所增加,这也会导致普通文化课程所占课时比重的增加。

更多的人虽然没有明确主张要强化普通文化课程,但他们也强烈反对削弱普通文化课程,坚决抵制完全撤消普通文化课程。他们认为,虽然职业教育课程的核心是专业课程,职业教育课程中不能过于突出普通文化课程,但维持普通文化课程目前的地位还是必要的,这实质上也是在强化普通文化课程的地位。这种观点在最本质的意义上,还是未能彻底摆脱普通教育思想的影响,对普通文化课程怀有渗透到了潜意识中的朴素感情。正是这种感情,成了职业教育中维系普通文化课程地位的最原始的力量。

作为学校形态的职业教育,完全没有普通文化课程显然是不行的。重视普通素质的养成,既是对人性的尊重,对现代工作特点的反映,也是国际职业教育课程的发展趋势,即对核心技能或者关键能力的日益重视。然而,如果我们普通文化课程的设置与内容框架仍然停留于目前的状况,那么这种强化就成了不顾现实的理想,我们就是在缘木求鱼。其危害不仅在于普通文化课程糟糕的教学状况本身,而且在于不能给职校生带来全新的学习经验,打开他们生涯发展的新的空间。

二、削减课时比例

削减课时比例是近年来普通文化课程改革的基本方向。教育部在 2000 年的教学计划制定原则意见中仍然强调中职学校"文化基础课程与专业课程的课时比例一般为 4∶6"①,2009 年的文件则把这一要求改为了"公共基础课程学时一般占总学时的三分之一"②,同时它还"允许不同地区、不同学校、不同专业根据人才培养的实际需要在规定的范围内适当调整,上下浮动,但必须保证学生修完公共基础课程的必修内容和学时"③,这给进一步实质性地下调普通文化课程的课程比例提供了政策依据。

导致这一改革趋势的主要原因是学生对这部分课程的学习能力非常薄弱,但同时它也获得了理念的支持。这种理念认为,传统课程体系中普通文化课程占的课时比例过重,课程内容偏深、偏难,与就业岗位能力要求关系不密切;职业教育的重点应当是专业教育,普通文化课程应当处于次要地位,有必要较大幅度地削减普通文化课程的内容,并增强其内容的实用性。

这一理念有一定合理性,其所针对的问题的确存在,然而很显然的是,仅仅通过削减课时是无法解决其所针对的问题的。削减课时比例的确是改革的一方面,但更重要的仍然是如何重构普通文化课程的内容,使之成为职校生有用的课程,对他们的就业与生活有帮助的课程。

三、与专业课程整合

比较极端的观点是主张取消独立设置的普通文化课程,融其于专业课程。这种观点认为,普通文化课程在义务教育阶段就应当结束了,高中阶段以上主要是专业教育,因而职业教育没有必要设置普通文化课程,专业课程学习所需要的文化知识,只需要结合专业课程进行学习就行了,这样还能提高文化知识的学习效果。

比如有的学校的烹饪专业,通过拼冷盘来让学生掌握几何图形知识,用菜品命名来改造语文课程。国外也有这种改革趋势,他们称之为学术课程与专业课程的整合,并认为效果比较好。比如在昂温和魏林顿对参与英国现代学徒制实验年的青年人进行的一项研究中,一个汽车制造厂的学徒解释道,他从来没有真正理解数学,直到他成为这个厂的学徒,在这里,数学是按照和汽车相关的方式被教授的。这个学徒想知道,为什么学校不能用相似的方式来教授数学④。

关于这种改革思路目前尚存在争论。一种观点认为,既然是普通文化课程,就应当

---

① 教育部职成司.关于制定中等职业学校教学计划的原则意见[Z].2000.

② 教育部职成司.关于制定中等职业学校教学计划的原则意见[Z].2009.

③ 教育部职成司.关于制定中等职业学校教学计划的原则意见[Z].2009.

④ Fuller, A., & Unwin, L. (1998). Reconceptualising apprenticeship: exploring the relationship between work and learning. *Journal of Vocational Education and Training*, Vol. 50, No. 2.

按照这些课程本身的知识形态来教学,如果与专业课程相结合,会破坏这些课程本身所特有的性质,导致普通文化课程不普通。另一种观点则认为,面对现状,目前急于解决的问题是先让学生学起来,然后才是探讨学什么;实践表明,通过与专业相结合,能有效地提升学生学习这些课程的兴趣,同时也给学生提供了在专业中如何应用这些知识的线索;如果像普通高中那样教授这些课程,不仅不能突出职业教育的特色,反而容易导致学生进一步厌学。

这一思路在普通文化知识教学方面进行的改革尝试有一定程度的价值,它的确使普通文化课程产生了一些令人激动的新形式。然而其完全取消独立设置的普通文化课程的思路恐怕许多人无法接受,在实践中也并不可行。它将使得普通文化课程的内容因局限于专业而变得非常狭隘。同时也将遇到一系列的理论困境,如这种改革的目的是什么?它能从根本上解决普通文化课程所面临的问题吗?它还能维持普通文化课程原本的功能定位吗?此外,如此激进的改革,还面临大量普通文化课程教师如何安置的现实问题,事实上,职业教育的课程改革已经深深伤害到了普通文化课程的教师。

四、为专业课程服务

这种思路认为,职业学校的普通文化课程应当强调其为专业课程服务的功能,应当根据专业知识学习的需要选择普通文化知识,脱离岗位能力的需要学习普通文化知识是毫无意义的。这一观点虽然非常盛行,然而它仍然面临一个比较棘手的现实问题,即并非所有的普通文化知识都能服务于专业课程,比如法律课程,除非把它改造成专业法,否则要与专业结合是非常困难的。就是数学,也难以说清楚哪些知识是专业知识学习所必备的。按照这一理念开发的一些所谓的专门化用途课程,如"专门化用途语文"从一些古诗词中引申出饮食文化的做法,确实让人感到比较牵强。"功用"完全破坏了作品原来的境界、美感和艺术价值。

这一观点面临的一个比较深刻的理论问题是,职业教育设置普通文化课程的依据是什么?是否完全是为了专业知识学习的需要而设?职业教育是否应当承担培养作为社会主体的人的职责?这里实际上混淆了目的与手段的关系,即"为专业课程服务"是普通文化课程设置的目的、依据,而不是改造现有普通文化课程的方法。因此在不改变普通文化课程设置的前提下强调为专业课程服务,将使普通文化课程无所适从。即使从目的角度看,这一理念在课程开发方法上也是不可行的,普通文化课程不可能像专业理论知识那样,完全按照工作任务完成的需要来选择,因为我们很难在这些知识与工作任务之间找到非常直接的对应关系。事实上,这一思路只是存在于学术讨论层面,目前基本上没有开发出完全按照这一思路编写的教材。

五、平台＋选择

更多的改革模式是试图整合上述几种思路,把普通文化课程分割为两部分,一部分是对所有学生的要求,通常称之为"平台",另一部分则是对部分学生的要求,这部分课程允许学生选择,这样就在普通文化课程中形成了"平台＋选择"的课程结构,使得这部分课程既有相对稳定性,又具有弹性以适合不同教育对象和教育目的的需要。"选择"部分,有的是根据不同专业课程学习的需要设置的,如医学检验专业专门设置了"实用物理"这门课程,有的是为了满足学生升学需要而设置的。上海市新开发的专业教学标准中,其学分制教学指导方案安排了约20%的学分用于设置任意选修课,学校可根据实际情况设置这部分课程供学生选择,这就给普通文化课程的弹性化设计留下了空间。

要注意的是,这一改革思路是属于课程结构层面的,而不是课程内容层面的,因此它仍然没有触及到普通文化课程改革最为核心的方面,但它为普通文化课程改革提供了"多样性"这一重要突破口。只有突破了刚性的课程设置,采取了弹性化的课程设置,普通文化课程才能有巨大的内容重构空间。我们往往强调专业课程的选择性,然而事实上,职业教育课程中更应当拥有选择空间的是普通文化课程。专业课程的选择主要在于专业方向而不是具体课程,为了获得完整的能力结构,学生需要学习完整的专业课程,但普通文化课程因其功能的多样化,所面向学生群体学习能力的多样化,使得其设置必须多样化,普通文化课程以上所呈现的多元改革思路本身就说明了这一点。

以上这些改革思路,有些是相矛盾的,有些则并不相矛盾,有些只是激进程度不同而已,改革范围涉及到了普通文化课程的内部结构、与专业课程的关系、内容定位等方面。多种思路交锋,当然有利于更为深入地探索普通文化课程改革方案,丰富普通文化课程的理念,但热闹的表面掩盖的是人们对普通文化课程一个基本问题的含混不清,即职业教育为什么要设置普通文化课程,其定位是什么? 定位模糊必然要影响到具体问题的解决,因此在探索普通文化课程的具体改革思路前,必须先回答普通文化课程的定位问题。

第二节 职业教育中普通文化课程的功能

普通文化课程多元化改革格局的形成,和人们习惯性地假设其"功能唯一"相关,即它们都有一个基本前提假设,认为普通文化课程只有一种功能。然而在功能问题上普通文化课程与专业课程有很大不同,我们可以把专业课程明确地定位于职业能力培养这一功能,普通文化课程要走出目前的困境,则首先要确立功能多样化的观点。归纳起来,职业教育中普通文化课程的功能至少包括下面四个方面。

一、职业能力充分发展的需要

职业教育的核心目标是发展人的职业能力,但无论多么专门化的教育,都不能忽视对人的全面素质的培养,只有把职业能力培养与全面素质培养相结合,才可能获得职业能力的充分发展。缺乏全面素质养成的纯专门化教育,必然使个体逐渐狭隘,这不仅会扭曲个体的人格,而且会影响其专门能力的发展。我们难以想象一个缺乏生活情趣的人能制造出高水平的产品,正如杜威所尖锐指出的,狭隘的职业训练也许能培养呆板的机械的技能,但是它将会牺牲人的敏捷的观察和紧凑、机灵的计划等理智方面的能力,使人呆板、僵化。事实上,任何工作过程都是寓居于社会文化大环境中的,任何产品都深深地打上了制造者的人格烙印,个体的专门化能力发展必须与全面素质的发展相结合。

正是基于这一理念,绝大多数教育家在论述职业教育时,都非常强调素质养成的重要性,反对职业教育过于专门化。早在杜威就主张职业教育内容"要包括有关部门目前状况的历史背景的教学;包括科学的训练,给人以应付生产资料和生产机构的智慧和首创精神;包括学习经济学、公民和政治学,使未来的工人能接受当代的种种问题以及所提出的有关改进社会的各种方法"①。杜威的这些思想自 20 世纪 80 年代开始受到美国职业教育界的重新关注,成为美国职业教育新范式的核心理论支柱。美国教育家孟禄(More)也认为,在培养工人职业技能,提高生产效率的同时,不能忽视对工人进行陶冶,否则工人虽有工作效率,却会成为机械奴隶。我国教育家邹韬奋也同样指出,职业生活仅是人生活的一方面,职业责任仅是人承担的诸多责任中的一种,在进行职业教育时往往只着重了个人职业效率和社会经济的需要,在传授职业知识技能时往往忽略人的生活、人的精神世界的非职业的其他方面。事实上,割裂了人们生活的多方面联系,人的精神生活单一化,人会变成机械、怪物,也就不成为人了。普通教育、自由教育与职业教育有共同的价值存在②。

另外,工作不同于劳动,工作过程都是在特定的职业载体中进行的,而职业是一个社会组织概念,是"一套成为模式的与特殊工作经验有关的人群关系"。它不仅包含职业内部不同个体之间的人群关系,而且包含不同职业之间的人群关系,因而任何一个具体职业都是处于复杂的职业网络中的;工作过程不仅仅是一个操作过程,它首先是一个社会过程,个体只有很好地进入其社会过程,才能更好地进行其操作过程。这意味着个体具备团队合作、工作纪律等观念的同时,还必须具备所处的工作组织中多数成员所具备的价值观念和文化知识,并且随着职业等级的提升,其操作过程的复杂程度提升的同时,其社会过程的复杂性也将得到提升。义务教育结束,并不意味着个体已获得了进行职业活动所需要的全部素质。义务教育只是我国公民应接受的基本教育,为了更好地进行职业活动,个体应当在此基础上接受更高水平的普通教育。

总之,超越纯粹专业知识与技能,适当地扩充具有普通性的文化知识,对职业能力的充分发展具有非常重要的意义。那么,为了实现普通文化课程的这一功能定位,职业教育需要促进对哪些知识的学习? 尽管称这些课程为普通文化课程,但其普通性是相对而言的,面向现代社会情境,学生要学习的内容应当包括:(1)现代科学基本知识,包括物理学、化学和生物学等学科的基本知识,尤其要选取最新的、与工作和生活关系密切的科学知识让学生学习,使他们在科学的概念中理解世界运行的基本形式;(2)服务与产品审美知识,包括现代服务与产品的设计特点和美学要求等方面的知识,以提高学生对服务与产品的审美意识与能力。只有有了对服务与产品的审美意识与能力,才能发展对产品的质量意识和精益求精的精神;(3)现代公司企业基本运行形式,包括组织

① 杜威.民主主义与教育[M].王承绪,译.北京:人民教育出版社,1990:334.
② 刘三林,刘桂林.邹韬奋论职业教育的目的[J].教育与职业,1996(2).

运行形式和生产或服务运行形式,让学生更为整体地理解现代社会中工作的基本过程,尤其要让他们熟悉网络化、全球化时代的工作过程新形式。

二、适应多方面现代社会生活的需要

职业教育不仅要为个体未来的工作生活做准备,还要为个体未来的社会生活做准备。职业教育中的课程并非必须全部是职业课程,或者必须全部与职业相关,它还应当包括不具有任何职业属性,却有利于提高个体未来社会生活质量的课程,如历史、地理、社会精神生活、艺术、体育、生涯发展等。历史和地理是帮助学生更好地理解自己所生活的环境的最好课程;社会精神生活包括公民、道德、人际关系等内容,它是帮助学生塑造与特定社会情境相适应的自我精神世界的课程;艺术和体育是促进学生身心健康,提升休闲生活质量的课程;生涯发展则是帮助学生提高获得就业机会与合理确定自我生涯发展定位的能力的课程。此外,提升学生文字理解、表达能力与信息获取、处理能力的课程,也是越来越基于电子文本信息的社会生活形态的基本要求。这些课程无须考虑与职业的关系,更无须牵强地与职业相结合进行设计。

事实上,纯粹普通课程一直是职业教育课程不能缺少的内容。如果仔细分析历年来联合国教科文组织对职业教育的重要定义就会发现,这些定义均把普通教育看作为职业教育的重要组成部分。如以下这个被普遍接受的定义:"技术和职业教育被视为:……(B)准备从事某一职业以及有效进入职业界的一种手段;(C)终身学习的一个方面以及成为负责任的公民做准备;……"[①]从 1962 年联合国教科文组织的《关于技术和职业教育的建议》到 2002 年《二十一世纪的技术和职业教育及培训——联合国教科文组织和国际劳动组织的建议书》中,联合国教科文组织关于职业教育的定义都明确指出,职业教育不仅要为从事某一职业以及有效就业做准备,还要为学生的终身学习以及成为一个合格的公民做准备。这说明,普通文化课程应当成为职业教育课程的重要组成部分。

而随着社会生活复杂程度的迅速提高与社会生活形式的迅速转换,这些课程的重要性也日益显现:(1)在全球化时代,发达的现代交通与通讯工具使人们的活动空间极速扩大,且这些工具还在以非常快的速度发展,国际旅行已成为普通人的生活形式;(2)随着经济水平的提高与大量生产、管理与服务活动的自动化,人们的休闲时间也将越来越多,如何提高人们休闲生活的质量,不仅是个体自己关心的问题,也应当是社会要高度重视的问题;(3)全球化、信息化、知识化时代,就业与社会生活的弹性程度大大提高,人们每天都会从不同途径获得大量信息,同时面临大量新的选择与判断,获取和处理信息,准确、快速地做出选择和判断,是现代社会生活的基本能力要求;(4)网络化在整个社会范围之内大大扩大了文本的数量(采取电子形式),书面阅读与文字表达(如发电子邮件)成了现代社会生活的基本手段。初中以下教育已无法满足人们对这方面知识的需求,中等职业教育乃至高等职业教育,都要不同程度地纳入这类

---

① 联合国教科文组织.二十一世纪的技术和职业教育及培训——联合国教科文组织和国际劳动组织的建议书[Z].2002.

课程。

三、专业课程对普通文化知识的需要

普通文化课程还应当在非常具体的层面,满足特定专业对普通文化知识的需要。许多专业对普通文化课程有着特殊要求,比如药剂专业要求学生学习更多的化学知识,电子专业要求学生学习更多的物理知识,旅游管理专业要求学生学习更多的历史和地理知识等等。因此,职业教育的普通文化课程设计,还必须根据专业学习需要,设置相应的普通文化课程。当然,专业课程学习所需要的支持课程可能是很多的,比如人的疾病与气候相关,那么护理专业是否要开门气候学呢?显然是没有必要的,至少在职业教育中是如此。因此,应把这类课程的设置控制在一定范围之内。其具体内容确定要依据特定专业。

这些课程的性质介于专业课程与普通文化课程之间。由于其内容是根据专业课程学习的需要而选择的,因而具有专业性,但其知识是属于普通文化课程的,因而又具有普通性。一般把这类课程仍然归入到普通文化课程。许多人所强调的普通文化课程要为专业课程服务的观点,所针对的正是这类课程。这类课程产生的基础是科学在技术中的广泛应用,以及理论与实践发展的一体化趋势。这类普通文化课程的设计,既要求其内容完全依据专业学习的需要进行选择,同时也要求其内容组织与专业相结合,以更好地发挥为专业服务的功能。通常有两种结合方式,一种是完全围绕着职业情境来学习这些知识,另一种是在陈述普通文化知识的基础上,突出其在专业中的应用。

四、与普通教育沟通衔接的需要

职业教育中设置普通文化课程还有一个重要的目标指向,那就是与普通教育沟通的需要。人们或许不愿意接受这个观点,然而它应当是职业教育课程设计的重要考虑维度,因为职业教育和普通教育均是教育大系统的子系统,职业教育的学生来自普通学校,而其今后的发展方向很可能是重新回到普通学校。依据与普通教育沟通需要而设置普通文化课程,为职业教育与普通教育相互沟通提供了衔接点,同时也为学生生涯发展的弹性化选择提供了可能,这是开放时代人本化教育的要求,职业教育应当具备实现这一要求的课程设置。

但是这类普通文化课程不应当作为对所有学生的要求,而应当仅仅局限于那些希望通过升学重新回归普通教育轨道的学生。我们可以在适当的教育阶段对学生进行分流,为希望追求学术成就的学生开设这类课程。为了实现与普通教育的顺利对接,这类课程的结构无疑应与普通教育课程结构相一致,其课程内容则应充分考虑职业教育学生对这类课程的学习能力。设置这类课程的难点在于:(1)如何确定选择这类课程的学生是出于确定的生涯发展需要;(2)如何平衡这类课程与专业课程的关系,让选择这类课程的学生能达到基本的专业学习要求。

在有限的教学时间内综合地实现以上功能的重要策略是实施选课制,但也要对现有课程设置与内容进行一些大胆的改造。

第三节　普通文化课程设置与内容的改造

职业教育中普通文化课程问题形成的根源,在于基本上是延用普通教育的文化课程,而没有形成自己的特色,没有按照职业、技术人才培养的需要系统地规划普通文化课程。众所周知,普通教育自身已是积重难返,面向被迫放弃普通教育轨道的职校生,如果继续采取这一思路,其问题不言而喻。只有在以上功能分析的基础上,对普通文化课程进行一些根本改造,才可能走出目前的尴尬境地。

一、普通文化课程设置的改造

在这里,并不计划系统地提出普通文化课程的设置框架,只拟选择几门争议比较多的课程进行分析。事实上,在以上对普通文化课程功能分析的基础上,普通文化课程的具体设置应依据职业教育办学策略、专业类别和地区职业教育发展水平而定。

(一) 政治理论课程与思想道德教育课程

即人们通常所说的两课。这恐怕是目前职业教育中人们最不满意的课程。其教学质量之低已到了令许多学生厌恶的程度。人们对这类课程的态度基本上是极度的排斥却又无奈,因为它是国家的要求。然而如果课程政策允许的话,我们真的应当首先坚决地把两课删除吗? 我们并不这么认为。两课设置的目的,在于造就人的精神世界,难道职业教育要把自我贬低到只注重职业技能,而忽略人的精神的培养吗? 人的精神的培养是所有教育核心的核心。

两课当然存在问题,其问题从轻到重排列依次是:(1)设置;(2)内容;(3)方法。即课程设置存在门类与课时过多的现象,但它不是主要问题。课程内容存在某些内容与学生的年龄特征不符合、与现实相脱离的现象,但它也只是属于局部问题,而非需要彻底放弃与重构的问题。两课的主要问题在于教师的讲解与分析能力,我们常常会看到,当人们已形成了对两课的普遍偏见时,有些教师却把两课讲授得非常生动、实用,极大地触动了学生的心灵。两课教学质量的提高,急需一批真正理解了教材中的理论观点,善于理性、全面、真实地分析社会、生活现象,对学生精神世界形成规律有深刻理解的教师。

(二) 英语课程

我们恐怕已陷入到了对英语课程的固定思维中,即认为英语是一切教育必不可少的课程,否则职业学校就不会当已经出现了有学生尚不能分清 26 个字母的现象时,仍然坚持开设英语课程。有的职业院校甚至把学生英语过级作为衡量办学水平的重要指标。真羡慕英语国家不需要学习外语的学生,他们可以把更多时间用于学习真正有用的知识。

英语作为一门语言有个特点,只有把它掌握到一定程度时才可能使用,且如不熟练到一定程度将很容易遗忘,然而职校学生毕业后多数将就业,极少有继续学习英语的机会。从社会生活的角度看,尽管我们现在是全民学英语,但真正使用英语的情境非常少,即使是在工作场所。不懂英语尚能在英语国家生活,更何况在国内? 因此把英语作为对国民素质的基本要求是不对的。对于英语,除了涉外专业或面向需要升学的学生,实在没有必要继续在职业院校作为一门必修课程而开设,甚至是所谓的专业英语。只有当对专业英语的掌握与否影响到工作者的正常工作时,开设专业英语才是有必要的。

(三) 心理健康、创业教育与生涯规划课程

这三门课程是近年来在职业教育中兴起的,目前正方兴未艾的普通文化课程。在这里批评其设置的必要性难免招来反批评,但事实上,在心理健康与生涯规划理论源头的美国,其学校并无这些课程,他们只是把心理辅导作为学校的一项服务,把生涯规划作为设计整个教育体系的一种理念。生涯规划作为一门课程而开设其实是来自台湾。而在我国大学本科以上教育中,也极少有把这三门课程作为面向所有学生的普通课程的,它们通常只是以讲座或活动的形式存在。

对职校生而言,学习过于专业的心理健康知识其实是没有必要的,正如我们没有必要把每个人都培养成能自我医治的医生。生涯规划的意识与方法也应渗透到学生的生涯发展过程中,只有当学生面临具体的生涯发展问题时,相关知识才对他们是有用的。创业教育很有吸引力,但真正能够创业、准备去创业的职校生其实很少,不能因为少数学生的需要而要求所有学生学习这门课程,该门课程以选修课形式开设更加合适。

(四) 投资与理财课程

随着加入世界贸易组织以后我国金融业的快速发展,以及国民收入水平的增加,中国人的投资观念也越来越强。适应这一趋势,越来越多的职业院校开始开设投资与理财课程。这是一门体现了时代需要,能有效提升学生适应现代社会生活的能力的课程,其必要性是不言而喻的,然而目前人们对这门课程的性质与范围的理解过于狭隘。该门课程应当立足于学生未来的整体经济生活,而不仅仅是投资与理财。投资与理财只是学生将要面临的经济生活的一部分,此外他们还将面临更多方面,也更重要的经济生活,如消费、存款等。

在美国,与这一课程定位比较接近的课程是"消费者教育与经济"。该门课程在美国划归在生涯与技术教育课程的范围内,隶属于"家庭与消费科学"这一课程大类,这可能与美国的社会生活方式及课程观念相关。但无论如何,在课程定位与内容结构方面,它能给我们许多启示。美国消费者教育与经济的内容结构:(1)消费准备,包括消费者权益与保护、消费者管理技能、负责任的选择、生涯决策;(2)理解经济原理,包括美国经济体系、经济健康与经济全球化;(3)管理金钱,包括收入与税收、财政计划、银行业、消费信用;(4)建立财政安全,包括存款、投资、保险;(5)成为精明的消费者,包括市场中的说服、购物技能;(6)做出消费决定,包括技术产品、服饰、交通、休闲、食物与营养、健康保护、房屋与家具。

二、普通文化课程内容的改造

对普通文化课程来说,目前更为重要的问题是内容的改造。同样的课程如果内容不同,将导致完全不同的教学效果。那么普通文化课程的内容该如何改造?针对普通文化课程学生兴趣低、教学效果差的状况,我国曾尝试能力本位的改革思路,即把专业课程的能力本位改革思路迁移到普通文化课程,希望通过突出普通文化课程内容的实用性,加强教学过程的实践性来改造普通文化课程。

2000年教育部制定的中等职业学校语文、数学、英语、体育与健康、计算机应用基础、物理、化学七门普通文化课程的教学大纲中,就要求体现职业教育的特色,突出普通文化课程在能力方面的要求,体现能力本位思想。上海市早在1996年启动的"上海市中等职业教育课程改革与教材建设"项目(简称"10181"工程),就要求普通文化课程改革体现以下理念:(1)以能力为本位。在语文课程标准中明确了要"加强训练、使学生将掌握的相关知识转化为听、说、读、写的语文基本能力",注重实践性教学。(2)突出实用性。在调研基础上,提出设置应用数学、应用语文、综合理科等实用性课程。(3)灵活组织内容。综合理科采用"问题中心"课程模式,要求"问题"与学生生活经验、社会发展联系密切,具有时代特征和一定程度的可变性。应用数学课程更是采用了新颖的"套筒式核心数学+模块式专业数学"模式,体现了"降低理论、强化能力、适度更新、兼顾体系"的原则。在"10181"工程基础上,2004年出台了"上海市中等职业教育深化课程教材改革行动计划(2004-2007)"项目,提出"要按照有利于学生发展的原则,优化课程内容——贴近社会、体贴生活、贴近学生;强化服务功能——服务于专业学习、服务于劳动就业;满足发展要求——为升学和终身学习打好基础,使学生想学、乐学、会学。"如语文课程标准适当强化了"口语交际"与"应用文"方面的内容,注重能力的培养,基础知识相对减少。此次改革是对普通文化课程中语文、数学、英语课程标准的完善,适当降低了课程内容的难度,补充了实用内容,并且开始关注学生的需求。

突出实用性、生活性是普通文化课程改革思路非常重要的两个方面。这两个方面是有联系的,要突出实用性,就必须与生活相结合;与生活结合了,就必然会突出实用性。知识过于专业化正是许多普通文化课程困境形成的主要原因所在。然而在具体的普通文化课程改革中,教师们的困难往往并不是能否接受这一理念、理解这一理念,而是不知道如何实现这一理念。事实上,已有许多课程进行了这一尝试,但效果并不明显。究其根源,在于我们的思路还是不能突破传统普通文化课程内容框架的束缚,对生活及生活中需要的知识研究不够。以法律课程为例,对我国大陆与台湾地区的同一课程进行比较就可看出我们改革力度的不足。大陆的法律课程几经改革,其内容亦在朝实用性方向努力,但仍然让读者体验到强烈的"学科性",而不是生活性,台湾地区教材的生活性则体现很明显。比如大陆教材的最后一章是"诉讼法",主要内容含诉讼的种类、非诉讼途径概说、法律服务等,台湾地区教材最后一章则是"如何打官司",内容包括法院的权限与分级、法院的人事编制,以及诉讼的过程。相比之下,显然台湾地区教材的实用性、生活性特点要体现得好得多。

至于能力本位思路,对于某些课程的某些环节可能是合适的,但要作为普通文化课程改革的整体思路则未必合适,因为能力的形成需要知识,但未必所有知识都能形成能力,也并非所有知识都需要形成能力。我们所知道的要远远大于我们所能做的,不能因"能力目的"而限制了我们知识的扩充。比如以上所举的"消费者教育与经济"这门课程,知道国家的经济运行原理对学生来说是重要的,但并不要求他们能运用这些原理去控制国家经济运行。普通文化课程改革如果过于突出能力本位,可能会进一步恶化这些课程的处境。

从课程原理的角度看,普通文化课程内容的改造除了突显实用性、生活性外,更要注意把握以下两个方面。

1. 有效性

有效性指课程内容能有效地完善学生的知识结构,促进其心智的增长与意识的形成,构建更加完善的精神世界与生活能力。有效性不同于实用性,实用性强调的只是课程内容在实践中的功用,而有效性强调的是课程内容在学生知识与心理结构发展中的功用。有效性与实用性存在较高相关,一般地说有效的课程内容应当是实用的,但它们是两个不同概念。我们惯常的观点是主张课程内容的实用性,然而实用的内容未必是合适的。如上所述的心理健康知识是有实践价值的,但对学生心理与知识结构的完善来说未必是最重要的。过度强调实用性,还会导致课程内容的庸俗化,如把语文课程改造为演讲与口才或是所谓的应用文写作。有效性是课程内容筛选的基本标准,然而如果用这一观点来衡量衡量,我们的课程中充斥着大量无效的知识。

有效性要求我们从有利于学生心理与知识结构完善的角度严格筛选和创造性地开发课程内容。只有彻底地跳出传统普通文化课程内容的思维束缚,沿着这一思路深入地进行普通文化课程的开发,才可能使普通文化课程呈现新的形态,重新焕发活力。比如在美国的学校,英语阅读(相当于我们的语文)课程的内容就比我们灵活得多,他们没有固定的教材,而是由教师自己挑选一些时代感很强,学生很感兴趣的小说让他们阅读,阅读量非常大。这样既能大大刺激学生的阅读兴趣,又能真正有效地提高学生的阅读能力。而我们的语文教学因为过于强调阅读经过仔细筛选的经典作品而陷入了僵化。因此在美国的英语课和中国的语文课上,我们会看到学生完全不同的表现,而其结果是美国人的阅读习惯与能力都要远高于中国人。

再比如德育课程。我们德育课程内容的单调、枯燥与无聊是众所周知的。相比之下,美国德育课程的内容要丰富得多,实用得多,且对学生的发展有效得多。美国学校德育的概念是"健康",这里的健康不是指生理健康和心理健康,而是指"人"的多方面和谐发展的健康,即认为只有所有这些方面都得到有效发展,人才是健康的。其具体内容包括:(1)如何进行负责的决策;(2)保持优秀品质;(3)促进身心联系;(4)减压;(5)关注人际关系;(6)制造平和心态;(7)如何保持友谊;(8)维护健康的家庭关系;(9)避免风险行为;(10)身体结构;(11)成长;(12)发现自己的学习风格。如果深入到每部分的具体内容,将更深深地为其内容的有效性所吸引。

继续分析其他课程,同样可以发现所存在的这些差异,差异的存在说明我们的普通文化课程在内容改造方面尚有巨大空间。

2. 综合性

现有普通文化课程除存在内容不实用,与生活相脱节,有些内容偏深偏难,令人感到枯燥乏味等问题以外,还有一个为人们所忽视但非常重要的问题,那就是内容非常偏狭,课程的视域不够宽广。比如在以上对中美德育课程内容的比较中还可以发现,我们德育课程的内容是何等的偏狭,从投资与理财这门课程的中美比较中同样可以看到这一情形。这一问题形成的根源在于我们过于追求普通文化课程的功利性功能,以致使我们忘记了,普通文化课程设置最本质的依据,乃在于构建作为社会人、工作者的完整的人。涵盖面广必须是职业教育普通文化课程内容构建的基本原则,它既是职业教育性质对普通文化课程内容的要求,也是提升普通文化课程教学质量的关键方面。

普通文化课程内容的这一特点便是这里所要论述的综合性,它指课程内容涉及的范围应当广泛,应当在一门课程中综合相关方面的多样化知识,促进学生对多方面相关知识的掌握。在职业教育中,专业课程的内容构建可能需要突出专业性,但普通文化课程内容的构建则应着眼于使学生对生活与工作有着更为广泛的理解,这也是普通一词应有的涵义。普通文化课程因设置的依据不同,对内容综合性程度的要求也会有所不同,有些课程可能还需要在某些方面突出专业性,如数学,但总体来看,综合性应是普通文化课程的基本特点,普通文化课程内容的特点不在于深度而在于广度。

要在课程开发中有效地实现这一原理,我们也需要彻底突破现有普通文化课程内容框架的束缚,立足将要开发的课程的基本定位,综合地分析学生将面临的生活领域的方方面面,深入理解和研究生活,并选择一种逻辑关系对其进行归类、编排和分析:(1)从人在现代生活中所需要的总体素质构建的角度出发,确定课程内容应涵盖的范围;(2)提取生活中需要通过教育进行培养的关键领域,并对之进行概括,制定课程目标;(3)对所选择的关键领域按照特定逻辑进行编排,形成课程的整体框架;(4)分析并从生活、文献等多种途径选择达到课程目标所需要的材料,包括思维、知识、案例、情境等。

总之,普通文化课程是职业教育课程体系的重要组成部分。其糟糕的教学状况使得人们迫切希望找到普通文化课程的新模式。然而尽管本章从整体上对普通文化课程改革的思路做了些探索,但与专业课程有相对统一的改革思路不同,普通文化课程的改革思路应该是多元的,即每门课程都应有它自己的改革思路。比如,希望为语文课程与政治课程设计统一的改革思路显然是荒唐的。事实上,普通教育中的学科课程均是分门别类的,更何况职业教育中普通文化课程设置的依据非常复杂,这些课程在形式上可能类似于普通教育中的课程,但其定位与内容均有所区别,这就进一步增加了这些课程改革的难度,以及对改革思路多元化的要求。

随着情境学习理论、建构主义学习理论等的兴起，人们对学习的性质有了更深的认识，它促使我们在现有课程模式的基础上，继续去探索能体现这些学习新理论的职业教育课程模式。事实上，尽管西方现代职业教育课程理论随着对职业能力内容理解的逐步深入，其具体观点也呈现出明显的发展逻辑，但这些模式只着重解决了职业教育课程内容的目的问题，即要围绕工作任务选择和组织内容，而在课程内容的学习方式上，即如何依据新学习理论设计课程，以彻底改变教与学的模式方面则探索得很不够。但是，课程不仅要关注学什么，还要关注如何学，只有以学习理论为基础进一步进行深层的课程设计，才能从根本上改变职业教育学与教的现状。能体现这些新学习理论的最佳职业教育课程模式是项目课程，本章拟探讨其基本原理。

第一节　超越任务本位

　　项目课程存在两种截然相反的理解,一种观点认为项目课程是与任务本位课程
(MES课程、CBE课程和学习领域课程)完全不同的课程模式,前者是通过制作完整的
产品进行学习,后者是在任务驱动下,围绕工作任务选择知识并进行学习;另一种观点
则认为项目课程与任务本位课程是一致的,没有实质区别,项目即任务,任务即项目。
关于项目课程的内涵将在第二节进行详细探讨,这里要表明的观点是,项目课程既非与
任务本位课程完全不同的课程模式,也非一种课程模式的两种说法,而是任务本位课程
的进一步发展,其开发要以任务本位课程为基础。那么为什么要超越任务本位课程?
它遗留了哪些问题需要我们继续解决? 项目课程能否解决这些问题? 这是探索项目课
程的本质之前有必要先回答的问题。

一、能力如何具体化

　　通常认为,明确了一个岗位的工作任务,也就明确了它的职业能力,以工作任务为
中心组织课程,就可以达到有效培养职业能力的目的。然而实际情况很可能是,学生围
绕着工作任务零散地学了很多知识、技能,职业能力却并没有得到有效培养。学生就业
后仍然不能完整地完成一件事情。何以如此? 在设计任务本位课程时,要意识到一个
细节,即其所理解的工作任务并非真实工作情境中完成的一件件具体事情,而是对这些
具体事情的抽象和概括,即它是一类事情。如应用电子技术专业,通过企业专家分析得
到的任务领域有产品质量控制、检验文件编制,元器件采购、电子产品设计、电子产品生
产管理等,所有这些都并非具体事情,而只是工作过程的一个方面。

　　任务本位课程为什么要对工作任务进行抽象和概括呢? 真实工作情境中的具体事
情是非常杂乱的,如果不对之进行概括和梳理,既无法穷尽所有具体事情,也无法获得
课程体系的结构。如按这种方式进行课程设计,学生既会因为陷入具体琐事而无法获
得工作逻辑,也会因为内容庞杂而降低学习效率。因此,采取工作任务分析法对工作岗
位的具体事情进行梳理和概括,获得逻辑清晰的工作任务结构,是任务本位课程开发的
核心技术。可见,以工作任务动态变化为理由批评任务本位课程,其实是没有把握任务
本位课程的深层含义。

　　问题是,对工作岗位的具体事情进行抽象和概括,在获得工作任务结构的同时,也
使这种课程存在一个严重缺陷,即学生只是知道了岗位的工作任务内容,却无法完成岗
位的具体事情,即并不能培养出真实的职业能力。如机械加工岗位,经过专家分析后可
能获得以下工作任务:(1)分析零件图纸的结构工艺性;(2)确定毛坯的制造方法和形
状;(3)拟定工艺路线;(4)确定加工余量和工序尺寸;(5)确定加工设备、工装量具、辅助
工具;(6)确定切削用量和工时定额;(7)确定各工序技术要求和检验方法;(8)填写工艺
文件。然而在现实中,工人并不是分别从事所列举的这些工作任务,我们能够见到的是
他们正在加工一个个具体零件,这些抽象的任务在现实中会具体化,并隐藏在具体零件

的加工过程中。因此,任务本位课程实施时面临一个对抽象任务的"回归过程"。

　　经过抽象的工作任务,除了在培养学生真实职业能力方面存在障碍以外,还会带来课程设计的许多问题,如中高职课程的区分。高职课程在内容层次上显然应当高于中职课程,那么在课程设计中如何体现这一要求?通常的方法是增加理论知识的难度,但它容易被批评为本科课程的压缩。而当职业教育课程力图避免本科课程压缩的陷阱,增强课程体系的职业性时,又往往容易与中职课程趋同,被批评为高职不高。高职课程的高是可以采取一些方法来解决的,比如把专业培养目标定位于更高的预期岗位,以便在任务的层级上有所区分。但在很多情况下,如果仅仅依据抽象的工作任务,是难以进行这一区分的。如上述所列机械加工的工作任务,这些任务是无论什么级别的工人都要面对的。要进行这一区分,必须把任务具体化,比如结合具体加工的零件,因为尽管任务形式是相同的,如果零件的具体加工难度不同,对工人的职业能力要求将是完全不同的。

　　可见,以任务为中心组织的职业教育课程,在具体实施时必须有一个把经过抽象的工作任务进行回归的过程。实现任务回归的方法就是加入实施任务的载体,这个载体就是项目。如果把一个人的能力发展比喻成一棵树的生长,那么能力的基础相当于树根,理论知识相当于树干,实践知识相当于树叶。树要能茁壮成长,首先必须有根,有了根才能从土壤中吸收营养;其次必须有树干,有了树干才能傲然直立;再次必须有树叶,有了树叶才能与外界发生光合作用,才能枝繁叶茂。这就是说,一个人的能力要能良好地发展,他必须具备发展的基础,拥有理论知识和实践知识,能力发展是多种要素有机作用的综合产物。但是,除了上述条件外,这棵树要能茁壮成长还必须具备一个基本前提,那就是必须深深地扎根于土壤中。这就是说,一个人的能力要能有效发展,必需牢牢立足于项目。这就是为什么要从任务本位课程跨越到项目课程的第一个思考维度。

二、如何才能形成知识的动态组织

　　任务本位课程还有一个困惑,即虽然课程是以工作任务为中心进行组织的,但教学时老师往往是围绕任务在讲课,却没有围绕任务展开情境性活动。课程内容的叙述方式也仍然是单方向的、静态的陈述,知识未能以工作任务为中心进行动态的、有机的组织。结果是,经过彻底改造的课程,并没有带来学与教方式的根本改变。

　　动态地组织知识,是以工作任务为中心的课程内容能否形成有机整体的前提。如果只是静态地陈述知识,那么出于工作任务完成需要所选出的不同类型的知识,将因缺乏本身的内在逻辑联系,而成为知识的简单叠加。这种课程模式在本质上与现有的学科课程并无实质区别,学习效果却远不如现有学科课程。这是任务本位课程受到许多学者反对的重要原因。

　　人们总是尖锐地批评学科课程,然而批评者往往对什么是学科课程并没有进行深入思考。真正意义上的学科与我们正在讨论的学科其实是存在差异的,真正意义上的学科指的是特定领域的知识的总体及研究者知识创新活动的总和,而我们所讨论的学科属于课程设计范畴。另外,所讨论的学科的内涵在赞成者与反对者之间也存在差异,赞成者实际主张的是不要忽视对理论知识的学习,而反对者所反对的是没有目的地选择出来的所谓系统知识。不采取学科课程当然不一定会忽视理论知识,而反对者在看到没有目的地选择的知识在职业能力形成中的弊端的同时,还要看到现有学科课程的另一个更为重要的特征,即静态地陈述知识。这种课程不仅缺乏与工作任务的联系,更为重要的后果是会抑制学生的思维。从这个角度看,任务本位课程与学科课程就无实质区别了。而任务本位课程由于打破了知识本身的联系,必然不利于形成学生的认知结构,因此其教学效果将远不如现有学科课程。

因此仅仅围绕工作任务选择知识是远远不够的,它只是完成了课程开发的第一步,更为重要的是必须围绕工作任务聚焦知识,使课程内容在与工作任务的动态联系中形成有机整体,最终达到杜威所说的"粘合知识"的目标。只有实现了这一跨越,职业教育课程才可能真正展现出完全不同的形态,这种课程能够达到有效培养学生职业能力的目的,其相对于学科课程的价值将不容置疑;任务本位课程也只有发展到这一阶段,在设计技术上实现了这一突破,其优势才能得到充分发挥。

要实现课程设计的这一目标,也需要在任务分析的基础上,设计具体的项目,即必须实现从任务本位课程到项目课程的跨越。因为只有以项目为载体所进行的活动,才可能提供实现这些错综复杂的联系的有力纽带。

三、如何让学生掌握完整工作过程

任务本位课程围绕着一项项孤立的任务组织课程,在增强了课程内容的岗位针对性的同时,容易导致学生难以把握完整的工作过程,从而严重阻碍职业能力的培养。

首先,它不利于形成学生完整的职业能力。只会完成一项项割裂的工作任务的人,能够"做事",却不能"做成事"。比如传统的计算机教学,教师是围绕着一个个命令展开教学的,结果是在其他条件都准备好的情况下,学生能完成局部命令的操作,如果给学生一份手写稿,一台没有开机的电脑,一台打印机,要他拿出符合要求的最终打印稿,学生很可能完不成任务。这就是任务割裂的教学存在的问题。它所培养的这种能力在一些特殊条件下有价值,比如对工作过程进行了细致而严格分工的流水线,工人只要能完成其中任何一项中间任务就行,对整个工作过程的把握是管理者的职责。然而随着企业组织方式的变化,以及大量中小企业的存在,这种生产模式在现代社会已越来越不适应,企业更多地需要能完成整个工作过程的完整的人。

其次,不利于学生从整体意义上理解每一项工作任务。工作过程本身是完整的,它构成一个组织严密的系统,其目标指向的是企业的最终产品或服务。在这个系统中,每一项工作任务都是完整工作过程的一个环节,其意义只有在整个工作过程中才能获得理解。在这个系统中工作的每一个人,只有理解了整个工作过程,才可能最佳地完成他所承担的任务,也才可能最佳地与别人合作,确保整个体系的运行。可见掌握完整工作过程,让学生从整体意义上理解每一项工作任务,对于培养适合现代企业组织模式的员工来说是非常重要的。任务本位课程围绕孤立的工作任务进行教学,显然无法实现这一目标。

再次,学生的学习兴趣难以激发。课程专家通常认为,职校生对理论知识学习兴趣不强,但他们喜欢动手操作;老师们则抱怨情况并非如此,职校生对理论知识学习没兴趣,实践也往往不喜欢,在实训中很多学生不愿意动手。这并非课程专家错误地估计了职校生的学习优势,也并非老师在捏造事实,问题的关键在于应当给学生提供什么样的实践。如果实践仅仅是缺乏目的的重复性技能训练,那么学生是难以感兴趣的,而这也并非课程专家所理解的实践。这种技能训练与纯粹学科知识的学习性质是一样的,即学生不能预期到目前的学习与他所向往的目标之间存在的高度相关性。因此,并非强调动手操作就一定改变了学习性质,就一定能激发学生的学习兴趣,这是传统上对学习性质的极大误解。任务本位课程围绕着孤立的任务进行抽象的学习,很容易陷入这一状况,结果是,按照预先设想所开发的课程,任务的驱动作用却无法发挥出来,学生的学生兴趣仍然不高。

要有效地解决这些问题,让学生掌握完整的工作过程,获得过程与结果的统一,也必须在任务本位课程的基础上,引入项目活动。当项目不再仅仅是教学的手段,而是课程组织的基本逻辑时,就可以把这种课程称为项目课程。

第二节 什么是项目课程

项目课程对于彻底打破以学科课程为主体的三段式课程模式,建立起富有职业特色,能有效培养学生职业能力的职业教育课程模式具有重要意义,因而其价值已获得了教育行政部门与职业教育院校的普遍认可,且其开发与实施已如火如荼地展开。那么什么是项目课程,它和任务本位课程是什么关系?项目课程能否作为职业教育课程的主体模式,其理论基础是什么?如何开发项目课程?为了更好地促进项目课程实践的发展,急需对这些关键问题做深入、系统的探讨。

一、项目课程的历史发展

项目课程可追溯到 17 和 18 世纪,它与自然科学家的实验,法学家的案例研究,军事参谋的沙盘演习属于同一类型的课程模式,只是在内容上项目课程不是经验的、解释的或战略研究,而是建造活动(即设计房屋、修建运动厂,或者制造机器)[①]。它最早出现在意大利罗马的建筑师学院。当时"项目"的含义,是指学院中为了培养优秀的建筑师而开展的建筑设计竞赛。1671 开始,巴黎的建筑师们改变了建筑设计竞赛的规则,建筑设计竞赛举行的频率也增加了,它使得人们开始关注通过"项目"开展学习活动。18 世纪末,欧洲各国以及美国纷纷设立了工业学校和职业学校,"项目方法"也从欧洲传播到了美国,从建筑衍用到了工业,这对"项目方法"的理论发展有重要影响。美国华盛顿大学的奥法龙工业学院院长武德华德(C. M. Woodward)把"项目"当作一种"综合练习",使"教学"成为"产品制造"。

对项目课程进行系统理论研究与实验的是克伯屈(W. H. Kilpatrick)。克伯屈的项目课程是在杜威问题教学法基础上发展而来的,其内涵有两个要点:(1)把项目课程

① Knoll, M. (1997) The project method: its vocational education origin and international development. *Journal of Industrial Teacher Education*, Vol. 34, No. 3.

限定于问题解决领域。"'设计'的原先意义,是指学生自己计划、运用他们已有的知识和经验,通过自己实际操作,在实际情境中解决实际的问题。这是 1918 年以前美国教育界公认的'设计'的界说"①。(2)以学生的自愿活动为前提。"1918 年,克伯屈在哥伦比亚大学《师范学院学报》上,发表题为《设计教学法,在教育过程中自愿活动的应用》的论文。他说:'我采用设计这个术语,专指自愿的活动,并且特别注重自愿这个词'"②。由于当时我国尚没有课程概念,因此把他的理论译成了设计教学法,这一巧妙译法却反映了项目课程内涵在克伯屈理论中的变化。克伯屈对传统的项目课程进行了改造,试图:(1)用新的、更为广泛的定义取代传统的狭隘的定义;(2)用有目的的行动作为项目课程的关键特征,从而取代建造活动。正如他所说,"……我所追寻的统一性的思想在'有明确目标,涉及整个身心的活动'这个概念里找到了"③。项目课程经过克伯屈的改造,拥有了更为宽广的含义,并被应用到了普通教育领域。

从 20 世纪 60 至 70 年代开始,新实用主义在美国哲学界乃至整个思想界的影响越来越大。项目成了中小学教学广泛采用的一种教学模式,教师们根据课程标准设计了各种紧扣学科(单学科或多学科)的项目。例如,坎贝尔(B. Campbell)的学习中心(Learning Center)、阿姆斯特朗(T. Armstrong)的活动中心(Active Centers)、拉泽尔(D. Lazear)的全年课程机会(The Year-long Curriculum Journey)、伯曼(S. Berman)和卡茨(L. G. Katz)等人设计的项目学习。1971 年,项目课程作为一门"新型"课程被列入了德国某些学校的课表中。

可见,项目课程虽然起源于职业教育,却早已不是职业教育的专利,而成为一种有着深厚理论基础的课程模式,并被广泛地应用到了各种类型的教育中,如职业教育、幼儿教育、高等教育。当然,在不同类型教育中,其具体表现形态是不一样的,如职业教育中体现为产品制作或服务提供,而幼儿教育中体现为主题活动,高等教育中体现为课题研究。

二、项目课程的涵义

不同类型的教育中项目课程涵义的不同,是由于项目的具体形态不同所致。因此要界定职业教育项目课程的内涵,首先要界定职业教育中项目的特定涵义。

(一)什么是项目

伯曼把课程中的"项目"划分成五种类型:有结构的项目、与主题有关的项目、与体裁有关的项目、模板项目和开放性项目④。按照这一划分,职业教育课程中的"项目"指的应当是有结构的项目,即具有相对独立性的客观存在的活动模块,在这一活动中,要求通过完成工作任务,制作出符合特定标准的产品,如要有一定尺寸、包含特定材料、能发挥特定功能、满足规定质量标准等。与以课题、主题为中心的发散式项目不同,职业教育的项目是基于工作任务的、聚合式的。

① 瞿葆奎,丁证霖."设计教学法"在中国[A].瞿葆奎.教学(上册)[C].北京:人民教育出版社,1988:335.
② 瞿葆奎,丁证霖."设计教学法"在中国[A].瞿葆奎.教学(上册)[C].北京:人民教育出版社,1988:335.
③ 克伯屈.教学方法原理——教育漫谈[M].北京:人民教育出版社,1991:330.
④ 夏惠贤.多元智力理论与个性化教学[M].上海:上海科技教育出版社,2003:82.

最难区分的是项目、任务与技能。首先是项目与任务,这是最容易混淆的两个概念。因为项目的完成往往也可看作为一个工作任务的完成。比如制作一张讲台,应当把它界定为一个项目,还是一项任务? 有时的确存在一些困难。要注意把握的是,职业教育课程中的"任务"是一个有着特定含义的学术概念,它不是指日常的具体任务,而是指经过抽象和概括后所获得的形式化工作过程,如单据填制,即它是指岗位的工作任务,而不是具体个体的工作任务。如不进行抽象和概括,就不可能依据工作任务组织课程。因此,项目是指具体产品、服务或决策,是职业活动中的实例,如烹饪专业中的糕点、菜肴,工艺美术专业中的设计作品等,而任务是指工作过程的一个环节。其次是项目与技能,其混淆是由于习惯中往往把某个技能训练称为是一个项目。严格地说,技能是指肢体或智力操作,而项目是按照工作任务要求进行这些操作所获得的结果。如市场营销专业中,某某产品调研是一个项目,问卷编制、数据统计、数据分析是工作任务,运用问卷编制方法、使用统计工具是技能。

有时把项目仅仅理解为大型的生产或服务项目,如生产一台整车,设计一个宴会等。按照这一思路开发的项目课程,其实就是现有的综合实训或是毕业设计,以之为依据无法建立起真正的项目课程,更无法建立起"以项目课程为主体"的职业教育课程体系:(1)要完成如此大型的生产或服务项目,必然需要以大量知识和技能为条件,而如此多知识和技能是无法融合到项目完成的具体过程中的;(2)项目过大,无法遵照学习规律,按从易到难的顺序设计项目序列。因此,有必要打破对项目的这一常规理解,按照实用的思路,把一个零件的加工、一个故障的排除、一个服务的提供都理解为项目。对项目的微型化理解,使得开发以项目课程为主体的职业教育课程体系成为可能。当然,项目必须是有相对终结意义的,即它至少必须可以作为具有相对独立性的中间产品(或服务)。

也不能把项目仅仅理解为教师从企事业单位所承担的研究或制作项目。按照真实性学习理论,以来源于企业的项目为中心组织课程,当然能最大限度地发挥项目课程的功能,但在实践中,我们根本不可能根据教学内容及进度的需要及时从企业获得足够的、合适的项目。其实让每个学生都能从事一个来自企业的项目已经相当不容易。因而,项目不一定要求是真实的,只要能达到提高教学质量的目的,模拟项目也未尝不可。

(二) 项目课程的定义

可以简单地把职业教育项目课程定义为"以工作任务为课程设置与内容选择的参照点,以项目为单位组织内容并以项目活动为主要学习方式的课程模式"。这一定义包含两层涵义,这两层涵义在项目课程界定中缺一不可。

1. 以工作任务为课程设置与内容选择的参照点

认清一种课程的本质,首先要看其设置的参照点。比如学科课程,是以知识为参照点设置的,课程划分的依据是学科边界;而项目课程是以工作任务为参照点设置的,课程划分的依据是任务边界。这是某一课程能否成为项目课程的前提,在这一点上,项目课程与任务本位课程无异。因此项目课程是对任务本位课程的发展,而非与之相对立的课程模式。

这就是说,项目课程既不是对学科课程的教学法改造,也不是直接以典型产品或服务为参照点设置课程的课程模式。前者只是教学方法改革,而非课程改革,因为没有改变课程的性质。后者是当前比较激进的一种项目课程观,它认为以工作任务为参照点设置的课程,不是彻底的项目课程,只是任务本位课程的翻版;既然是项目课程,就应当直接以典型产品或服务为参照点设置课程,这样,职业教育的课程体系就全部改造成了一个个产品或服务项目。这种观点混淆了课程的目的与手段,其后果将是非常严重的。

以工作任务为参照点设置课程,确保了项目课程以工作任务为核心选择课程内容。作为项目课程内容的知识和技能应当是完全职业化的,是与工作任务密切相关的。这一原理理解起来比较容易,操作起来则非常困难。项目课程改革面临三大突破点,即课程结构的重组,新课程内容体系的开发和项目体系的建构。在这三大突破点中,难度最大的是新课程内容体系的开发,许多时候教师们往往只是在围绕着工作任务重组原有的学科知识,却并没有开发出更加实用的新知识,甚至没有把重组的知识形成一个体系。

2. 以项目为单位组织内容并以项目活动为主要学习方式

如果仅仅停留于第一层涵义,那么项目课程与任务本位课程无异,使项目课程与任务本位课程明显相区别的是第二层涵义。尽管项目课程是以工作任务为核心选择课程内容,但其课程内容组织并非围绕着一个个工作任务来进行,而是围绕着一个个精心选择的典型产品或服务来进行,严格地说是围绕着基于典型产品或服务的活动来进行。活动是项目课程的基本构成单位,而每一个活动是由若干工作任务构成的。这是项目课程明显不同于任务本位课程之处,也是它对任务本位课程发展的关键之处。因此,工作任务分析与项目设计是项目课程开发的两个非常核心的环节。没有工作任务分析,项目课程开发就不能准确把握工作岗位要求,课程内容选择也就缺乏依据;没有项目设计,这种课程就只是任务本位课程,也即能力本位课程,而不具备项目课程的特征。只有在工作任务分析基础上,围绕着工作任务学习的需要进一步进行项目设计,并在项目与工作任务之间形成某种对应关系,才能得到项目课程。要进一步阐释这一含义,需要建立一个基于课程内容的职业教育课程模式分析框架。

与普通教育课程以知识为主要构成要素不同,职业教育课程内容构成要素比较复杂,最为基本的有知识、技能、任务和产品(或服务)。知识和技能是完成任务所需要的条件,而产品(或服务)是完成任务所获得的结果。四个构成要素,就有四个参照点;以不同要素为参照点,便形成了职业教育的四种课程模式,即学科课程、技能训练课程、任务本位课程和项目课程。学科课程强调让学生学习系统的学科知识;技能训练课程是让学生反复练习单项技能的课程,即俗称的实训;任务本位课程是以工作任务为中心来组织知识和技能学习的课程;项目课程则是以项目贯穿整个课程内容,让学生在以项目为载体所设计的综合化情境中完成完整工作过程,并获得相关知识和技能的课程。项目是否序列化是项目课程成立的前提,项目以附属形式存在的课程不能称为项目课程。可见,项目课程既不同于学科课程,也不同于技能训练课程和任务本位课程。

以上两点所针对的只是一门课程,项目课程还有一层含义,即指以项目课程为主体的职业教育课程体系。职业教育项目课程改革,不只是要获得几门单独的项目课程;更重要的是要建立以项目课程为主体的课程体系,这是由职校生学习特点与职业教育规律所决定的。那么是否所有课程都应该或者说必须是项目课程呢?答案当然是否定的。任何一类或一级教育的课程模式都必然是多元的,这是由课程功能的多元化所决定的。对职业教育而言,针对需要通过反复训练才能非常娴熟的技能,需要开设单独的技能训练课程;针对需要系统学习的理论知识,也需要开设单独的学科课程。但是,项目课程应当成为职业教育课程体系的主体。

三、项目课程的理论基础

项目课程的理论基础可概括为联系论、结构论、综合论和结果论。其中联系论是从联系生成的角度回答开发项目课程的必要性,结构论回答课程结构设计在项目课程开发中的重要性,综合论回答形成任务与任务的组织关系的重要性,结果论回答项目课程最为核心的思想,即结果驱动。

(一) 联系论

以上已阐明了职业能力的形成机制,即在知识与工作任务之间建立联系。按照这一观点,要有效地培养学生的职业能力,就必须帮助学生努力在与工作任务的联系过程中去学习知识。这就必须彻底解构与任务相脱离、单纯学习知识的学科课程模式。学科课程模式对帮助学生积累知识、增强对理论的理解是有效的,但对职业能力的形成而言却可能有害,至少效果不大。因此项目课程认为,不仅仅知识与技能是课程内容,知识与工作任务的联系也是重要课程内容;职业教育课程必须彻底打破按照知识本身的相关性组织课程的传统模式,要以工作任务为中心来组织课程内容。

但是,以工作任务为中心组织课程内容,只是为学生提供了建立知识与工作任务联系的可能性,这种联系的建立要成为现实,还必须通过活动。联系存在多种形态,知识之间的联系可以在观念中完成,以实践为特征的知识与工作任务的联系的建立则只有在活动中才能完成。只有在活动中,学生才能深刻体验到知识对其工作任务的实践工效,才能建立知识与其工作任务的联系的具体方式。因此,情境性活动是职业教育课程的基本教学方式,这就决定了我们不能仅仅停留于任务本位课程,它明确了课程的基本内容,却仍然处于静态层面,能有效地解决这一问题的是项目课程。

(二) 结构论

课程结构包含体系结构和内容结构,体系结构指某专业所设置的课程及其之间的组合关系;内容结构指一门课程内部知识的组织方式。以工作任务为中心组织课程内容,必须高度重视课程结构的设计。在以往的课程开发中,总是对课程结构的重要性评价过低。老师们受职业习惯的影响,比较关注课程中的知识、技能这些具体内容,往往认为学生只要获得了这些知识和技能,便会具备能力,因而并不重视课程结构设计。

但事实上,知识的组织方式往往比知识本身更为重要,因为正是它让我们学会了如何应用知识。对课程结构的关注源于认知结构理论的进展。奥苏贝尔是最早发现认知结构对学习存在重要影响并对之进行了深入研究的心理学家,他认为"一旦获得了这种知识(认知结构),它本身便成为影响学习者获得同一领域内的更新的知识的那种能力的最重要的自变量"①。上述职业能力本质观要求,职业教育课程不仅要关注让学生获得哪些工作知识,而且要关注让学生以什么结构来获得这些知识,因为课程结构是影响学生职业能力形成的重要变量,本身具有教育意义。

那么项目课程结构设计的依据是什么呢? 具体地说,项目课程既要求课程设置反映工作体系的结构,也要求按照工作过程中的知识组织方式组织课程内容。因为与学科知识存在形式完全不同,作为职业教育课程内容的工作知识是在工作实践中"生产"出来的,它们的产生完全出于工作任务达成的需要,附着于工作过程是其存在的基本形态。既然如此,那么以工作知识为内容的职业教育课程的结构就只能来自工作结构。工作结构与学科结构之间的本质差别,便形成了学术教育课程结构与职业教育课程结构之间的本质差别,从而也决定了项目课程应当是职业教育课程的主要模式。从实践效果看,按照工作体系设计课程结构,有利于培养学生的工作思维,增强学生的任务意识,使他们从关注"知道什么"转向"要做什么",从而达到更有效地培养职业能力的目的。

(三) 综合论

如上所述,通过对任务本位课程的学习,学生可能能够熟练完成其中一些工作任务,却往往不能顺利地完成整个工作过程,制作(提供)不出一个完整的产品(服务)。但掌握完整的工作过程对职业能力培养来说非常重要:(1)它是衡量职业能力水平的重要指标。尽管由于劳动过程内部分工的原因,劳动者可能只需完成整个产品(服务)制作(提供)的一个环节,但若他对工作过程缺乏完整把握,那么其所获得的职业能力是残缺的,没有人会满意于这种职业能力;(2)有利于学生从整体意义上理解每一项工作任务。每一项具体的工作任务,都是和整个工作过程密切联系的,只有理解了整个工作过程,才能更好地把握好具体工作任务的意义,也才能更好地与团队其他成员沟通合作;(3)有利于提高学生的学习兴趣。与孤立的工作任务相比,学生往往对能获得具体结果的完整工作过程更感兴趣。

为了解决这些问题,课程设计要打破任务之间的界线,突出任务之间的联系,让学生学会完成完整的工作过程。课程模式的这一突破,一方面客观上要求设计能贯穿这一过程的载体,即项目,另一方面要求课程设计者充分意识到作为工作过程开始与结尾的一些细节的重要性,确保工作过程的完整性。

(四) 结果论

要在知识与工作任务之间建立联系,并让学生掌握整个工作过程,发展职业能力,必须把实践理解为在特定工作情境中进行的活动。只有特定目标引导下的职业活动才具备"联系"建立的功能。因此项目课程强调以典型产品为载体来设计教学活动,用"结果"来驱动学生的学习,整个教学过程最终要指向让学生获得一个具有实际价值的产品或服务。这是项目课程的一条重要而富有特色的原理。

以典型产品(或服务)为载体,从功能的角度看可以有效地激发职业学校学生的学习动机。因为任何学习都是需要用"结果"来强化的,而现实产品是很有力的强化物。

---

① 奥苏贝尔,等.教育心理学——认知观点[M].北京:人民教育出版社,1994:199.

从理论的角度看这意味着"实践观"的重要转变。传统的实践观把实践仅仅理解为技能的反复训练,或是孤立的工作任务的学习,从而把过程与结果割裂开来了。学生在课堂上的学习与行动的结果无关,他们所能体验到的仅仅是动作的不断重复,却无法体验到行动与后果之间的关系。用马克思的术语来说,这是一种异化了的实践。项目课程的实践观则把实践理解成了过程与结果的统一体,并认为实践只有指向产品获得才具有意义,才能达到激发学生学习动机,发展综合职业能力的目的。

四、项目课程与相近课程的比较

项目课程由于与技能训练课程和任务本位课程比较接近,因而很容易把它们混淆,以致所开发的项目课程与预期要求差距比较远,因而有必要澄清它们之间的区别。

(一) 项目课程与技能训练课程

技能训练课程指对职业所需要的单项技能集中进行训练的课程,如机械专业的车工技能训练,金融专业的点钞技能训练。这种课程由于实践性很强,如不注意进行区分,人们往往认为这就是项目课程,结果把项目课程开发简单地理解为开发大量技能训练项目。而如上所述,职业教育课程包含四个基本要素,即知识、技能、任务和产品(或服务),技能训练课程是以技能为参照点设计的课程,而项目课程是以产品(或服务)为参照点设计的课程,二者有本质区别。具体地说,技能训练课程只是让学生获得一项项孤立的技能,而通过项目课程学生可获得真实化、综合化的职业能力。

(二) 项目课程与任务本位课程

任务本位课程指围绕着一项项工作任务组织课程内容的职业教育课程模式,MES课程和CBE课程都属于这一课程模式。它在形式上与项目课程更加接近,且由于项目课程开发也要以工作任务分析为基础,因而往往很容易混淆这两种课程。而事实上,它们也是有本质区别的,这一区别源于课程内容组织参照点的不同。如在机械加工中,编制加工工艺是一个任务,加工一个轴类零件是项目。任务本位课程以任务为逻辑线索来展开课程,它能让学生知道这些岗位需要完成哪些工作任务,以及学会如何完成这些工作任务;而项目课程以产品(或服务)为逻辑线索来展开课程,它能让学生知道需要加工哪些零件,以及学会综合哪些工作任务来加工这些零件。前者只是学会了过程,而后者不仅在结果追求中学会了如何综合这些过程,而且理解了对工作来说没有结果的过程是毫无意义的。

那么,哪种课程模式最适合职业教育呢?应当是项目课程。技能训练课程只适合于一些需要高强度训练的技能,它不可能成为职业教育课程的主体,问题在于任务本位课程。凭借经验,人们可能会毫不犹豫地选择项目课程,这就是前面所描述的目前职业教育对项目课程的普遍欢迎状况。但是就研究而言,还是要在理论层面对项目课程的优势做出解释,这就涉及到一个重要问题,即哪种课程模式能够更为有效地培养学生的职业能力?而要回答这个问题,就必须回答工作体系的基本构成单元是什么?基本构成单元并非最小构成元素,正如人体的基本构成单元是细胞,但细胞并非人体的最小微粒。只有以工作体系的基本构成单元为参照点设计课程,才能按照工作体系的组合方式组合课程内容的各个要素,从而达到最为有效地培养学生职业能力的目的。

工作体系的基本构成单位与生产组织方式密切相关。产业革命以前,这一基本构成单元是产品(或服务),因为当时"生产过程中没有分工,每个生产者从事一个产品生产全过程的各种操作",而"在工场手工业中,由于实行分工,每个人只从事整个产品生产过程中的一种操作,"①结果使得工作体系的构成方式发生了质变,即基本构成单位由产品(或服务)变成了任务。MES课程、CBE课程正是适应这种工作体系的产物。随着人们对流水线生产方式弊端的认识越来越深,工作体系的构成方式又进入了一个新的质变时代,即所谓的从福特主义转向后福特主义,如日本丰田汽车公司就用"生产岛"取代了"生产线"②。在生产岛中,由若干员工组成的团队被要求完成一件完整的产品。这种生产方式将成为后工业社会的主流。

生产方式的这一变革,意味着工作体系的基本构成单元将由任务变为产品(或服务),而任务只是完成产品(或服务)的整个过程的一个环节。在这种工作体系中,员工在体验到全新工作价值的同时,其职业能力也被要求朝着综合的方向发展,即他们要具备以产品(或服务)为中心组合工作情境中各种要素的能力,而不再只是能完成一件孤立的工作任务。这种职业能力的培养需要项目课程的支持。即使新的生产方式目前还只是在少量企业运用,职业教育的人性化也要求超越任务本位的课程模式,让学生以产品(或服务)为参照点体验到完整的工作过程。尤其对于高职教育学生来说,更应当通过项目课程来培养其综合职业能力,以体现出职业教育的高等性。事实上,MES课程、CBE课程均在我国大力推行过,实际效果并不明显,而项目课程一经提出便广受欢迎,究其原因,与前者基于分析思维而后者基于整体思维密切相关。

五、项目课程与内容的发展性

对项目课程的疑问主要集中于是否会影响学生迁移能力、继续学习能力的发展。关于这一问题前面已做了比较详细的分析。回答这些疑问的关键,是要抛弃关于迁移能力、继续学习能力形成的日常的、经验的判断,对之进行科学、严肃的研究。事实上,"系统的学科知识"并非促进迁移能力、继续学习能力形成的关键因素。但是,如何处理现有知识、技能要求,与发展的知识、技能要求之间的关系,确是项目课程不可回避的一个复杂问题。

项目通常被理解为有着明确目标的产品、服务或决定。这是职业教育项目的特点。对普通教育来说,项目可能是一个主题;对高等教育来说,项目可能是一个课题;但是对职业教育来说,由于工作任务有严格的执行目标,因此其项目更多地具有封闭性、结构性。职业教育项目的这种特点,决定了作为其课程内容的知识、技能和态度也是预先确定的。按照这种理念开发的项目课程,可以有效地培养学生按现有程序完成工作任务的能力,却不利于培养学生设计和改造工作过程,创造性地完成任务的能力,也没有解决如何培养学生主动关注、搜索和学习新技术的心智结构的问题。

但是,随着技术的发展、职业的快速转换、生产组织方式的变革,以及人们工作观念

① 陈桂生.马克思主义教育论著研究[M].上海:华东师范大学出版社,1993:101.
② 徐国庆.新福特主义与后福特主义职业教育发展模式比较研究[J].教育发展研究,2004(12).

的改变,那种培养工人按部就班、严格执行地进行工作的职业教育早已不能适应现代社会、经济和人性的要求。职业教育的目标转向了培养能主动地、负责任地、创造性地工作,具有适应新技术的开放的心智结构的工人。此即新职业主义,这一概念的提出,意味着世纪之交职业教育范式正经历着根本转变,它深刻地影响了世界各国职业教育课程,乃至整个体系的改革。对我国来说,尽管技术的总体应用水平还难以和西方国家相比,但西方国家的工作文化对我国的深刻渗透已经且正在发生,同时高流动已经成为我们社会就业的基本特征,这些都决定了职业教育课程设计不能回避上述问题。

然而,解决这些问题并非意味着要抛弃项目课程。抛弃了项目课程,转向学科课程,这些问题也并非就能够得到有效解决。我们的选择应当是改进项目课程的设计。首先,项目设计要有开放性。项目应当有多种形态,有封闭性项目,也应当有开放性项目。尤其要注重开放性项目的设计,因为它对于培养学生创新能力,以及主动适应技术发展的心智结构具有重要意义;其次,教学过程要有开放性。项目课程应当更多地关注结果,过程应当允许学生有弹性,对创造性完成工作过程的学生甚至要进行鼓励;再次,知识、技能选择要有开放性。为了弥补典型产品或服务可能带来的知识、技能覆盖面上存在的缺陷,尤其是新技术的引入,课程设计中应当有专门的环节来处理这些问题。

第三节 项目课程的设计原理

马克思说过:"哲学家们只是用不同的方式解释世界,问题在于改变世界"[①]。职业教育项目课程的理论体系仍需进一步完善,但目前更缺的是开发项目课程的技术。项目课程开发是一个非常复杂的过程,限于篇幅本章不拟详细、完整地阐述这一过程,只是就其中最为关键的几个问题做些探讨。

一、项目课程的开发主体及其角色

职业教育项目课程开发离不开教育部门的组织、支持和课程专家的指导,而直接承担开发任务的主体应当是企业专家与教师,尤其职业教育院校教师要在其中发挥核心作用。只有在他们的紧密合作下,才可能开发出高质量的项目课程。

(一)企业专家的角色

项目课程继承了能力本位课程重视企业专家参与课程开发这一理念。项目课程开发中,项目选取要建立在工作任务分析基础上,否则就是盲目的;作为其课程内容的知识、技能的选择也要以工作任务与职业能力分析为基础,而对工作任务最为熟悉的人就是那些长期在对应岗位从事工作,且善于反思的企业专家。虽然通过双师型师资队伍建设,许多职业教育院校教师获得了一些实际工作经验,但这些经验相对企业专家来说仍然是非常肤浅的。因此项目课程为了确保其内容定位的准确,必须有企业专家的深度参与。

问题是企业专家该如何参与? 在哪些环节他们可能发挥重要作用? 目前存在过度

---

① 恩格斯.路德维希·费尔巴哈和德国古典哲学的终结[M].北京:人民出版社,1997.55.

迷信企业专家的倾向。有些职业院校在课程设置、课程标准编写、项目设计等环节,均反复征求企业专家意见,结果不仅没有获得有价值的意见,反而使得自己无所适从,课程体系杂乱无章。其实,企业专家只是企业的专家,他们所熟悉的只是工作过程本身,对教育原理,尤其是项目课程开发这个高度专业化的领域其实是非常陌生的,他们所拥有的教育知识或来源于其受教育经历,或日常所见所闻,并不具备专业水平。

因此,在项目课程开发中对如何发挥企业专家的作用,应当有客观、深入的技术性分析。事实上,企业专家能发挥重要作用的只是两个环节,即工作任务与职业能力分析,以及教材编写。工作任务与职业能力分析阶段,企业专家的角色是提供工作过程中所要完成的任务,及完成这些任务所需要的职业能力的意见;教材编写阶段,企业专家的角色是就一些具体问题,如操作过程是否规范,所选设备和技术是否符合企业实际等提供意见。而这两个环节企业专家作用的发挥,均需要有教师预先设计的问题框架为条件。

(二)职业教育教师的角色

职业教育教师是项目课程开发的主要承担者。一方面,企业专家不可能承担项目课程开发的主要任务。尽管企业专家有着不可替代的作用,但他们基本不可能承担课程开发中大量非常艰辛的文本编写工作,同时也缺乏课程开发的理论与方法,且企业专家在项目课程开发中作用的发挥,也依赖于职业教育教师的主导行为;另一方面,这项工作也不太可能由本科院校教师承担,因为本科院校教师受职业习惯影响,很难把握职业教育规律。职业院校发展的文化积淀、教师的长期教学经历,使得职业教育教师不仅能够很好地把握学生的学习能力,而且能够开发出符合职业教育教学实际的课程。CBE课程过分低估了教师开发课程的潜力,而事实上职业院校教师具备这一能力,问题在于如何激发其动力。

这就打破了CBE课程从企业到学校的单向开发机制。CBE课程的重要假设之一是"职业课程应当由主要的使用者(雇主)来控制,而不是由提供者(继续教育学院)来控制"[①]。这一假设使得教师在课程开发中处于非常被动的地位,因为他们实际上只是课程的实施者。这很容易导致企业要求与学校文化的冲突,从而导致CBE在学校实施的困难。事实上,CBE课程刚引入我国,便受到了许多学者和院校的强烈抵制。与英国、澳大利亚等国不同,我国职业教育的实施主体是职业院校,它们有自己的历史和文化,也有自己对未来的设想。尽管其功能是为企业培养人才,但这并不能抹杀职业院校是独立发展的主体这一基本事实。因而当完全排斥教师在课程开发中的作用,或是完全把他们置于被动地位时,课程改革必然失败。充分发挥教师的主体作用,意味着建立起了基于学校的校企合作课程开发机制,这是一种企业要求与学校智慧相结合的课程开发机制,即企业在工作任务与职业能力分析和教材编写中系统阐明其对人才培养的要求,学校则基于这些要求以课程形式设计具体的教育过程,其中包括人才培养方案、课程标准、教材等文本的编制。教师是一个富有巨大创新潜力的群体,许多教师的教学方法非常有创意;而项目课程开发中的项目设计是个弹性大、极富创新的环节,只有充分

---

① 徐国庆.实践导向职业教育课程研究:技术学范式[M].上海:上海教育出版社,2005:140.

发挥教师的主体作用,项目课程开发才可能真正取得成功。

二、项目与任务的对接模式

项目课程开发是一个技术性非常强的复杂过程,其中最为关键的技术有两个,即工作任务分析和项目设计。对于工作任务分析职业院校已比较熟悉,以下就项目设计问题做些探索。项目设计中存在两种倾向,一是抛开工作任务,围绕专业知识学习的需要选择项目;一是完全"紧扣"工作任务,分别围绕着每个工作任务的学习进行项目设计。这两种倾向或者错误,或者片面。一方面,项目设计要围绕工作任务来进行,脱离工作任务设计项目,只是用项目教学法实施传统的学科课程,并非完全意义上的项目课程;另一方面课程标准中明确了某门课程应当学会的工作任务,并非意味着只能机械地围绕着一项项任务进行项目设计。项目课程最为突出的优势是培养学生综合职业能力,而围绕孤立任务所进行的项目设计显然是无法达到这一目标的。事实上,只要能确保课程标准中所规定的工作任务、知识和技能得以明确学习,完全可以对项目进行开放性设计,且在许多情况下项目是跨任务的。可见,项目设计的重要环节是选好项目与工作任务的匹配模式,常见模式有以下三种。

1. 循环式

这种模式的核心特征是,课程内容以递进式或并列式的系列典型产品或服务为主线展开,每个项目都包括该门课程全部任务所构成的完整工作过程,且其工作过程是基本一致的。如某门课程需要让学生学会完成四个工作任务,可从简单到复杂设计若干项目,每个项目都重复学习这四个工作任务,见图8-1。这种模式尽管工作过程是重复的,但由于项目不同,具体内容是不会重复的。随着项目的推进,学生的职业能力得以不断提升。这种模式在机械电子类等专业中应用广泛。

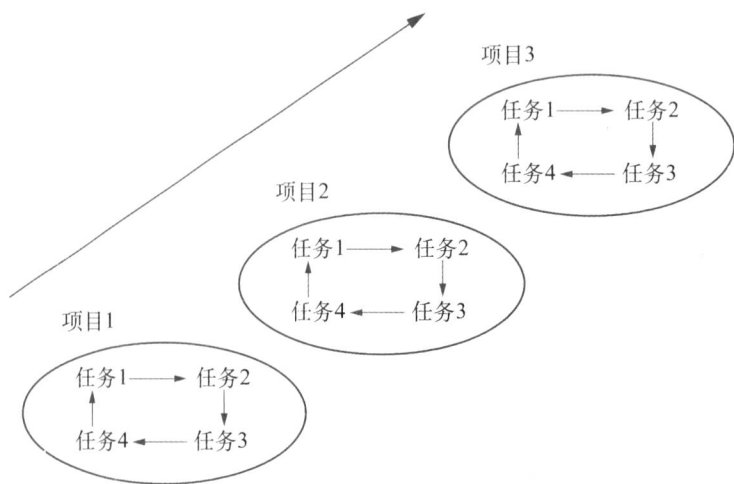

图 8-1

项目设计的循环式

2. 层进式

这种模式的核心特征是,一门课程只选择一个大型的、完整的综合项目,它涵盖了该门课程需要学习的所有工作任务;根据工作任务界线,把这个项目划分成若干部分(小项目),学生按照工作顺序逐步完成各小项目,最终完成整个项目。如图 8‐2,某门课程需要让学生学会四个任务,为学习这四个任务,选择了一个综合项目,这个项目被划分成了 3 个小项目,进行任务 1、2 可完成项目 1,进行任务 3 可完成项目 2,依次进行直至整个项目完成。小项目划分要注意其相对完整性。这种模式在计算机应用、国际商务等专业中应用广泛。

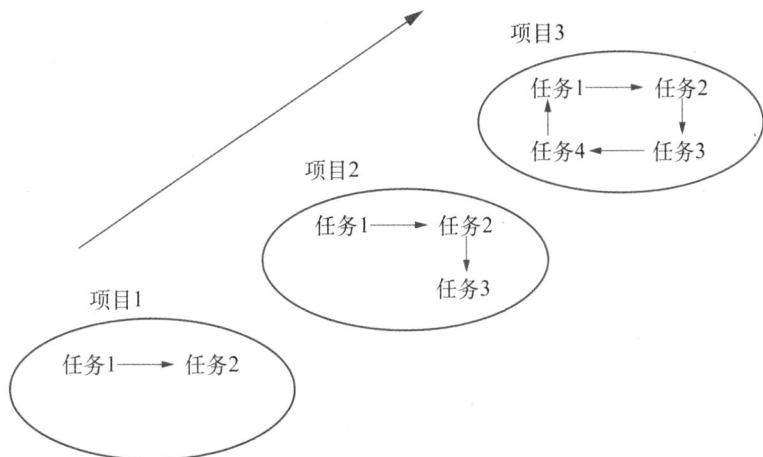

图 8‐2

项目设计的
层进式

3. 分解式

分解式的核心特征,即如上所述的分别围绕一项项工作任务进行项目设计,围绕一项工作任务可设计一个或多个项目,如图 8‐3。有些课程,其工作任务完成的难度与产品或服务等具体内容基本无关,也不存在紧密的内在联系,便应采取这种设计模式。这种模式在物流、财会、酒店服务与管理等专业中应用广泛。

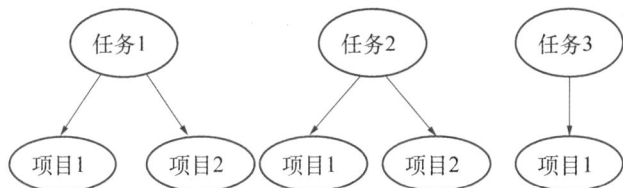

图 8‐3

项目设计的
分解式

在这三种模式中,第一种、第二种模式的项目色彩最浓,甚至可以说只有依据这两种模式设计的课程才是真正的项目课程。因此,在项目课程设计中,要尽可能地采用这两种模式。如市场营销专业的销售报表统计这个任务领域,包含制定统计报表、统计报表数据、分析报表数据等工作任务,其项目设计的理想方式不是针对每项任务分别进行,而是选择不同种类的报表作为项目,这些工作任务则构成了完成某个报表的具体过程。当然,第三种模式也有一定的适用性,因为有些课程的项目设计是无法采用前两种模式的。采取何种模式,取决于具体职业的性质。需要注意的是,具体设计中,这几种模式可能会同时交叉使用。

三、项目的设计

选择了项目与工作任务的匹配模式,就可以进行具体项目的设计。项目设计非常重要,项目设计的好坏,对教学效果有很大影响,因此必须把项目设计作为项目课程开发的一个独立环节。

(一) 项目的类型

从不同角度可把项目划分为不同类型。

1. 封闭项目与开放项目

封闭项目指有明确的目标,要求按照严格的操作程序与要求进行操作,需要相对确定的知识的项目。职业教育面向的是具体职业,这些职业的工作过程往往比较确定,且有比较明确的要求,因此职业教育的项目多数属于封闭项目。学习这些项目,获得确定的职业能力,是个体顺利进入相应岗位的基本前提。

但是,随着技术发展、社会转型与企业组织模式的变化,现代职业的工作过程的自由度越来越大,所需要的知识的可迁移度越来越高,职业教育的任务与性质已发生了根本变化,现代职业教育不仅要求培养能完成既定工作任务的人,更要求培养能改进和提高工作过程,能主动地、弹性地、负责任地完成工作任务的人。因此项目课程还应当针对专业特点开发开放项目。所谓开放项目,即需要学生自己确定目标,通过查阅资料或小组讨论自己设计工作过程的项目。

2. 单项项目与综合项目

单项项目指围绕着局部工作任务所设计的项目,其功能是使学生掌握该专业的基本知识与技能,并发展单项职业能力;综合项目指围绕着完整工作过程所设计的项目,其功能是培养学生综合职业能力,并学习提升的专业知识与技能。学生学习是一个从简单到复杂、从局部到整体、从具体到抽象的过程。在学习的初始阶段,围绕着局部工作任务设计单项项目,有利于学生牢固地掌握工作过程的各个环节,为发展整体职业能力奠定基础。到了学习后期,当学生基本掌握了各个工作环节后,就有必要围绕整个工作过程设计若干个综合项目,使学生能把握完整的工作过程,获得整体职业能力。

3. 模拟项目与真实项目

模拟项目指为了满足特定课程内容学习的需要,模拟实际项目所设计的学习项目。模拟项目可以对应于实际项目,也可综合多个实际项目。模拟项目虽然缺乏真实感,但它来源于真实项目却又高于真实限度,能充分满足课程实施的需要,因而在项目课程设计中是非常必需的。模拟项目可在真实设备、设施中实施,也可在模拟设备、设施中实施。一些为项目课程所设计的模拟设备,由于综合了多种技术,能同时满足多种项目学习的需要,不仅能节约资源,而且非常便于教学。如某公司生产的机电一体化实训设备,整合了机电设备安装、PLC应用技术、电气控制技术、自动控制技术以及机电一体化技术等,借助这台设备学生不仅可以自由组装和调试送料检测部件、物料搬运部件等,还可以任意调换和组合 PLC 模块、变频器模块等。

真实项目指直接来源于企业的实际加工或服务项目。模拟项目"学校色彩"很浓,缺乏真实的"企业感"。这种项目对于基本能力的训练是必要的,但在学生实际能力训练中的缺陷也很明显。而真实项目有利于学生获得对企业产品技术标准的体验,对"工作压力"的体验等,这些是模仿项目无法具备的功能,因此项目课程改革必须大量开发来自企业的真实项目。这是项目课程开发中难度比较大,却非常有活力和充满特色的方面。

(二) 项目的序化

项目课程以项目为单位组织教学,而学生的学习要按照某种顺序展开,因此项目设计中有一个重要环节,即如何对项目进行序化。项目与任务的对接模式,已为我们对项目进行序化提供了思路,为了更好地在项目设计中对项目进行序化,有必要构建项目序化的基本模式。

一般地说,项目序化有三种基本模式:(1)递进式,即这些项目是按照难易程度由低到高排列的,如数控技术应用专业的"机械制图"这门课程,可按照零件的复杂程度来进行项目序化,让学生先从绘制简单的零件图开始,逐步过渡到复杂零件的绘制;(2)并列式,即这些项目之间既不存在复杂程度差别,也不存在明显的相互依存关系,而是按照横向的并列关系排列的,如药剂专业的药剂生产这门课程,可按不同剂型设计项目,这些项目之间的关系便是并列的;(3)流程式,即这些项目是按照前后工序关系依次编排的,如电子产品生产专业中的产品组装、产品检测、产品维修。见图 8-4。

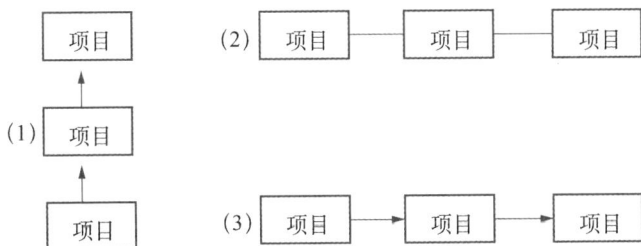

图 8-4

项目序化的
三种模式

当然,这里所提供的只是项目序化的基本模式,在项目课程开发中,需要结合专业的具体内容,找到每个专业、每门课程所特有的项目序化的逻辑,使之构成严密的项目体系。而这是一项创造性非常强的工作,是项目课程设计水平得以体现的关键所在,项目课程开发中应当把项目的选择与序化作为一个独立的环节进行研究。

(三) 项目的设计要求

设计项目时应充分考虑以下维度。

1. 能否确保学生学会完成该门课程的所有工作任务? 项目是手段,掌握工作任务才是目的,因此所设计的项目应考虑是否完全覆盖了该门课程的所有工作任务。比如"餐饮服务与管理"这门课程,可以设计若干个宴会作为项目,如果该门课程的工作任务包含"宴会预订",那么所设计的项目就应当包含这个工作任务。

2. 项目之间能否形成一定的逻辑关系。学科课程并非课程的唯一模式,但是在打破一个体系的同时,必须建立另一个体系,否则将导致学生认知结构的混乱。项目课程打破了按照知识本身的逻辑组织课程的传统模式,转向围绕着项目来组织课程,那么就必须在项目之间形成某种逻辑关系。项目逻辑关系的构建必须紧紧依据相应职业领域的工作逻辑,这样才能有效地培养学生职业能力。比如机械加工技术,工人的主要任务是加工各类零件,因此以典型零件为逻辑主线设计项目体系是合适的。

3. 项目是否具有地方经济特色,符合典型性要求? 即使同一行业,不同地区的具体产品或服务很可能是不一样的,比如餐饮,上海和四川的风格就差别非常大。项目设计应充分体现地方经济特点,这样既有利于培养更加适合地方产业需要的实用人才,也有利于课程资源的开发与利用。因此,项目设计应建立在对企业的深入调研基础上,应当开发具有"企业真实性"的项目。为了提高职业能力的迁移范围,所选择的项目应当是典型的。

4. 项目在教学中是否具有可操作性? 无论多么巧妙,多么有学习价值的项目,如果在教学中无法执行,比如学校无法购买所需要的设备,也无法从企业获得相应支持,那么这种项目都是无效的。应当设计易于操作、可能操作的项目。

四、知识的分配
(一)知识分配的可能性

项目课程打破了按照知识本身的相关性组织课程的模式,把知识和技能围绕着项目进行组织,那么知识是否可能在项目中进行分配,围绕着项目学生是否可能获得足够的将来工作所需要的知识? 这是开发项目课程不可回避的问题。项目课程的知识可划分为实践知识和理论知识。实践知识指完成某工作任务必需的应用知识,如操作步骤、工艺、工具设备名称等。理论知识指完成该工作任务必须具备的解释性知识,用于解释"为什么要这样操作"。如上所述,实践知识对能力发展的作用,正如树叶对树生长的作用,是十分重要的。工作领域的实践知识非常丰富,但杂乱地存在着,如果能系统地把它们组织起来,将大大缩短个体职业能力的发展历程。因此项目课程开发非常重视对实践知识的开发。实践知识围绕着项目进行组织不会遇到太大障碍,因为项目是基于典型产品或服务进行设计的,学生通过顺利地完成这些项目,应当可以获得从事工作所需要的足够的实践知识,问题在于理论知识。

项目课程的理论知识不是基于学科完整性的需要所选择的,而是基于工作任务完成的需要所选择的,它是实践应用所必需的理论知识;而项目的选择是围绕着工作任务的学习所进行的,项目体系能涵盖学生所要学习的所有工作任务,项目选择充分考虑了任务在项目中的合理分配,因此理论知识在项目中进行均衡分配也是完全可能的。要注意的是,许多理论知识与工作任务之间并非完全线性的对应关系,而更多的是焦点与背景的关系,因此在理论知识的分配中,不必过于苛求理论知识与项目的基于应用的直接对应关系,而是可以以焦点与背景的模糊对应关系处理理论知识在项目中的均衡分配问题。

当然,并非所有的知识和技能都可以分配到项目中去,也并非所有的知识和技能都有必要分配到项目中去。项目课程并非职业教育课程模式的唯一选择。这里所主张的只是以项目课程为主体的课程体系,而它并不完全排斥其他课程模式,即使是学科课程模式也并不完全排斥(完全排斥的是抽象的、无意义的知识学习),即使是在一门项目课程内部也并不完全排斥知识项目或技能项目。事实上,一个项目中如果容纳的知识、技能过多,尤其是知识、技能的类型过多,会使得其教学过程无法组织,师生在教学过程中会无所使从,最终反而降低教学质量。而从学习性质看,有些核心知识与技能集中学习的效果要远优于分散学习的效果,且学生熟练掌握这些知识与技能后将大大推动他们对项目的学习,对于这些知识和技能,与其把它们分散到各个项目中学习,不如把它们集中编制为独立的理论课程和技能训练课程进行学习。这是项目课程设计中要注意把握的方面。

（二）知识的均衡分配

项目课程要求把知识均衡地分配到各个项目中去,但实践中往往出现的情形是,第一个项目就几乎负载了该门课程的大部分知识,因而编写出来的项目课程教材往往是头重脚轻。这种知识布局会使得第一个项目由于内容过多,需要耗用大量课时而最终陷入到传统的知识教学模式中去,以致课堂教学不能产生根本性变革。要真正实施项目课程,必须保证每个模块的内容在一个教学单位内,比如连续的两个课时或是四个课时内可以完成。这就要求:(1)彻底地以项目为单位分解原来的知识体系;(2)打破思维定势,不要求学生立即掌握一个项目所需要的所有知识,而是可以在项目的逐个完成过程中来掌握这些知识。事实上,在没有掌握所有知识时,学生也是可以完成项目的,只不过由于不具备足够知识而难以理解其完成过程。

项目课程彻底解构了知识本身的逻辑,代之以工作逻辑。如不科学设计,知识组织可能出现混乱、不均衡等情况,有必要借助表8-1解决这一问题。表8-1中,"f"表示知识在这一项目中首次出现,"s"表示知识在这一项目中重复出现,即应用,教材编写时只要注明参见某处即可;"n"表示知识尽管在这一项目中再次出现,但需要从另一角度继续讲解。一般地说,知识在项目中的出现只有这三种基本情况。当我们详细地填出了这张表格后,就基本解决了知识在项目中的均衡分布问题。

	项目1	项目2	项目3	项目4	项目5	项目6	项目7	项目8
知识1	f		s				n	
知识2		f			s			n
知识3								
知识4								
知识5								

表8-1

课程内容分析表

（三）知识的衔接

职业教育专业课程中的知识基本上可划分为两大类,即理论知识和实践知识。把理论知识纳入到职业教育课程是技术从经验水平发展到理论水平的必然结果。这样,如何在项目课程中处理好理论知识与实践知识的关系也就成了项目课程开发的一个核心问题。在传统课程中,这两类知识是相互割裂的,而项目课程要求整合这两类知识。普遍的观点是,如果以工作任务为逻辑核心,就可顺利实现这两类知识的整合。但是如果深入研究一下就会发现问题并没有这么简单,因为"工作任务"仅仅提供了整合理论知识与实践知识的外部框架。这一框架确实是有效的,也是唯一的,因为只有在工作任务中,理论知识与实践知识的整合才有可能,也有必要整合到一起;但这一框架也是不够的,因为要真正实现两类知识的整合,还必须找到它们在工作过程中的结合点,否则两类知识的关系仍然是机械叠加,并不能达到整合的目的。

整合的技术就是设计实践性问题,从问题中引申出理论知识。实践知识与理论知识的逻辑纽带是实践性问题,这一问题既不是教材上的思考题,也不是从事理论研究所提出的学术问题,而是产生于工作实践中的,需要在工作实践中进行思考的问题,因而把这种问题称为实践性问题。存在两类实践性问题。第一类问题是建立在对技术实践过程反思的基础之上,出于对技术实践过程理解的需要所提出的问题,这类问题可用"为什么这样做"、"为什么能这样做"诸如此类的形式来表述。第二类问题则是技术实践过程中遇到的常规方法不能解决的困境。

总之,职业教育项目课程是对任务本位课程的超越,它克服了任务本位课程仅仅关注学什么的局限,把学与教的原理纳入课程设计中,作为课程设计的重要依据,不仅给我们呈现了全新的课程形态,而且可以彻底改变学与教的模式,带来课堂革命,真正实现职业教育课程模式的变革。项目课程既有深刻的理论基础,其设计又变化多样,只有深刻把握项目课程的本质,充分发挥教师的聪明才智,才可能开发出科学、实用、特色浓厚的职业教育项目课程体系。

保证课程开发过程的顺利进行,促进课程质量的提高,均离不开课程评价。课程评价实践需要进行特定评价模式的选择,但更重要的是评价指标的构建,这也是当前课程评价中存在较大混乱与争议的关键问题。本章在简要叙述职业教育课程评价涵义、特点与类型的基础上,着重就职业教育课程评价指标的构建进行研究。

第一节　职业教育课程评价的涵义、特点与类型

什么是课程评价？这是一个很受关注，但对其边界的理解又存在很大分歧的概念。有人对课程评价只作狭义理解，即把它理解为对课程设计的评价；有人则对它作非常广义的理解，即把课程评价的范围延伸到实施环节。同时职业教育课程评价还应体现职业教育的特点。

一、职业教育课程评价的涵义

（一）教育家们的观点

历史上许多教育家对课程评价做出过界定。泰勒认为课程评价是确定已形成的和已组织的学习经验实际上达到多少预期目标的过程。小威廉姆 E·多尔（W. E. Doll, Jr.）则认为课程评价是一种判断按照明确的目标所使用的教学内容和教学过程的效果的过程。斯泰克（R. E. Stake）1967 年提出的课程评价则包括了先前因素（教与学的条件）、过程（如师生互动）和结果（广义地包括认知、动机、个性及对社区的影响）三个方面[1]。这些定义有相似之处。它们是课程评价比较流行的观点，但严格地讲它们只能算一种教学评价，或者说只是完整的课程评价的一部分。在这种评价活动中，课程目标和内容被视为是确定的、合理的，并被作为评价的依据；而所要评价的只是通过教学实际取得的效果距离所确定的目标的程度。这种评价着眼的是教学后课程目标的达成程度，而极少怀疑课程目标、课程内容本身的科学性。然而，当前职业教育课程改革最需要关注的恰恰是评价目标和课程内容本身的合理性问题。可见重新认识职业教育课程评价的涵义，不仅具有理论意义，更具现实意义。

美国另一学者克农巴屈（L. J. Crombach）大大扩充了课程评价的内涵，认为课程评价是搜集、应用信息来做出有关的课程决策的过程。美国学者斯塔弗尔比姆（D. C. Stufflebeam）也提出，课程评价就是描述、获得、提供、运用信息以便形成不同决策的过程。怀特（M. White）则认为对课程评价要作广泛的理解，课程评价就是对课程价值的判断，不能把课程评价的意义仅仅局限于按照课程目标对课程做出判断，而必须对课程目标本身进行评价。这些定义更符合课程评价的应有之义。

如此丰富的课程评价定义，说明课程评价的涵义是广泛的，课程评价至少要包含两个功能：（1）课程价值的判断，包括课程的目标价值和结果价值；（2）为课程决策提供信息资料。

（二）职业教育课程评价的三种内涵

"课程系统工程"这一理论已在国内外课程研究领域受到重视。这里我们从一般教育课程评价的要素出发，借用课程系统工程理论来阐述职业教育课程评价的涵义。

---

① Jackson, P. W. (Ed.). (1992). *Handbook of research on curriculum*. New York: Macmillan Publishing Company, p. 128.

　　职业教育课程是一个系统,其开发是一项系统工程,它包括了各级各类职业教育课程从设计、实施到修正循环往复所必要的一系列活动(如图 9-1)[1]。

图 9-1

职业教育课程
系统模式

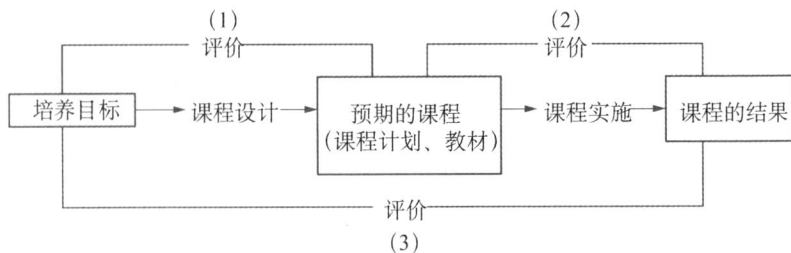

图 9-1 中,整个课程系统由两个子系统构成,有三个反馈回路,这三个回路通道提供了反馈的动态循环和控制系统的基本过程,保证了课程系统运行的连续性和发展性。其中每一个反馈回路都必须借助评价来实现。

　　反馈(1):当职业教育的培养目标经过设计过程转化为课程时(预期的课程),系统必须有一类评价活动,职业教育课程开发模式的特点决定这类评价具有突出地位。从国外职业教育课程开发模式的发展变化看,职业教育课程开发已经逐步走出普教模式的束缚,课程开发的出发点不再是教育专家和学科专家的观点,而是就业环境、企业界和用人单位的意见。因此,那种由少数专家根据学科体系、教学心理的要求闭门设计的课程开发形式,受到了人们的批判,取而代之的是一系列开放式的过程,即由培养目标的确定,经过职业能力分析、教学分析、学习活动开发等过程,才得以完成课程设计。这一过程需要多方人员参与:培养目标确定、职业能力分析由企业界的技术专家、社会的职业分析专家承担,后阶段的任务由教学专家、教育专家承担。面对这样一个复杂的开放程序,最终用的课程方案(预期课程)与目标的一致性检验就显得尤为重要,没有评价就无法判断是否偏离了初衷。

　　反馈(2):当预期课程进入教学实施活动阶段,又是一类评价活动,是课程实施过程和结果的评价,其目的是判定实施步骤的合理性以及实施结果达成预期目标的程度。

　　反馈(3):这是整个课程开发系统的评价,主要评价整个课程系统的结构、运行及相互关系,判定是否为优化的系统。

　　当然,在职业教育课程系统中,这三类评价并非完全独立的,比如课程实施评价必然要考虑课程设计的因素;而课程设计评价也离不开课程实施的制约。

　　基于上述对职业教育课程系统的理论分析,我们就职业教育课程评价的涵义和特点可以得到以下认识:职业教育课程评价就是通过收集和应用信息,对职业教育课程在实现职业教育培养目标过程中的可能性、有效性进行价值判断,以便为职业教育课程的改进做出决策。它具有广泛的外延,从纵向看包括课程设计、课程实施和课程系统整体等评价;从横向看包括课程系统中各科目(狭义课程)相互关系的评价,如在实现职业教

① 石伟平,徐国庆.职业教育课程开发技术[M].上海:上海教育出版社.2006:273.

育培养目标中,这些科目之间的协调相融性、方向一致性等。

二、职业教育课程评价的特点
(一)职业教育课程评价强调及时性和一贯性

职业教育课程系统是一个开放系统,相对于普通教育它与社会各方面的联系更为密切。特别是社会经济建设的需要,作为职业教育课程开发之源在不断变化着。职业教育课程系统只有及时进行调整,方能适应社会需要,而调整的依据就是评价。因此,职业教育课程评价绝非课程系统某个阶段或某个环节进行的行为,而应是课程系统运行过程中持续不断进行的工作。

(二)职业教育课程评价要立足于课程系统的整体优化

课程系统中任何一门课程的优劣,必须放在整个课程系统中考虑,撇开课程系统整体,去判定某门课程的优与劣无多大价值,例如,职业教育课程计划中,既有基础课程又有专业课程,它们各自均可能由几门构成,评价时不能孤立地进行,而应将每门课程放在整个课程计划中综合考虑。

(三)职业教育课程评价以社会需要为最高价值

当今职业教育课程改革的一个显著趋势,就是课程开发的指导思想发生了根本性转变,由原来的立足于教育理论、学术要求而转向立足于产业、行业对人才的基本要求。如颇有影响的"CBE"课程理论就明确提出课程开发的出发点和归宿是职业岗位所需的能力。这表明对当今职业教育而言,社会需要既是培养目标,也是课程评价的价值标准。当然,我们并不是要排斥个人需要和课程自身具有的发展规律在课程评价中作用。其实,任何教育如果忽视了个体需要和教育规律是很难办好的,提出社会需要为最高价值是因为我们相信,当个体从自身需要出发选择了某项职业教育时,其最大的需要就是获得在该职业谋求发展的本领,所以,职业教育课程只有符合社会需要,才能更好地满足个体需要。

(四)职业教育课程评价注重用人单位的参与

职业教育是定向的专门教育,学生一毕业就进入社会生产、服务的第一线。职业教育课程质量如何,可以直接从毕业生身上反映出来,因此对于课程质量用人单位最有发言权。同时,用人单位往往有来自不同职业院校的毕业生,他们能够经过横向比较,为课程评价提供比较具体实用的信息。总之,用人单位参与课程评价能使学校获得最及时、最可靠的课程改革信息,能使职业教育课程与社会需要结合得更加紧密。

三、职业教育课程评价的类型

不同的区分标准可以将职业教育课程评价分成不同的类型。依照职业教育课程系统的特点,下面仅介绍两种分类形式。

(一)按职业教育课程系统的结构功能划分的职业教育课程评价

1. 课程设计评价

指对课程设计方案(预期的课程)的评价。通常是就课程方案符合目标的情况及采用此方案可能取得的结果进行评价。由于课程尚未实施,缺乏可观察的外在行为标准,这给评价带来了困难。所以,这类评价一般采用专家反思、经验评定的方法,较少采用精细的量化方法。但这并不意味着这类评价无足轻重。相反,它是课程设计的总结,更是课程实施的基础。

2. 课程实施评价

指对课程实施过程及结果的评价。课程实施评价不同于教学评价。教学评价是评价教师执行教学过程的情况,而课程实施评价是评价课程实施所取得的实际效果,借以反映课程系统的整体有效性。教师的教学情况只是进行课程实施评价所需要的数据之一。

3. 课程系统评价

指对课程系统的综合评价。通常需要就课程系统的结构、功能及运行效益等多方位进行评价。例如,课程系统各组成部分的合理性,课程系统内外条件、成本效益、推广价值等。这类评价一般要吸收各方面专家参加,着眼面宽,对近期的和长远的、预期的和非预期的、正面的和负面的效益均要考虑。

(二) 按照职业教育课程评价性质划分的职业教育课程评价

1. 形成性评价

指在课程系统运行中所进行的评价。旨在及时发现问题,及时调整,使课程系统趋于合理。无论是课程设计评价还是实施评价都有形成性评价的存在,如设计阶段的形成性评价就是课程设计者获取资料以改进和修订课程使之更有成效的过程,它要求在课程设计的开始阶段和在设计过程中就要对某些项目进行评价,这对于完善课程设计过程,使之进一步科学化非常有益。由于形成性评价以改进课程为根本目的,所以只有被评对象主动参与,才能取得有效的结果。

2. 总结性评价

指课程系统运行结束(或阶段性结束)时所进行的评价。旨在对课程系统运行的结果(或阶段性结果)进行评价,为有关人员进一步决策提供依据。这类评价经常要求评价者独立于课程系统内人员,以保证评价的客观性。

第二节　职业教育课程评价指标设计

要进行课程评价,就必须建立评价指标。职业教育课程评价指标体系构建的复杂性显而易见,因为该指标体系:(1)必须满足评价的效度要求,即的确能客观地反映一所职业院校某专业的课程质量水平;(2)必须易于操作,即易于搜集到对这些指标做出判断的客观证据;(3)必须使指标之间具有相对独立性,即各指标之间不能存在相互交叉的评价内容,以避免评价中的重复计分现象。本节拟在充分考虑这三个问题的基础上,对职业教育课程评价指标构建进行初步的理论分析。

一、职业教育课程评价的范围

在目前的职业教育课程建设中,有必要把课程评价作为一个独立领域,其重要意义在于:

　　第一，客观判断职业教育课程建设成果水平的需要。课程建设是近年来职业教育发展的三大支柱之一（另两个支柱是产学合作与师资队伍建设），许多重大建设项目都是围绕这一支柱展开的，如精品课程建设、示范或骨干院校建设、课程资源平台建设等等。课程建设已成为职业教育发展中的一种复杂行为。这些建设行为还在继续，而且将长期持续下去。面对如此复杂而丰富多样的课程建设行为，必须对其结果做出一个科学、合理的判断，这既是项目验收本身的需要，也是科学地引导职业教育课程建设行为的需要。

　　第二，客观判断一所职业院校为办学所付出的努力，科学促进其发展的需要。从内容关联的角度看，一所职业院校课程的质量，是离不开教师教与学生学的，只有教师高水平地实施了课程，"课程"才能真正成为课程；而课程建设的终极目标是学生的学，只有深入到学的层面，才可能获得课程的终极意义。然而这两大因素又都是职业教育所不能控制的，尤其是学生的学。学习结果除了要受职业教育课程建设水平影响外，很大程度上还要受学生的学习能力与动机水平的影响，而这恰恰是职业教育教学中面临的最大困境。如果过多地从学习结果的角度来反映课程建设水平，不利于引导职业教育致力于其教育定位，努力扭转学生的学习行为问题。

　　既然职业教育应当确立独立的课程评价概念，那么其评价的指标范围就应当确定在课程本身，而不能扩大到教学评价与学习评价。现在的问题是，在设计课程评价的指标时，如何才能排除教与学的要素？如何才能明确划定课程评价与教学评价、学习评价的界线？这是确定课程评价范围的关键问题，其形成原因在于课程概念中必须包含课程实施这一环节，而课程实施事实上是课程、教学与学习三者交叉区域，见图9-2。如果我们仅仅把课程定位于一些静态的要素，如课程目标、课程设置、课程内容、课程资源等等，便很容易把课程评价与教学评价、学习评价相区分，但这显然无法涵盖现代课程理论研究对课程概念理解的全部内容，而且这种评价也不利于职业教育产生真正的课程。因为我们如果仅仅关注对静态课程要素的评价，很容易导致职业教育中重课程文本建设而忽视课程实施的现象。事实上，这种现象在职业教育中已广为存在。

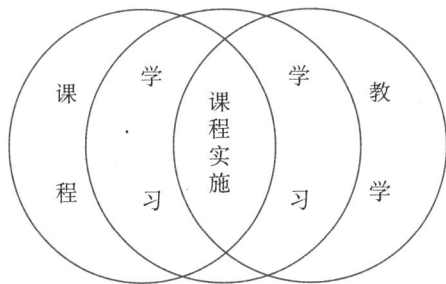

图 9-2

课程、教学、学习与课程实施的关系

　　在课程实施层面区分课程建设行为与教学行为、学习行为的重要依据是行为的稳定性。无论从静态还是动态角度看，课程都是一种稳定的行为。只有那些具有稳定性的，不依据情境变化而变化的行为才是课程行为，这是由课程的性质和课程建设的目的所决定的,即为教与学提供稳定的平台。比如课程设置、课程标准、教材都具有这一特征,而课程实施中的制度与激励措施显然也是为了这一目的。教与学则是发生在这个平台上的变化的行为,它们都是在特定情境中产生的,而且不能完全复制。按照这一观点,我们可以这样区分课程评价与教学评价和学习评价:(1)课程评价只关注教学工作的秩序和教师对教学工作的投入状态,而不评价其具体的教学行为;(2)课程评价只评价学习行为的秩序和学生对学习活动的投入状态,而不评价其具体的学习行为和学习结果。也就是说,课程评价只关注教师是否在按照某种秩序规范、积极地实施教学工作,至于其实施教学活动的过程则应看作为教学评价的范畴;课程评价也只关注学生是否在按照某种秩序规范、积极地学习,至于其学习行为和学习结果则应看作为学习评价的范畴。

二、职业教育课程评价指标的构建思路

虽然职业教育课程评价的学术研究成果不多,但相关评价活动却非常频繁。有评价就必然有评价指标体系。然而对这些评价指标体系稍加分析就能发现其效度、区分度存在严重缺陷,甚至存在指标之间相互交叉、重复与混乱的现象,不能真正反映评价对象的水平。问题的根源在于缺乏指标构建的基本思路,由此可见基础研究在评价指标构建中的关键意义。

(一) 需避免的几个问题

要构建科学的职业教育课程评价指标,首先需要避免几个常见问题。

1. 避免简单罗列课程的所有要素

以往在制订职业教育课程评价指标时,所采取的思路往往是简单地罗列出课程的所有要素,如人才培养目标、职业范围、人才规格、课程设置、课程组织、课程内容、课程资源等等,然后逐项设置标准进行评价。这种构建思路看似合理,实则不然。首先,按照这种思路构建的指标体系往往条目很多,评价者难以操作;其次,也是更重要的,这些条目之间是存在相互联系的,比如职业范围是根据人才培养目标确定的,人才规格是根据职业范围确定的,而课程设置是根据人才规格确定的,依此类推。这样,按课程要素所确定的评价指标必然会产生重复计分的现象。事实上,我们没有必要评价课程的所有要素,也不应该评价课程的所有要素,科学的职业教育课程评价指标制订,应当以深入研究课程要素之间的关系为基础,并从中提取出关键要素。

2. 避免课程要素与课程实体的混合

我们可以从两种角度分析课程,一种是课程要素,如课程目标、课程内容、课程组织、课程条件等,另一种是课程实体,如专业发展规划、专业教学标准、课程标准、教材等。课程的这两种分析模式都是正确的,但它们之间是不相容的。也就是说我们只能采用一种模式进行课程分析,而不能把它们混合在一起使用。比如几乎在所有的课程实体中都包含了课程内容,因此显然是无法把课程内容与课程实体并列起来的。然而在现有的职业教育课程评价指标中,常常会出现两种模式混合使用的现象,以致评价指标之间交叉重复,边界极不清晰,难以对课程质量做出准确判断。一般地说,课程评价指标的制订应当依据课程要素,评价证据的提供则依据课程实体。

3. 避免指标描述过于普通而缺乏针对性

评价指标包括三个要素：指标名称、指标描述和计分规则。以往的课程评价指标研究往往比较重视指标名称的确立而忽视了对指标内涵的深入描述。而事实上，划分出一份清晰的评价指标框架当然是比较困难的，但更困难的还是对指标内涵的深入描述。如果缺了这一环节，或者说描述得比较普通、缺乏针对性，那么既无法建立起指标之间的区分度，也无法为评价证据收集提供明确要求。结果是评价者只能泛泛地对评价对象做出判断，评价结果的可信度极低。遗憾的是，职业教育课程评价中这种现象较为普遍。要构建科学、有区分度的职业教育课程评价指标，必须深入研究当前职业教育课程中所存在的关键问题，然后依据这些关键问题有针对性地进行指标内涵描述。

（二）职业教育课程评价的五要素模型

综合以上分析，结合对职业教育课程建设实践的观察，可以确立职业教育课程评价的五要素模型，即把需求、结构、内容、条件、实施这五大要素作为职业教育课程评价的基本内容，然后在此基础上进一步设计职业教育课程评价指标，见图9-3。

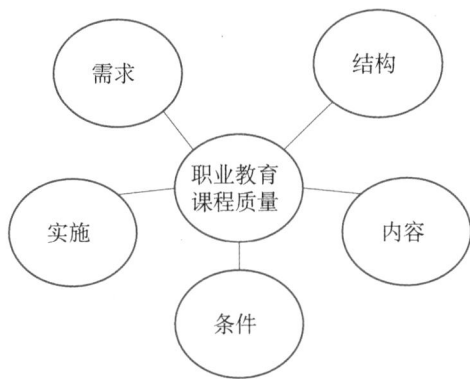

图 9-3

职业教育课程评价的五要素模型

这五个要素的内涵分别是：（1）需求，指所设置的课程在劳动力市场的需要水平（从学校经营角度看，或许更应关注学生对课程的需求，但从职业教育的社会功能角度看，还是更应关注劳动力市场对课程的需求），即学习这些课程后个体是否可能找到对应的工作，或者说找到对应工作的可能性程度；（2）结构，包括体系结构与内容结构两个方面，前者指课程之间的组合关系，即设置了哪些课程，以及按照什么思路设置这些课程的？后者指一门课程内部的内容组织模式，即按照什么逻辑展开一门课程的内容体系？（3）内容，指课程所要教授的、要求学生掌握的知识、技能和态度；（4）条件，指为了实施课程所需要的所有支持要素，主要包括师资、实训设备、课程资源、产学合作等条件；（5）实施，指如上所阐述的教与学的秩序与师生对各自角色的投入状态。

这五个要素应当是职业教育课程最为重要、相互独立而又构成连续关系的方面，可作为职业教育课程评价指标构建的基础。首先，对职业教育课程的评价应当从需求开始，因为无论课程构建得如何完美，没有需求的课程是毫无价值的，当然如何界定"需求"是需要深入研究的问题；其次，条件与实施是使课程从文本走向现实、直接影响课程建设水平的关键因素，也应当作为职业教育课程评价的重要要素。可能存在争议的是

"条件"是否应该作为一个独立要素。这取决于我们从什么角度审视"条件",当我们完全围绕课程实施的需要进行条件建设时,就应当把它看作为课程的要素之一;再次,结构与内容本身是泰勒课程原理中的两个基本构成要素,只是在职业课程评价中应特别突出这两个要素,并具体界定其内涵,因为任务引领、项目驱动职业教育课程改革的重心便是课程组织模式与内容体系的改革。

对五要素模型可能的质疑是为什么没有包含"目标"等传统的课程评价要素。目标当然非常重要,在泰勒课程原理中,目标是首要的要素,因为"对教育目标或人才特征的界定最终必然持这样一种价值观,即相信某些事物优于其他事物,因而更令人向往"①,因而所有课程要素的确定都要以目标选择为前提。但重要并不意味着一定要纳入评价指标,因为目标等相关要素可通过结构与内容得到体现。如果一个专业的课程结构非常合理,内容体系丰富且定位准确,那么其对目标的理解一定是非常透彻的。如果把目标作为评价的一个独立要素,反而难以避免评价要素之间的交叉与重复。我们要关注的是哪些内容实际上得到了评价,而不是实际上评价了哪些内容。

三、职业教育课程评价指标的框架

五要素模型中五大要素的具体评价内容与评价指标设定,即课程评价指标的框架分析如下。

(一) 需求

对于需求这一要素,其重要性不言而喻,需求调查通常是职业教育课程开发的第一步。如果某个地区根本就无汽车,那么所设置的汽车维修课程自然就几乎没有价值;即使某个地区汽车使用率非常高,但如果汽车维修行业已经人满为患,那么所设置的汽车维修课程的价值也会不高。现在的问题是在需求这一要素中我们要评价的具体指标是什么,以及用什么样的证据来评价这些指标,因为在现实中除了某些极端的情形外,多数情况下我们是很难明确判断某类人才的社会需求是否要高于其他类人才的。比如我们如何能断定营销人才的需求一定高于会计人才呢? 在课程开发的需求调查中,几乎每个专业都会列出大量数据和实例,以证明其存在价值。

我们无法对课程的绝对需求做出判断,因为我们永远无法获得某个行业、某个时段人才需求的所有信息,即使我们获得了这一信息,它也不等于就是某所职业院校所实际使用的信息。我们能评价的只能是课程的相对需求,或者说是现实需求,即某所职业院校办学中实际正在面向的特定范围、特定类型企业的特定岗位对技能型人才数量的实际需求。需要评价的指标包括:(1)职业院校能否清楚地阐明其课程所面向的现实需求,而不是仅仅提供一些产业或行业的总体发展态势及其人才需求数据;(2)这些需求的实际状况如何? 需要综合这些岗位的员工的技能等级、学历结构、年龄结构、招聘计划等数据,对需求数量做出较为准确的估算。只有在这一层面评价需求,才可能真正反映职业教育课程的质量。

① Jackson, P. W. (Ed.). (1992). *Handbook of research on curriculum*. New York: Macmillan Publishing Company, p. 129.

(二) 结构

课程结构评价的重要性在于：(1)职业教育由于是面向职业岗位的教育,因而要求其依据工作结构来设计课程结构。具体地说就是要改变按知识本身的相关性组织课程的传统学科课程模式,转变为以任务为中心、以项目为载体组织课程。这是职业教育课程职业性的重要体现,是最为有效地培养学生职业能力的需要,因而有其合理性。但由于学科课程体系的影响根深蒂固,使得这一转变成了职业教育课程改革的难点,因此有必要独立对其进行评价。(2)学生的知识、能力结构来源于课程结构,合理、完整的课程结构是确保人才培养质量的关键环节。我们判断一个专业培养的学生的质量,很大程度上可依据其所学习的课程体系是否完整、合理来进行。然而对职业院校的课程计划进行分析会发现这恰恰是其突出问题。有的课程体系缺少明显的重要课程;有的课程体系内容交叉重复,缺乏清晰逻辑;有的课程体系根本没有体现出职业教育的层次要求;有的课程体系甚至是盲目设置的,根本没有明确的理念支持等等。职业教育课程体系的现状充分说明了把其确定为评价基本要素的必要性。(3)课程结构反映了课程设计者对人才培养目标定位的整体思考,以及对职业教育课程理论的应用水平,突出对课程结构的评价,不仅能够有效地反映课程质量,而且能够减少评价指标,达到精简评价指标的效果。

课程结构评价的具体指标包括:(1)课程结构与工作结构(指工作任务的组织模式)的吻合程度,即课程结构在多大程度上是按照工作结构设计的,其合理性如何? 虽然职业教育的课程结构应当尽可能地对接工作结构,但工作结构往往可以按多种模式进行划分,选择哪种模式要充分考虑教育规律,因此这里面存在结构合理性问题。(2)课程结构达成人才培养目标的完整性程度,即从人才培养目标实现的角度看,课程结构是否涵盖了应当设置的所有课程? 课程之间的边界是否清晰? 拓展课程与人才培养目标定位的关联程度如何? (3)课程结构体现职业教育办学层次的程度,即课程结构是否包含了数量充足、与办学层次相吻合的课程,且这些课程能充分保证教育目标的实现。(4)课程结构有利于教学实施的程度,即各门课程的编排顺序是否充分考虑了学生的能力发展规律与学习能力水平,并且有利于对师资与实训资源的有效利用。

(三) 内容

在课程评价中,如果只评价结构而忽视了对内容的评价,就很难真正评价出课程的质量水平,甚至还可能对课程建设产生错误导向,使得有些职业院校的课程建设出现重形式轻内容的现象。因为"在课程的所有要素中,内容是最具有实质意义的要素。无论采取什么样的结构,课程对学生来说最终的意义就是学到什么样的内容"[①]。对职业教育来说,课程内容的评价尤其重要,内容指标应当在所有指标中占有更高权重,因为我国职业教育发展的历史非常短,课程内容体系还很薄弱,还没有建立起职业教育所特有的课程内容体系。

关于这一指标,人们可能会有疑问:按照任务引领、项目驱动的课程思想,课程内容不都是根据工作任务选择的吗? 既然工作任务已经确定了,课程内容还有什么不明确

① 徐国庆.高职教育课程建设中的几对重要关系[J].江苏高教,2012(2).

的呢？还有什么必要专门评价课程内容呢？其实不然。即使工作任务确定了,还存在知识、技能选择的恰当性、精确性、逻辑性问题;即使知识、技能已经有了,也还存在知识、技能表达的准确性、严谨性问题。更何况,从课程开发的角度看,工作任务所需要的知识(尤其是工作知识)、技能并非都是能在现有课程标准、教材中查阅到的,而是需要进行开发的。这样,是否把这部分知识高质量地开发出来了,就成了体现课程质量差异的重要标志。此外,职业教育课程内容的恰当性,还存在一个人们当前普遍关心的问题,即是否很好地体现出了职业教育的办学层次。

对课程内容质量水平的评价可以通过检查所使用的课程标准、教材、授课计划及其他课程资料来获得证据。可考虑的评价指标包括:(1)课程内容与该门课程目标定位的吻合程度;(2)课程内容与工作任务关联的恰当性、精确性程度以及内容本身的逻辑水平;(3)课程内容体现现代职业教育课程理念的程度,如是否包含了安全与健康、团队合作能力、问题解决能力、资源利用与计划能力等关键能力,以及是如何包含这些能力的,对这些能力的描述是否具体到了课程所特有的情境;(4)课程内容表达的准确性、严谨性水平;(5)课程内容体现办学层次的程度;(6)课程内容的特色化水平,即是否形成了对职业教育来说非常重要且具有自身特色的课程内容。

(四) 条件

条件可能是目前各类评价中涉及最多,且对其评价内容和评价方法研究最为成熟的一项指标,但从课程评价的角度看,仍然有许多需要特别考虑的问题。

1. 师资

师资状况可评价的内容很多,如学历结构、年龄结构等等,但对课程质量可能产生重大影响的师资因素是:(1)教师数量。可用师生比进行测算。一个专业如果学生数量过多、教师数量过少,是很难想象其会有好的课程质量的。(2)教师的专业对口率。即其所教课程与其所学专业之间的关联程度。不必要求教师本人所学专业与其所教专业完全一致,但其所学专业与其所教课程应存在合理的关联性。(3)教师的实践操作能力。不仅要评价教师的技能操作娴熟程度、准确程度和规范程度,而且要评价他们对操作过程的整体理解能力以及对操作中可能出现问题的熟悉程度。(4)教师的教学能力。重点评价教师对其所教课程的教学设计能力与教学实施能力。

2. 实训设备

职业教育的课程质量要以设备为保障,即使是服务类专业,好的设备条件仍然可以大大提高其课程质量。虽然可以通过产学合作部分地解决实训教学设备的需求问题,但学院自己拥有固定、完善的实训设备还是非常重要的。问题是对这一指标的评价不应过于关注设备的先进性,因为并非越先进的设备教学功能越强,应当重点关注的指标是:(1)生均同一设备的数量。许多学院正是由于设备数量不够而导致实训教学无法常态化。(2)设备类型、配置与教学要求的匹配程度。符合教学需要的设备才是最有价值的。(3)与教学相关的实训室资料的完善、丰富程度。这是以往评价中往往忽视,但其实非常重要的指标,因为他们会直接影响对设备的使用程度及教学效果。

3. 课程资源

职业教育课程要得到有效实施,不仅需要硬件支持,而且需要软件支持,后者就是我们常说的课程资源。课程资源建设是目前职业教育课程发展中的一个热点,然而人们往往把课程资源的使用对象仅仅局限在教师,以致把课程资源等同于课件、教案、视频资料等的汇聚。然而课程资源的使用对象还应该包含学生,其目的应该是整体提高课程质量。基于这一理念,课程资源的评价内容应当重点突出帮助学生理解工作内容、训练工作能力的图片、视频、企业工单表格、技能操作表单、工作程序表单和工作计划表单等,评价的具体指标有课程资源的丰富性、创新性及教学功能的有效性。

4. 产学合作

产学合作是确保职业教育课程质量的另一个重要条件,这是毫无疑问的。但在职业教育课程评价中,要使得这一内容的评价真正有区分度,不要把注意力过多放在是否有产学合作,产学合作的企业有多少等表面问题上,而是要重点评价产学合作在课程质量提升中所产生的实际成效,它可以依据课程开发与实施中产学合作的深度进行评价。产学合作的深度可划分为三个水平,即学生就业、课程资源共享与课程开发。可见,产学合作的最高水平并不是学院能利用企业的生产设备对学生进行实训,而是能利用企业的智力资源进行课程开发。每个水平都可以有大量实际材料作为证据,因而是可评价的。比如在课程开发这一层面上,我们可以依据教材中包含了多少通过企业调研获得的工作知识来评价其水平。

(五)实施

如上所述,课程评价必须包含实施环节,对其重要性已无需赘述。但课程实施又是课程、教学与学习三大领域的汇合点,因而课程实施具体评价指标构建的难点在于如何使其评价范围区别于教学与学习这两大领域。按照本节所确定的评价思路,课程实施评价的具体指标应该包括:(1)教学秩序。良好的教学基本秩序是一所职业院校取得高质量课程的非常重要的前提条件。对这一指标的评价可通过分析职业院校教学管理文件的编制情况及对规则的执行情况来进行,如教师是否有完整、详细的授课计划,并在按照教学计划进行授课等等。(2)教师的教学投入状态,即教师是否在努力地实施教学工作。这里不用评价教师教学的具体过程与实际效果。通过简略地检查教师的教学材料、课堂观察和听取学生反馈信息,就可以得到评价这一指标所需要的事实证据。(3)学生的学习投入状态,即学生是否在努力地进行学习。这里也不用评价学生学习的具体过程与学习效果。通过对课堂的简单观察和分析学生的作业记录,就可以得到评价这一指标所需要的事实证据。

总之,随着职业教育课程建设行为的日益复杂,职业教育课程评价作为一个独立评价领域的重要性也日益凸显。本章在简略叙述职业教育课程评价概念的基础上,对职业教育课程评价指标构建的思路进行了研究,这些思路为构建操作性的职业教育课程评价指标体系提供了指南。但是具体评价的信度和效度的取得,还与评价者所拥有的关于职业教育课程的专业知识密切相关。职业教育课程评价不仅要努力提高评价指标设计的专业性,还要努力提高评价者的专业性。

主要参考文献

1. A·卡米洛夫-史密斯.超越模块性——认知科学的发展观[M].上海:华东师范大学出版社,2001.
2. 埃贝尔.掌握知识应该是首要的教育目标[A].瞿葆奎.智育[C].北京:人民教育出版社,1993.
3. 奥苏贝尔.教育心理学——认知观点[M].佘星南,宋钧,译.北京:人民教育出版社,1994.
4. 巴萨拉.技术发展简史[M].周光发,译.上海:复旦大学出版社2000.
5. 柏拉图.理想国[M].北京:商务印书馆,1986.
6. 布劳迪.知识的类型与教育目的[A].瞿葆奎.智育[C].北京:人民教育出版社,1993.
7. 布鲁诺·雅科米.技术史[M].北京:北京大学出版社,2000.
8. 陈桂生.马克思主义教育论著研究[M].上海:华东师范大学出版社,1993.
9. 陈桂生."教育学视界"辨析[M].上海:华东师范大学出版社,1997.
10. 陈桂生.学校教育原理[M].长沙:湖南教育出版社,2000.
11. 戴小芙.职教课程改革与教材建设中若干问题刍议[A].石伟平.中外职教课程改革课题与展望[Z].2000.
12. 丹尼尔·贝尔.后工业社会的来临[M].北京:新华出版社,1997.
13. 德里克·朗特里.英汉双解教育词典[Z].北京:教育科学出版社,1992.
14. 德鲁克.后资本主义社会[M].上海:上海译文出版社,1998.
15. 杜威.杜威五大讲演[M].合肥:安徽教育出版社,1999.
16. 杜威.民主主义与教育[M].王承绪,译.北京:人民教育出版社,1990.
17. F·拉普.技术哲学导论[M].刘武,等,译.沈阳:辽宁科学技术出版社,1986.
18. 郭扬.关于职业技术学校课程设置的思考[J].职教论坛,1998(7).
19. 哈里楠.教育社会学手册[M].上海:华东师范大学出版社,2004.
20. 黄克孝.论职业和技术教育的课程改革[J].职教论坛,1993(2).
21. 黄坤锦.美国大学的通识教育[M].北京:北京大学出版社,2006.
22. 华东师大教科所技术教育教研室.技术教育概论[M].上海:华东师范大学出版社,1985.
23. 加德纳.多元智能[M].沈致隆,译.北京:新华出版社,1999.
24. 姜大源.关于工作过程系统化课程结构的理论基础[J].职教通讯,2006(1).
25. 姜大源,吴全全.当代德国职业教育主流教学思想研究[M].北京:清华大学出版社,2007.
26. 凯兴斯泰纳.凯兴斯泰纳教育论著选[M].郑惠卿,译.北京:人民教育出版社,1993.
27. 克伯屈.教学方法原理——教育漫谈[M].王建新,译.北京:人民教育出版社,1991.
28. 拉塞克,维迪努.从现在到2000年教育内容发展的全球展望[M].马胜利,等,译.北京:教育科学出版社,1996.
29. 联合国教科文组织.二十一世纪的技术和职业教育及培训——联合国教科文组织和国际劳动组织的建议书[R].2002.
30. 联合国教科文组织,国际教育发展委员会.学会生存——教育世界的今天和明天[M].北京:教育科学出版社,1996.
31. 李蔺田.中国职业技术教育史[M].北京:高等教育出版社,1992.

32. 李尚群. 当代职业教育课程话语中的学科课程[J]. 职教论坛,2005(11 下).

33. 刘德恩. 论高职课程特色[J]. 职业技术教育,2001(16).

34. 刘登高. 现代职业技术教育教学模式[M]. 北京:现代知识出版社,2000.

35. 刘三林,刘桂林. 邹韬奋论职业教育的目的[J]. 教育与职业,1996(2).

36. 恩格斯. 路德维希·费尔巴哈和德国古典哲学的终结[M]. 张仲实,译. 北京:人民出版社,1997.

37. M·邦格. 作为应用科学的技术[A]. 拉普. 技术科学的思维结构[C]. 刘武,等,译. 长春:吉林人民出版社,1988.

38. 马克思. 临时中央委员会就若干问题给代表的指示[A]. 华东师范大学教育系编. 马克思恩格斯论教育(修订本). 北京:人民教育出版社,1986.

39. 马成荣. 职业教育课程开发及项目课程设计——基于 IT 类专业的研究[M]. 南京:江苏科学技术出版社,2006.

40. 迈克尔·波兰尼. 个人知识[M]. 许泽民,译. 贵阳:贵州人民出版社,2000.

41. 门田安弘. 丰田现场管理方式[M]. 李伟,李晴,译. 北京:东方出版社,2007.

42. 宁波市教育局职成教教研室. 宁波市中等职业学校专业教学指导方案[Z]. 2002.

43. 皮亚杰. 皮亚杰教育论著选[M]. 北京:人民教育出版社,1990.

44. 瞿葆奎,丁证霖. "设计教学法"在中国[A]. 瞿葆奎. 教学(上册)[C]. 北京:人民教育出版社,1988.

45. 瞿葆奎,施良方. "形式教育"论与"实质教育"论[J]. 华东师范大学学报(教育科学版),1988(1、2).

46. R·J·斯腾伯格. 成功智力[M]. 吴国宏,钱文,译. 上海:华东师范大学出版社,1999.

47. R·J·斯腾伯格. 超越 IQ——人类智力的三元理论[M]. 俞晓琳,吴国宏,译. 上海:华东师范大学出版社,2000.

48. 日本世界教育史研究会. 六国技术教育史[M]. 北京:教育科学出版社,1984.

49. 尚元明. 职业中学课程体系研究[M]. 苏州:苏州大学出版社,1995.

50. 石伟平,徐国庆. 职业教育课程开发技术[M]. 上海:上海教育出版社. 2006.

51. 施良方. 课程理论:课程的基础、原理与问题[M]. 北京:教育科学出版社,1996

52. 泰勒. 课程与教学的基本原理[M]. 罗康,张阅,译. 北京:中国轻工业出版社,2008.

53. 涂尔干. 社会分工论[M]. 渠东,译. 北京:三联书店,2000.

54. 王金波. 职业技术教育学导论[M]. 哈尔滨:黑龙江教育出版社,1989.

55. 吴国盛. 科学的历程(第二版)[M]. 北京:北京大学出版社,2002.

56. 吴广夫. 知识转化为能力与知识的智力价值[A]. 瞿葆奎. 智育[C]. 北京:人民教育出版社,1993.

57. 吴士续. 技术发明集[M]. 长沙:湖南科学技术出版社,1998.

58. 夏惠贤. 多元智力理论与个性化教学[M]. 上海:上海科技教育出版社,2003.

59. 细谷俊夫. 技术教育概论[M]. 肇永和,王立精,译. 北京:清华大学出版社 1984.

60. 徐国庆. 工作结构与职业教育课程结构[J]. 教育发展研究,2005(15).

61. 徐国庆. 实践导向职业教育课程研究:技术学范式[M]. 上海:上海教育出版社,2005.

62. 徐国庆. 新福特主义与后福特主义职业教育发展模式比较研究[J]. 教育发展研究,2004(12).

63. 徐国庆. 高职教育课程建设中的几对重要关系[J]. 江苏高教,2012(2).

64. 《读者》编辑部. 言论[J]. 读者,2007(15).

65. 杨长亮. 中等职业教育普通文化课程改革研究[D]. 上海:华东师范大学硕士学位论文,2007.

66. 杨沛霆,等. 科学技术论[M]. 杭州:浙江教育出版社,1985.

67. 张华. 课程与教学论[M]. 上海:上海教育出版社,2000.

68. 张华,石伟平,马庆发. 课程流派研究[M]. 济南:山东教育出版社,2000.

69. 赵志群. 职业教育与培训学习新概念[M]. 北京:科学出版社,2003.

70. 钟启泉. 现代课程理论[M]. 上海：上海教育出版社,1989.

71. 中国 CBE 专家考察组. CBE 理论与实践[Z]. 中加高中后职业技术教育合作项目出版物,1993.

72. 中华职业教育社. 黄炎培教育文选[M]. 上海：上海教育出版社,1985.

73. 朱晓斌. 文化形态与职业教育——德国"双元制"职业教育模式的文化分析[J]. 比较教育研,1996(6).

74. 朱新业. 关于职教课程改革的几点思考[J]. 职业技能培训教学,1999(10).

75. 佐藤学. 课程与教师[M]. 钟启泉,译. 北京：教育科学出版社,2003.

76. Anderson, J. R. , Reder, L. M. , & Simon, H. A. (2000). Situated learning and education. In Smith P. K. and Pellegrini A. D. (2000). *Psychology of Education*. Routledge Falmer, London and New York, Vol. Ⅱ. p. 257 – 258.

77. Barab, S. A. & Duffy T. M. (2000). From practice fields to communities of practice. In Jonassen, D. H. & Land S. M. (2000). *Theoretical foundations of learning environments*. Lawrence Erlbaum Associates, Mahwah, New Jersey.

78. Bernstein, J. R. (1971). *Praxis and action*. University of Pennsylvania Press, Philadelphia.

79. Billett, S. (2001). *Learning in the workplace*. Singapore：CMO Image Printing Enterprise.

80. Burke, J. (Ed.). (1989). *Competency-based education and training*. London：The Falmer Press.

81. Cavanaugh, S. H. (1993). Connecting education and practice. In Lynn Curry, Jon F. Wergin Curry, L. , Wergin, J. F. & Associates (Eds.). *Educating Professionals：responding to new expectations for Competence and accountability*. New York：Jossey-Bass Publisher, p. 107.

82. Cornford, L. R. (2002). Two models for promoting transfer：a comparison and critical analysis. *Journal of Vocational Education and Training*, Vol. 54, No. 1.

83. De Miranda, M. A. , & Folkestad, J. E. (2000). Linking cognitive science theory and technology education practice：a powerful connection not fully realized. *Journal of Industrial Teacher Education*, Vol. 37, No. 4.

84. De Vries, M. J. (2003). The nature of technological knowledge：extending empirically in formed studies into what engineers know. *Journal of the Society for Philosophy and Technology*, Vol. 6, No. 3.

85. Dewey, J. (1917). Learning to earn：the place of vocational education in a comprehensive scheme of public education. In Boydston, J. A. (Ed.). (1980). *John Dewey's Middle Works*, The Southern Illinois University Press, London and Amsterdam,Vol. 10.

86. Doolittle, P. E. , & Camp, W. G. (1999). Constructivism：the career and technical education perspective. *Journal of Vocational and Technical Education*, Vol. 16, No. 1.

87. Evanciew, C. E. P. , & Rojewski, J. W. (1998). Skill and knowledge acquisition in the workplace：a case study of mentor-apprentice relationships in youth apprenticeship programs. *Journal of Industrial Teacher Education*, Vol. 36, No. 2.

88. Frey, R. E. (1991). Another look at technology and science. *Journal of Technology Education*, Vol. 3, No. 1.

89. Fuller, A. & Unwin, L. (1998). Reconceptualising apprenticeship：exploring the relationship between work and learning. *Journal of Vocational Education and Training*, Vol. 50, No. 2.

90. Greinert, Wolf-Dietrich (2004). European vocational training systems：the theoretical context of historical development. In Antonio, V. Ttowards a history of vocational education and training(VET) in Europe in a comparative perspective. Cedefop. Luxembourg：Office for Official Publications of the European Communities.

91. Guile，D. & Young M. (1998). Apprenticeship as a conceptual bases for a social theory of learning. *Journal of Vocational Education and Training*，Vol. 54，No. 1.

92. Hanf，G. (2004). Introduction. In Antonio，V. *Towards a history of vocational education and training (VET) in Europe in a comparative perspective*. Cedefop Panorama series. Luxnmbourg：Office for Official Publications of the European Communities.

93. Harris，R. (1995). *Competency-based education and training：between a rock and a whirlpool*. South Melbourne：Macmillan Education Australia PTY Ltd.，P20.

94. Harris，R.，Willis，P.，Simons M.，& Collins E. (2001). The relative contributions of institutional and workplace learning environments：an analysis of apprenticeship training. *Journal of vocational education and training*，Vol. 53，No. 2.

95. Herschbach，D. R. (1995). Technology as knowledge：implications for instruction. *Journal of Technology Education*，Vol. 7 No. 1，Fall.

96. Hirschfeld，L. & Susan G. (1994). *Mapping the mind：domain specificity in cognition and culture*. Cambridge University Press.

97. Jackson，P. W. (Ed.). (1992). *Handbook of research on curriculum*. New York：Macmillan Publishing Company.

98. Johnson，D. S. (1992). A framework for technology education curriculum which emphasizes intellectual processes. *Journal of technology education*，Vol. 3，No. 2.

99. Knoll，M. (1997). The project method：its vocational education origin and international development. *Journal of Industrial Teacher Education*，Vol. 34，No. 3.

100. Kroes，P. (2000). Engineering design and the empirical turn in the philosophy of technology. In Kroes P.，Meijers A. & Micham C. (2000). (eds.) *the empirical turn in the philosophy of technology*，Elsevier Science Ltd，New York.

101. Lave，J.，& Wenger E. (1999). Legitimate peripheral participation in communities of practice. In McCormick，R.，& Paechter，C. (Ed.). (1999). *Knowledge and learning*. Paul Chapman Publishing Ltd，Great Britain.

102. Lavonen，J. M.，Meisalo V. P. and Lattu M. (2001). Problem solving with an icon oriented programming tool，a case study in technology education. *Journal of Technology Education*，Vol. 12，No.2.

103. Lipsmeier，A. & Schroeder H. (1994). Vocational training，history of. In Husen T. & Postlethwaite T. N. (Eds.). (1994) *The international encyclopedia of education*，BPC Wheatons Ltd，Exeter，Great Britain，Vol. 11.

104. McCormick，R. (1999). Practical knowledge：a view from the snooker table. In McCormick R. & Paechter C. (Ed.) (1999). *Knowledge and learning*. Paul Chapman Publishing Ltd，Great Britain.

105. O'halloran，D. (2001). Task-based learning：a way of promoting transferable skills in the curriculum. *Journal of Vocational Education and Training*，Vol. 53 No. 1.

106. Pepin，Y. (1998). Practical knowledge and school knowledge：a constructivist representation of education，In Larochelle，M. (etc) (Ed.). *Constructivism and education*，Cambridge University Press.

107. Polanyi，M. (1983). *The tacit dimension*. Peter Smith，Gloucester，Mass，p. 16.

108. Rauner，F. (2002). Berufliche kompetenzentwicklung-vom novizen zum experten. In Dehnbostel，P.，Elsholz，J.，Meister，J. & Meyer-Menk，J.：*vernetzte kompetenzentwichklung：alternative positionen zur weiterbildung*. Berlin：edition sigma.

109. Reetz，L. (2000). Handlung，Wissen und kompetenz als strukturbildende merkmal von

Lernfeldern, In Bader, R. , & Sloane, P. F. E. (Hrsg): *Lernen in lernfeld*, eusl-Verlag, Markt Schwaben.

110. Roy, R. (1990). The relationship of technology to science and the teaching of technology. *Journal of Technology Education*, Vol. 1, No. 2.

111. Rogers, G. F. C. (1983). *The nature of engineering: a philosophy of technology*. The Macmillan Press Ltd.

112. Ruth, N. (Ed.). (1981). *Competency-based education: beyond minimum competency Testing*. New York: Teachers College Press.

113. Sanders, M. (2001). New paradigm or old wine? The status of technology education practice in the United States. *Journal of technology education*, Vol. 12, No. 2.

114. Satchwell, R. E. (1996). Using functional flow diagrams to enhance technical systems understanding. *Journal of Indtstrial Teacher Education*, Vol. 34, No. 2.

115. Scribner, S. (1999). Knowledge at work. In Robert McCormick & Carrie Paechter (ed.) *Knowledge and learning*. Paul Chapman Publishing Ltd, Great Britain.

116. Smith, C. L. (1998). Initial analysis of youth apprenticeship programs in Georgia. *Journal of Vocational and Technical Eucation*, Vol. 14, No. 1.

117. Smith, E. (2002). Theory and practice: the contribution of off-the-job training to the development of apprentices and trainees. *Journal of Vocational Education and Training*, Vol. 54, No. 3.

118. Smith, R. & Betts, M. (2000). Learning as partners: realizing the potential of work-based learning. *Journal of Vocational Education and Training*, Vol. 52, No. 4.

119. Stewart, B. R. & Bristow, D. H. (1997). Tech prep programs: the role and essential elements. *Journal of Vocational and Technical Education*, Vol. 13, No. 2.

120. The National School-To-Work Learning and Information Center (NSTWLIC) (2001). *Curriculum integration in school-to-work systems*, http://www. stw. ed. gov.

121. Willliams, P. J. (2000). Design: the only methodology of technology? *Journal of Technology Education*, Vol. 11 No. 2.

122. Wilson, B. G. , & Myers, K. M. (2000). Situated cognition in theoretical and practical context. In Jonassen, D. H. , & Land, S. M. (2000). *Theoretical foundations of learning environments*. Lawrence Erlbaum Associates, Mahwah, New Jersey,

123. Wolf, A. (1995). *Competence-based assessment*, London: Open University Press.

124. Young, M. (2002). *Bring knowledge back in: from social constructivism to social realism in the sociology of education*. Tayler & Francis.